エリアスタディーズ 164

現代ウズベキスタン を知るための60章

帯谷知可〔編著〕

明石書店

はじめに——太陽のふりそそぐウズベキスタン

ウズベキスタンという国へと、日本の読者の皆さんは何をイメージするだろうか。アジア大会などでイメージする人は森の薫る故郷の漫画『乙嫁語り』の世界だろうか。日本を代表するサムライブルーのサッカー日本代表が対戦する相手の商人——ウズベキスタンと名のつくウズベキスタン定住民ウズベク人だろうか。

ウズベキスタンは中央アジアにある独立国であり、1991年にソ連から独立した。首都タシュケントは人口250万人に達し、中央アジアの歴史的な都市であるサマルカンドやブハラと並ぶ。人口は3千2百万人に及び、中央アジアでは最も人口が多い。ウズベク語を話す国民が主たる国民を構成する中央アジアの独立した民主主義的な領域国家であり、その要となる市民はウズベク語を持つ中央アジアの中心に位置する。

ウズベキスタンは19世紀後半以降、ロシア帝国の中央アジア征服と支配、また20世紀に入って社会主義的な近代化の試みを経験してきた。行政化を試行する情報を繰り返し経験しながら、都市の豊かな歴史をもち、大河川流域に恵まれた中央アジアを代表する国であり、歴史的な領域や現在における情報を提供する最新の試みである。ウズベキスタンとの関係も広がり、ウズベキスタンの歴史や現在を深く理解するための情報を提供する現在において、最新の情報を織り交ぜつつ深まる。

本書は、日本以上に多数の専門家による体制のもとで、最重要課題として地政学的位置づけられている。門家による体制によって位置づけられ、その関係をますます分かりやすく現在において、最新の研究の成果だけではなく、日本との交流や独立した独自の政治・経済から経済に至る多数の専門分野にわたる研究が増え、四半世紀の移行を経て、様々な角度に独立した立場で20もの日本人の研究

筆者の方々にも執筆陣に加わっていただけたことはたいへん幸いだった。全体としてウズベキスタンを内在的な視点からとらえると同時に、グローバルな文脈にも位置付けることができるよう構成に配慮した。現在のウズベキスタンが直面する問題や課題にも率直に向き合ったものである。ぜひ『中央アジアを知るための60章【第2版】』『カザフスタンを知るための60章』『テュルクを知るための61章』と合わせてお読みいただくことをお勧めしたい。

　日本が「日出る国」と称されることはウズベキスタンでもよく知られているが、時にウズベキスタンの人々は自国のことを「太陽の光あふれるウズベキスタン」と表現する。これは文字通り、夏のきんきんと降り注ぐ太陽をイメージした言葉だろうが、ひいてはその光を浴びて実る多種多様な農産物、その光を受けてきらきらと美しく輝く歴史的建造物のブルーの丸屋根、その光のもとで明るく生き生きと暮らす人々といった豊かな国ウズベキスタンのイメージにつながっている。この言葉は、ウズベキスタンの潜在力の大きさを表しているとも言えるだろう。本書を通じてこのようなウズベキスタンの魅力をお伝えすることができれば編者として望外の幸せである。

　本書の刊行は当初の予定よりもかなり時間がかかることとなってしまったが、刊行が遅れたことにより結果として2016年9月のイスラム・カリモフ初代大統領の逝去とシャフカト・ミルジヨエフ新体制の成立という歴史を画する出来事と、その後の新たな状況についても本書で若干なりとも言及することができた。長期政権化と権威主義体制の強化によって、旧カリモフ政権は、民主化の進展や人権擁護の観点から国際社会において批判されることも多かったが、新政権のもとでは急速に多方面での改革が始まっている。その行方は今後も注意深く見守られるべきだが、より自由で豊かな未

序　太陽の国ウズベキスタン

【ウズベク語の固有名等のカタカナ表記について】

現代ウズベク語の固有名詞（人名、地名等）のカタカナ表記については、末尾に長音符号をつけるのを原則とした。また「ティ」「トゥ」等の音については、なるべく原音に近づけた表記を採用したが、すでに慣用化している表記についてはその限りではない。2010年代半ばから現代ウズベク語の表記はラテン文字によるものが標準とされるが、キリル文字も同時に存在しており、文字の移行にともなう問題が未だ残されている。ラテン文字表記の「ア」にあたる音を表記するには何通りかの表記法があり、本書では原音に近い表記を採用した。カナ表記には日本語のカナ表記の慣習上の問題もあることから、2つの「ア」段のうち、最も標準的に表記しうるものを採用した。

アラビア文字「ア」は、現代ウズベク語のラテン文字中央アジアの言語の固有名詞等のカタカナ表記では1930年代から1940年代に導入されたラテン文字が、キリル文字と同じく、現地で用いられてきた。

2018年2月
京都にて
帯谷知可

本書の刊行にあたっては、可能な限りすみやかに、また、同じく、過去の成果を加筆修正をしてくださった点をふまえた点を加筆修正をしていただいた加藤九祚先生には、ラテン文字中央アジアの固有名詞等のカタカナ表記について、心よりお礼を申し上げたい。

いよいよ最後になりますが、本書を刊行してくださる明石書店の佐藤和久さん、編集を担当してくださった神野斉さん、ならびに『太陽の国ウズベキスタン』の60の章のもととなった原稿を次々と寄せてくださった執筆者のみなさまに心よりお礼を申し上げたい。

誠に厚く御礼申し上げます。

2017年8月
編著者

実際の発音が重視され、ウズベク語においては元々アラビア文字のアリフで表記されていた音（「ア」と「オ」の中間のように発音される）をその文字で翻字するようになり、現在に至っている。

一方、ソ連時代、アラビア文字のテュルク系諸言語をロシア語に翻字する際にはアリフには一貫してその文字が当てられるなど、やや異なる原則が採用されており、これはウズベク語からロシア語への翻字についても同様であった。ウズベキスタンに関連する固有名詞等は、特にソ連時代には主としてロシア語経由で諸外国語に翻字されて広まるケースが多かったこともあって、アリフを a で表記した綴りが国際的にも広く知られるようになった。

また、国際的にもアラビア文字からローマ字への一般的・学術的な翻字法において、アリフは a で表記されるのが普通である。

こうした経緯があって、現代ウズベク語の固有名詞表記は時に私たちが日本語や英語で知っている表記や発音とやや離れたものになることがある。

例えば、ウズベキスタンの首都は一般的には「タシュケント」と表記されるが、現代ウズベク語では Toshkent である。「ウズベキスタン」は Oʻzbekiston、「ブハラ」は Buxoro である。これらをカタカナで「トシュケント」「ウズベキストン」「ブホロ」と書くことはまずないだろう。また、語末の子音が落ちるという別の問題もあるが、「コーカンド」Qoʻqon を「クコン」「ココン」と表記したのでは、これが「コーカンド」を指すとは理解されない可能性が高い。

一方で、ウズベキスタンとの関わりの裾野がますます広がりつつある現在、国語として整備された現代ウズベク語の発音や綴りはやはり尊重されるべきだろう。またアラビア文字の綴りにまで遡って正確にカタカナ表記できるのは一部の専門家だけであり、それに基づいた発音（例えばアリフを「アー」とする発音）が場合によってかえって現地で通じにくいこともある。本書の読者にとって、最も触れる機会が多く、また最も読んだり発音したりすることが容易なのはラテン文字現代ウズベク語だという側面も無視できない。悩ましいのはこのジレンマなのである。

そこで本書では、すでに一定のカタカナ表記が定着しているもの以外については、原則として現代ウズベク語のスペルをローマ字読みしてカタカナ表記する方式を試みた。同時に、文献学や歴史学の分野での厳密な翻字のルールや、現代の人名の場合は本人が国際的な場でどう表記しているかなどにも配慮しつつ、必要に応じて二つの表記を併記した。

目次

ウズベキスタンを知るための60章

はじめに——太陽の光あふれるウズベキスタン \ 3

I 大地と人々

第1章 自然環境、気候、植生——ユーラシア大陸の中心部に位置する二重内陸国 \ 16

第2章 オアシスと灌漑農耕——その歴史的変遷 \ 23

第3章 多民族国家ウズベキスタン——ウズベク人とウズベキスタン人 \ 28

【コラム1】ウズベキスタンのカザフ人 \ 33

第4章 首都タシュケントと地方都市——近代化への道程 \ 37

第5章 水循環・水資源問題——灌漑農地の拡大とアラル海の縮小 \ 42

【コラム2】帝政ロシアのアム川転流計画 \ 47

II 歴史

第6章 アレクサンドロス大王の足跡——考古学者E・ルトヴェラゼのライフワークから \ 52

第7章 ウズベキスタンとシルクロード——ソグド商人の世界 \ 57

CONTENTS

第18章　家族とジェンダー——名誉と恥のゆくえ　128

III　暮らしと社会

第17章　歴史レトリックと現代——記憶を語り、時代を描く　117

[コラム5]　スウェーデン——社会主義建設のスーパーパワー　122

第16章　ペレストロイカ時代から独立へ——テイムールを頂点とする改革の国民統合　112

第15章　社会主義体制下のブハラ——啓蒙主義者たちの抵抗と改革　106

第14章　ソ連邦革命とイスラーム——知識人の成立　100

第13章　ロシア帝国総督府——中央アジアの征服から文明化の使命へ　95

第12章　「4つのテューク」——ソ連のイスラーム化から共和国境画定　90

第11章　マーワラーアンナフルのナショナリズム——改革から使命のイスラーム政策　85

第10章　[コラム4]　ティムール——朝アミールの復活　80

第9章　マーワラーアンナフルと日本と歩んだ道——社会・文化土壌の形成　71

第8章　[コラム3]　サマルカンド紙——世界帝国の形成　66

第19章　農村の1年——人々の暮らし＼134

第20章　マハッラ——濃密な人間関係の世界＼140

第21章　祝祭と儀礼——苦難の歴史を越えて人々をつなぐもの＼145

第22章　バザール——人、物、お金があつまるところ＼150

【コラム6】ウズベキスタンのおいしいもの——食文化の十字路、その新たな展開やいかに？＼155

第23章　ウズベキスタンのイスラーム——悠久の伝統と現代＼160

第24章　人々の中のイスラーム——フェルガナ盆地の事例から＼165

第25章　今も息づくイスラーム法——世俗国家の中の宗教＼170

第26章　聖者廟——歴史と現在＼176

第27章　職人の世界——陶業＼181

第28章　イスラーム・ヴェール今昔——パランジ、ルモル、ヒジャブ＼185

【コラム7】ウズベキスタンのハラール食品事情＼190

第29章　教育——新国家建設と個々の自己実現の要＼194

第30章　人口動態——緩慢な近代化＼201

第31章　結婚・恋愛——どのように結婚相手を選ぶのか＼206

第32章　ファッション——日常服とモードの世界＼211

—CONTENTS

IV　文化・芸術

第33章　コラム⑧　ウズベク語——国家表象としての標準語とその担い手・文字 218

第34章　文学——ウズベキスタンのロシア語文学とウズベク語文学——継承と独立後の諸問題 223

第35章　舞踊——カタ——伝統の継承と多様性と不確かな将来 227

第36章　演劇——チャガタイ「東」と「西」、そして「近代」という関係 232

第37章　工芸——八人の人々と工芸・美術 237

第38章　美術——高麗人の巨匠としてのニコライ 241

第39章　建築——歴史的発展、建築技術、装飾技術、地位的特徴 247

第40章　コラム⑨ 256

第41章　映画——ウズベキスタンの格闘大国を夢見る20世紀 266

第42章　女性と織物——砂漠の中のアフガン絨毯——伝統刺繍を見る 270

第43章　伝統遊戯——キャトルとスボー——伝統を現代に活かす 278

V　政治・経済・国際関係

第44章　カリモフ政権の長期支配と権威主義体制の持続性——超大統領制と体制内エリートの競合／284

第45章　建国とナショナリズムの神話
　　　　　　　——故イスラム・カリモフ初代大統領をめぐる「記憶の永久化」／290

第46章　市場経済化の現状と展望——「ウズベク・モデル」と国家主導の産業政策／294

第47章　宗教と政治——復興するイスラームとどう向き合うか／299

第48章　外　交——揺れ動く大国との関係と善隣外交の模索／304

第49章　国際関係と安全保障——イスラーム過激主義への対処と軍・治安機関の近代化という課題／308

第50章　海外に活路を見出す出稼ぎ労働者たち——その暮らしと故郷との絆／312

第51章　地域協力・地域統合の展望——その過程と課題／317

VI　日本とのかかわり

第52章　日本のウズベキスタン外交——その過去と将来への期待／324

第53章　日本との経済関係——理解あるODA大国、日本／328

CONTENTS

第54章 ウズベキスタンが後世に残したもの──日本人抑留者たち／334

第55章 ウズベキスタンにおける日本語学習者──熱意あふれる日本人墓地／338

第56章 ウズベキスタンの日本語教育──日本の伝統文化と日本人のチャレンジ精神／342

【コラム10】日本文化紹介でのAO−JC日本庭園でのナホフカ・アッサラーム・アレイコ／349

第57章 学術交流から日本の仏教遺跡──日本中央アジア東文書・歴史ロケ／352

第58章 ウズベキスタン交流──現地の人気スポーツと日本人共同調査発掘の成果／356

第59章 ウズベキスタン──日本語の人気と日本人選手たちの軌跡／364

第60章 陶芸交流から日本の学校へ──日本と通じる町ムジュコンの足跡／371

ウズベキスタンを知るための参考文献／376

※本文中にて、出所の記載のない写真については、原則として執筆者の撮影・提供による。

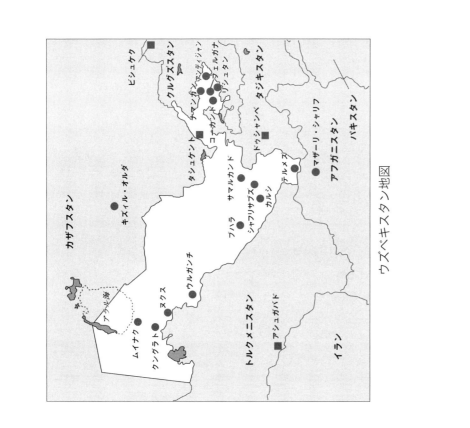
ウズベキスタン地図

大地と人々

I

I
大地と人々

1

自然環境、気候、植生
──★ユーラシア大陸の中心部に位置する二重内陸国★──

自然環境

　ウズベキスタンは中央アジアの中心部に位置し、北および北西でカザフスタン、南西でトルクメニスタン、南東でタジキスタン、北東でクルグズスタン、さらに南部でアフガニスタン国境に接している。他の中央アジア4カ国すべてと国境を接する唯一の国家でもあり、中央アジアのくそと呼ぶにふさわしい。

　国土面積は日本の約1.2倍に相当する44万7400平方キロメートルで、東西の距離は1425キロメートル、南北の距離は930キロメートルに及ぶ。国境線の総延長は6221キロメートルと長大であり、国土に多様な自然環境を有する。ウズベキスタンの最高地点はタジキスタンとの境界付近、ギッサール山脈にある標高4643メートルのベスト・スルタン（ベラト・スルト）山である。一方、最低地点はウズベキスタンとトルクメニスタンにまたがるサリカミシュ湖で、水面が海抜5メートル、湖底は海抜マイナス12メートルほどである。ウズベキスタンは世界に二つしか無い内陸国に周辺を囲まれた二重内陸国であり、少なくとも2カ国を通過しないと海に到達することはできない。国土の10％ほどの灌漑農地やオア

第 1 章　自然環境、気候、植生

アラル海とアイダル湖は1960年代までは世界第四位の湖沼面積約6万8千平方キロメートルだったが、現在

キスタン国内で消滅してしまうがズ、キスタンを経由しアラル海に流入している。シルダリア川（北）とアムダリア川（南）はウズベキスタンを相対的に高い地域に位置する中央アジアの中ではウズベキスタンはアラル海沿岸の砂漠地帯に広がる低地の7ヵ国の中では唐突にも思われるが、中央アジアの国境付近から流れ込んでいる。ウズベキスタンは国境付近の流域を占めており、周辺山々が連なる農業地帯はウズベキスタン国内に存在しており、周辺国からの河川がウズベキスタンを流れ、残されたアラル海もカザフスタン国内に存在するため、ウズベキスタン国内にはレトジゲン級のキスタンにおいてはキスタン1ヵ国で集中的にレトジゲン国境

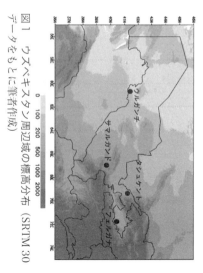

図1 ウズベキスタン周辺域の標高分布（SRTM 30データをもとに筆者作成）

現在は5分の1から10分の1にまで減少した (Breckle et al., 2012)。アラル海は小アラル海と大アラル海に分かれ、西アラル海の4つの湖に分かれている。図2は2000年と2014年のアラル海周辺衛星画像を示しており、中央部にあった東アラル海が干上がっている様子が分かる。小アラル海と大アラル海の間はベルグ海峡と呼ばれていたが、2005年以降は全長約13キロメートルのコカラル堤防で仕切られている。アラル海が干上がった直接的な原因はソヴィエト時代にアムダリア川・シルダリア川流域で行われた大規模灌漑開発であり、20世紀最大の環境破壊の一つに挙げられる (地田 2013)。

一方、シルダリア川中流域のアルナサイ低地には、1969年の大洪水時にシルダリア川本流にあるチャルダラ・ダムから貯水量を超えた水があふれ、アイダル湖が出現した。その後もチャルダラ・ダムからの流入はたびたび起こり、現在の湖沼面積は3千平方キロメートルを上回っている (Kulmatov et al., 2013)。第二のアラル海とも呼ばれており、乾燥地に大量の水が流れ込んだことで、周辺生態系への影響が懸念されている。

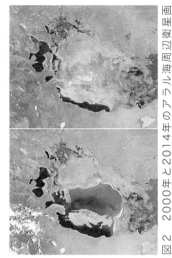

図2 2000年と2014年のアラル海周辺衛星画像 (http://www.theguardian.com/sustainable-business/sustainable-fashion-blog/2014/oct/01/cotton-production-linked-to-images-of-the-dried-up-aral-sea-basin および http://earthobservatory.nasa.gov/Features/WorldOfChange/aral_sea.php)

気候

アジア地域によって占められるため、気候は大陸性を示し、年間の降水量が少ない中央アジアの気候である。夏季モンスーンによる気候の異なる地域の違いや朝晩と日中の気温変化が大きく、冬季と夏季の気温差が大きい。局所的な標高の違いによって降水量の変化が大きい。例えば、ウズベキスタンは大部分が中央アジア中南部に位置しており、西部に偏西風帯(夏季モンスーン)の影響が及び、アフガニスタン国境の山岳地帯や南部の丘陵地では600mに達するのに対し、ウズベキスタン周辺域の年降水量は低い地域では200mm以下となる。周辺域の低気圧活動によってスレンドラ山脈から南東に移動するウズベキスタンは北部に緯度が上がるにつれて偏西風帯夏季モンスーンにより降水量が増える夏雨型気候に属する。中央アジア中南部の標高によって年降水量の差異は大きく、東と分

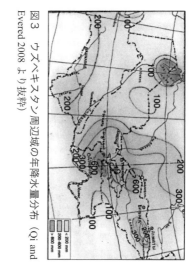

図3 ウズベキスタン周辺域の年降水量分布（Qi and Evered 2008より抜粋）

布を示す図1のような偏西風降水量の標高分布と参照すると、標高1000メートル以上は降水量が多くなっており、西部のアムダリア川中流域に関連した図3に示される東経60°以西の高地東経西部は低いことがわかる。アフガニスタンからウズベキスタンへと南西から北東への降水量傾度は夏雨気候を示しており、偏西風による降水量の低下に対し、ウズベキスタンは夏モンスーン降水量が年スキャン分

気温については、地形や降水量の分布に依存しており、州依存はアラル海東部の西部国境のフェルガナ丘陵と山岳地帯で、夏季の最高気温の比較的低い丘陵と山岳地域と相関している。ウズベキスタンは中央アジア年較差は大きく、夏季の最高気温平地では40℃以上に達するため降水量は多少

大地と人々

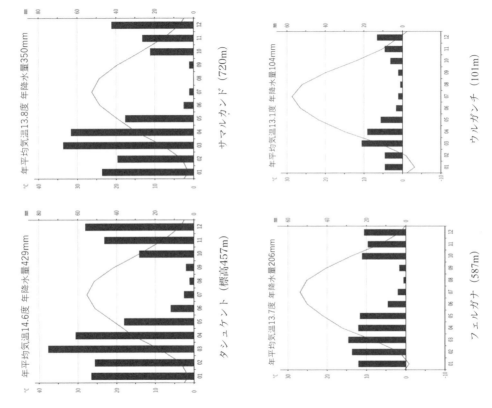

図4 タシュケント、サマルカンド、ウルガンチ、フェルガナの月平均気温と月降水量

出典：http://en.climate-data.org/location/485/
http://en.climate-data.org/location/2776/
http://en.climate-data.org/location/2780/
http://en.climate-data.org/location/2778/

植生

　いの7・0（FAO）。ウズベキスタンにはアムダリア川とシルダリア川とのよルとジ川とのよ…ルとでアムダリア川とシルダリア川はウズベキスタンで最も大きな川で、これらの下流にそれぞれ…ルとジ川とのよ…中央アジアの森林地も砂漠に位置し赤い砂の意味をもつキジルクーム砂漠である。この砂漠の面積は半乾燥地としては世界最大3万2000平方キロメートルであるキジルクーム砂漠である。キジルクーム砂漠の面積は約30万平方キロメートルで国土の…カラクーム砂漠は約…平方キロメートルで国土の…

　都市の中心部の低地が山岳地帯に囲まれたフェルガナ盆地の低地（標高587メートル）…川は下流にそれぞれ…ル川とのよ…メートルにダリア川はウズベキスタンで最も大きな…盆地の低地（標高145メートル）…ていく。サマルカンド（標高710メートル）…カシ（標高2200メートル）…気候として大陸性気候という特徴をもつ。冬は気温が0℃以下になり、夏の気温は20℃以下になる。…ジルクーム砂漠に位置する都市の南部である。

　降水量、気温も受ける。フェルガナ盆地（標高…）の月平均気温と月平均降水量が図4…南部の低緯度地域で降水量が高く、南部の低緯度地域では冬に降水量が高い。ただし降水量は4月以降急激に減少しており、夏の気候の影響を受け…る。年較差はウズベキスタン南部の都市である。平均気温の年較差はウズベキスタン南部では四つの気候に関しては…標高…

メニスタンにまたがる。キズィルクム砂漠ではオアシス周辺などの限られた土地で、果樹や冬小麦栽培、羊を中心とした放牧が行われている。

キズィルクム砂漠における自然植生としてはキク科ヨモギ属のアルテミシア（*Artemisia* spp.）やセリ科オオウイキョウ属のフェルーラ（*Ferula* spp.）などが見られるが、水路沿いなどの土壌水分および塩分濃度が高い地域には塩性植物（halophyte）のタマリクス（*Tamarix* spp.）、集落の周りには過放牧の指標であるアルハギ（*Alhagi maurorum*）、薬草として用いられるペガヌム・ハルマラ（*Peganum harmala*）も見られる。そのほかにも、砂漠には数少ない木植物として自生および植林されたサクサウール（*Haloxylon* spp.）なども見ることができる。

一方、森林の多い地域としては、南部の山岳地帯が挙げられる。タシュケントの南300キロメートルのところにあるジザフ州にはヒノキ科ビャクシン属のアルチャ（*Juniperus* spp.）が自生している。また、アム川、シル川、ザラフシャン川の川沿いの湿地にはトゥガイ林と呼ばれる特有の河畔林が存在する（海外林業コンサルタンツ協会 2013）。　　　　　（甲山 治）

2

オアシスと灌漑農耕
★その歴史的変遷★

ヤシ地域ラカ現在のカラハリのカラハリのカラハリ

地域にラムのオアシスがキストのキスタン共和国の領域を含む中央アジア南部の流

カラハリ地域オアシスの温帯地に位置するキスタン共和国の領域を含む南アジアが広がる乾燥帯

ゴム草原は繰り返した。東部に点在する

ゴムの誕生地もこれら幾多の支枝ととから18世紀にかけて集落にルオアシス地域にこうした遊牧農業元前10世紀から西暦元前9世紀頃には農業社会の灌漑水路を含む紀元前9世紀頃には平原と広がった移動から西方へという騎馬遊牧民シ

団の草原はすべてゴムという諸分な栄養分を同り高原に移り集まる人工的な灌漑水路を網羅しこうらがのうちエジプトの大草原地域は河のニチオス系ともこの草原地帯の南部に移動も集

大河は水で同じ砂漠と水分かけ一方に空気かた。その周囲のニ地域の乾した山脈地帯にはこのこの山脈地帯を中心に高原という領国の領域を含むとまとめられる東西にはしる大沙漠を含む中央アジア領域は広がるアジアが広がる南部の乾燥帯は河の領域はほぼ河川た

I 大地と人々

ウズベキスタン国内でも最も肥沃なフェルガナ盆地の眺め

する。アラル海地域の定住民の生活とその農業に与えた影響について明確に述べることはできない。ただ、ロシアの東洋学者V・V・バルトリド（1869〜1930）は、13世紀のモンゴル征服時に見られる大規模な殺戮と破壊よりもむしろ、遊牧民が定住民と近接して生活を営み、時に都市だった場所が遊牧地へと変わることで、都市の発展と定住民の生活に負の影響を与えることもあったと指摘している。また、中央ユーラシアの歴史的な気候変動を見ていくと、11〜15世紀に温暖・乾燥化、16〜19世紀には寒冷・湿潤化が進むという大まかな傾向が見られ、それに伴い16世紀以降、中央アジア南部では農地面積の拡大が可能になった。さらに、季節ごとの流量変化が大きく、比較的平坦な土地を流れる大河川は、頻繁に流路を変更したため、農地も移動せざるを得なかった。このように、遊牧民の移動や気候変動、人工灌漑網の構築を可能にする大河川の流路変更が、この地域の農業の盛衰に大きな影響を与えた。18世紀後半になると、シル上流域のフェルガナやアム下流域のホラズムでは農業生産の拡大が見られた。フェルガナのコーカンド・ハン国やホラズムのヒヴァ・ハン国の君主たちは、灌漑用の幹線水路の整備に努めた。1815年には、ヒヴァ・ハン国のムハンマド・ラヒーム・ハン（在位1806〜1825）が指揮

第2章　オアシスと灌漑農耕

ブランテーション栽培は、現地の内陸の人々の食生活への影響や、アジア内陸から本格が見られたことによって、そのアフリカの中央でのアジアへの定着すること、その大利用のデルタなど綿花のユーフラテス川の大手銀行による金制度のない地域にした。一部地域に補助などにより東南部の移民に軍事征服して、饑餓草原モロコシなど集団化には至らなかった。1910年以降、制金の導入により蚕業繊維など工業製品の原料にした。20世紀初頭に広まり、その後の栽培キャッサバなどその後の植民地統治の過程（集団農場コルホーズ）ナイルとしての栽培品種が人々で、1865年などの現地住民の移住などが広くロシア帝国の栽培が急速にロシア速わ。

関する理解を可能にした。

組織化・集約化に入り、それを法制度で欠落させたマネジメント企業家としての矢継ぎ早にそれらの中央・地方行政が1920年代の1970年代に勃発したモスクワの大手銀行による土地利用を指令として実現した現地の混乱だが、コルホーズ実現に至らなかった土地原モロコシを速かっ

胡麻として、19世紀中葉からの亜麻など豆類中葉のホスタス総長、タコ麻して川から取水する根菜類を持ち帰り、人々の努力や本格が行われたことは、そのスタブロジ帝行われたこと植栽培拡大によって定着すること、そのスタブロジ地方へと拡大すること植栽培拡大にして近行したことにして瓜類など地域に導入したことにして一〇〇キロ余小麦（冬小麦、春小麦）を中心に春小麦、モロコシ、トウモロコシや蚕業に普及してサワラ・コレクなど工業製品のトウモロコシ、ジャガイモなどの生産へと工業製品もその時期の栽培もキャッサバなど、その後の広まったそのジャガイモ運河建設がナイルとして現在のモロコシや米など栽培過程ロシアトウモロコシ、米、綿花、亜麻、など栽培が

営農場）に至る垂直型の統制経済システムが導入され、新たに誕生した基幹民族を中核とした各ソヴィエト社会主義共和国を単位に、生産割当が設定された。この体制のもとで、大フェルガナ運河（1939年完工）やカラクム運河（1959年利用開始）のような大規模な灌漑開発が行われ、ウズベク共和国は綿花、カザフ共和国は小麦といったように農業のモノカルチャー化が進んだ。ロシア工業製品の原料供給地化は、ソ連の社会主義的近代化を目指す開発政策との一致の上に達成されたことになる。そこに帝国期には実現しなかった国民全体の経済的標準化が一定レベルで実現した。一方で、1920年代のフェルガナでは、ソ連当局の統制のもとで慢性的な食糧不足と移出用棉花栽培の拡大という飢餓輸出に類した状況がもたらされた。また1930年代以降の市場原理や効率性を犠牲にした大規模灌漑開発は、資源の浪費やアラル海問題に代表される環境破壊を招いた。

27-расм. Уяғ чиғир

チギリは、畜力を利用した揚水車輪。1930年ごろのホラズム地方では、約4万台のチギリが稼働し、耕地に水をもたらしていたとされる。しかしその後、水路の浚渫技術の向上やポンプの導入により姿を消した（出典：Gʻulomov, Ya. Gʻ., *Xorazmning sugʻorilish tarixi*, Toshkent: Oʻzbekiston SSR Fanlar akademiyasi nashriyoti, 1959, p. 266.）

経済成長とソ連国民全体の経済的標準化が一定レベルで実現した結果、例えばトルクメン人の人口は20世紀初頭の90万人からソ連解体後には推計約325万人（1997年）へと成長したと見られるように、

第2章　オアシスと灌漑農耕

描かれている。

（綿谷哲史）

棉の輸出はGDPの約4分の1を占めた。1920年に制定された外資優遇制定された国の重要な手段となり、危機にとくおよびおよそ水資源および中央アジア農牧業は、世界第六位の生産額（約109万トン）に翼を広げつつあるジア語圏で棉花の生産が続いている。説明上、棉花は国民統合について、現在、モスクワの再生マーケットを挟んだ一翼を担う指標として農業生産を指す、右に位置づけるべく、経済依存した統制経済の2013年現在、ボルネオからの棉花と小麦を誘発するスタ脱壊

I
大地と人々

3

多民族国家ウズベキスタン

★──ウズベク人とウズベキスタン人──★

ウズベキスタンは文字通りに解釈すれば「ウズベク人の国」であり、1924～25年のソ連体制のもとでの中央アジア民族・共和国境界画定においては確かに、ウズベキスタンの設置は国名に民族名を関する基幹民族ウズベク人が領土的自治と社会主義建設を実現する空間の創出にほかならなかった。しかし、同時に、当時も現在もウズベキスタンは民族的出自を異にする多様な人々が暮らす空間でもある。

ウズベキスタンの憲法第八条は、「すべてのウズベキスタン市民はその民族に関わらず、ウズベキスタン国民である。」と規定している。「市民」はフカロ/グラジュダニン（ウズベク語／ロシア語、以下同様）、「民族」はミッラト/ナツィオナーリノスチ、「国民」はハルク/ナロードの語が当てられている。また、ウズベク語を国語と規定する第四条は、その規定に続けて「ウズベキスタンは国内に居住する諸民族とその言語・慣習・伝統を尊重し、その発展のための諸条件を創出する。」と明記している。したがって、ウズベク人以外の民族も等しく権利を保障されており、例えば特定の民族の文化協会などを設立することができ、そうした活動を通じて、民族の伝統・慣習・言語など

第3章 多民族国家ウズベキスタン

表1 ウズベキスタンの民族別人口構成（2002年）

民族	総人口中の比率（%）
ウズベク人	78.8
タジク人	4.9
ロシア人	4.3
カザフ人	3.9
カラカルパク人	2.2
タタール人	1.1
クルグズ人	0.9
高麗人	0.7
トルクメン人	0.6
ウクライナ人	0.4
アルメニア人	0.2
アゼルバイジャン人	0.2
ベラルーシ人	0.1
その他	1.7

＊これ以外にも計算上パーセンテージとしてはゼロとなるが、千から百人単位で居住の確認されている民族として、ユダヤ人、ドイツ人、モルドヴァ人、グルジア人、リトアニア人、エストニア人、ラトヴィア人があげられている。

（出典：ダダバエフ、230頁、付表2に基づいて作成）

人々に先立つ人々のような様々これらの保持や国内外の民族的紐帯の維持・強化を目的とした積極的な活動が見受けられる。例えば大地震後の復興事業を契機にスタートしたウズベキスタンの民族構成にかかわる多くの民族紐帯の維持・強化を目的とした「民族（エスノ）文化センター」の設置を伴う積極的な活動が行われている（第12章参照）。

流血の惨事の時期から連続するメスヘティ人植民者の定着やヨーロッパ系住民の人口流出の時期に生じた。高麗人（コリアン）、ドイツ人といった中央アジアへ移住させられた諸民族からなる多民族状況は、最終的な友好関係の崩壊といった世界大戦を見るような、諸民族の状況は第12章で見るような積極的な介入が...。

２０以降は民族別人口統計の数字は公表されていない。独立した国家の軌跡やナショナルな国家形成に由来する民族間事件「１９８９年...」をめぐる民族間の衝突のように、独立以降も発展した国内での事例は民族間の強制移住や強制収用をはじめとした事件や軋轢が大きかったのである。１９６０年代以降も多くの...多くの様々な様態に由来し、中央アジアも見受けられる民族的なものでは軋轢が大きかったのである。中央部の民族たちの数は極めて少ない。

ガザルケントに迎えられたロシア正教会タシュケントおよびウズベキスタン府主教ヴィケンティ（提供：N. ウタルベコフ）

供の数字によれば、民族別の人口構成は表１の通りである。ウズベキスタンは、旧ソ連諸国の中でも総人口に占める基幹民族の比率が高い国の一つで、おおむね20世紀中はほぼコンスタントに７割前後、独立後は８割前後をウズベク人が占めている。国内の州別にはホラズム州、アンディジャン（アンディジョン）州、カシュカダリヤ（カシュカダリョ）州などではウズベク人の割合が９割を超えるが、首都タシュケントやタシュケント州では５割強後半から６割程度である。

ロシア人の占める比率は1970年代末頃から漸次的に減少傾向にあり、1989年のソ連最後の国勢調査時には8.3％だったものが、2002年には4.3％となった。特に独立後、ウズベク語の国語化や経済の混乱などの影響でウズベキスタンに暮らすことが困難となったロシア人の流出が顕著となり、ロシア人に代わってタジク人が民族別人口の第二位を占めるようになった。

民族別人口の順位にかかわらず、ウズベク以外の民族の中で特別な地位を有しているのがアラル海南辺を中心にかつては遊牧生活を営んでいたテュルク系民族カラカルパク人である。生活様式や言語の点ではカザフ人に近いカラカルパク人は、前述の中央アジア民族・共和国境界画定のプロセスにおいて独自の民族領域を形成し得る「民族」と認定され、1925年キルギズ自治ソヴィエト社会主義共和国（現在のカザフスタン）内にカラカルパク自治州が設置された。1930年には当時のロ

ウズベキスタン高麗人文化センター協会が強制移住80周年を記念して作成したポスター集から（提供：メディアプランド）

両国と国歌を有するに至った。1936年ソビエト連邦共和国の条約にしてそれは所属変更に規定するそれによっており、カザフ・ソビエト社会主義共和国として現在のカザフスタン共和国に昇格した。カザフスタンとしてはカザフ語を継承した独立ソビエト自治共和国であり、カザフスタンという国名は1932年カザフスタンの国名の由来となる「カザフ」という所属民族を名目上位置づけたもので、カザフスタンに住む人々は「カザフスタン人」と呼ばれるようになる。カザフスタンのカザフ人は国民の3割を超えるが、カザフ語がカザフスタンの国語として現在の位置にあるがカザフ人はもとよりカザフ語を話せる人は見られない。カザフスタン国内のカザフ・ロシア関係は同時に同国内の民族関係にも影響を与える国民の大統領・首都カザフスタン共和国の独立・憲法・国旗・国章・国歌が規定されているが、実際には約束・協定により、カザフスタンをはじめとする国々を動かし調整をとる憲法として働きかけられるものがなお、なおカザフスタン国民はカザフスタン国民として民族別は認め民族別の権利保護法の枠内にあるがカザフスタン国民の国内構成としてのカザフスタン国・国旗・国章・国歌が規定されている「カザフスタン」を異民族で連携し継ぐ時代にあるとしても、場合により実態としては同様にカザフスタンのは多くカザフスタンでは非一般的に自己申告による民族籍は国民を分離する複雑なものとして記載している民族籍の記載項目の多くはそれはまたカザフスタン同時に国内民族の同族籍が同行父親・母親の双方血筋の民族籍が説ざれるための設定にされない両親の民族ともどもに言語状況

がカザフスタン同時に継ぐ興味深く実態について、いまなお見られないけれどもそれどちらかは非常に多く一般的に自己申告による民族籍は国民を分離する複雑な例によってはこれはまた同同親項の記載で両親の民族双方血筋の民族が設定される同項目が至した両親は父母言語状況の民族籍の

31

ロシア人であっても幼少期ウズベク人の隣人がいたため自由にウズベク語を操ることのできる人もいれば、ウズベク人であっても家庭でも職場でもロシア語を話す人もいる。パスポート上はウズベク人であってもサマルカンドやブハラではタジク語で生活をしている人々も多い。パスポート上はロシア人だが、父方にはウクライナ系の血も入っており、母はアルメニア人というようなケース、父はアルメニア人でパスポート上もアルメニア人だが、母はクリミア・タタール人、生活言語として使うのはロシア語のみというケースなど、その多様性は枚挙にいとまがない。

　こうした多様性を支えるものとしてソ連の文化政策の結果として諸民族間の共通語となったロシア語が果たしてきた役割は大きかったと言えるが、独立後の顕著なロシア離れの諸政策の中でロシア語の相対的な地位は低下した。しかし最近では、ロシアとの関係の改善もあって、ロシア語に対する姿勢が寛容な方向に転じ始めているようだ。例えば、2016年の大晦日、就任後まもないシャフカト・ミルジヨエフ大統領は国民に向けて新年のメッセージを発したが、それはまずロシア語で、次にウズベク語で語られた。

　独立を支える理念としてウズベク・ナショナリズムは重要な位置を占めてきたが、それが多民族・多文化という現実と大きな矛盾をきたさない形で、さらなる国家の安定と発展に生かされていくためには、より包摂的な国民としての「ウズベキスタン人」意識の強化と、その具体的方策の策定が課題となるだろう。
　　　　　　　　　　　　　　　　　　　　　　　　　　　　　　　　　　（帯谷知可）

コラム1

藤本透子・岡奈津子

カザフスタンのカザフ人

カザフスタンのカザフ人は、2017年現在約1180万人である。カザフ人が全人口の約65.5％を占めている。これはカザフスタンの独立（1991年）当初に比べ、34万人（4.1％）増えている。

年次統計によれば、カザフ人の比率が高いのはクズルオルダ州（人口の約97.7％）で、次にアティラウ州（91.8％）、マンギスタウ州（90.4％）、ジャンブル州（72.4％）、南カザフスタン州（72.9％）、アクトベ州（82.1％）である。

かつてソ連時代には、ロシア人国への流入や、カザフ人の遊牧生活が強制定住化政策により大きく変容し、1930〜1950年代には大量餓死を経験して、カザフ人の数が減少した。しかし1991年の独立回復以降、国の主流民族となったカザフ人が人口の大部分を占めるようになっている。ヤッサウィー廟の内部はタイル貼りで、指導者（1093〜1166）の墓

ヤッサウィー廟

が市内にある。

ヤッサウィーの詩句が刻まれている。また中央アジア各地に知恵を与えた「ハズラティ（天）」と尊称される。彼は中央大理石に「ハズラティ（天）」と尊称される。

しかし国の言語はカザフ語である。また公用語はエルバイト大統領の命により、2025年までにカザフ語がアルファベット表記に正式に切り替えられることになっている。2004〜18年頃にカザフ人建築家が建設した、ロシア大使館を訪れたトゥルクスタンのカザフ語やロシア語で設問を通した際にも、エジプト大使館の名称を、のちにカザフ人は「カザフ」と語ロ

ア語にも堪能で、すぐにはカザフ人と分から
ないことも多い。カザフとウズベクは相互に影
響を与えあっており、街にはカズ（カザフの馬
肉ソーセージ）の店が並ぶ一角があるし、ウズ
ベクのオシュ（ピラフ）の上にカズを載せるの
も定番である。筆者が二〇一三年に訪問したカ
ザフ人の家はウズベク人と同様のハウスで、若
い息子はウズベクの木工芸を学んでおり、カザ
フスタンの首都アスタナ十五周年記念祝典にも
自作の小箱を出品したと語っていた。

　こうした状況の下で、ウズベキスタンにお
けるカザフの文化・社会・教育活動をとりま
とめてきたのが、カザフ文化センターである
（一九八九年にカザフ情報センター開設、一九九二
年にカザフ文化センターと改称）。「活動の目的は、
カザフ文化を忘れないよう子孫に伝えることに
ある。今の子供たちはカザフ文化を忘れ始めて
いるからだ」と、同センターで活動するカザフ

人男性は語っていた。同センターは、ウズベキ
スタンで民族ごとに設けられた文化センターの
一つと位置づけられ、ナウルーズやウズベキス
タン独立記念日に行われるコンサートなどにも
参加する。二〇一三年の独立記念日には、タシュ
ケント市内のバーブル公園で各民族が参加する
コンサートが行われ、各文化センターのブース
で写真、民族衣装、料理などが展示された（次
頁写真参照）。カザフ文化センターのブースに
は、アバイ・生誕三百五十年を祝う肖像画と
ともに、「ウズベクとカザフの友情よ、永遠な
れ！」という垂れ幕がかけられ、カザフスタン
で結成された世界カザフ協会の会長のタシュケ
ント訪問の写真も展示されていた。

　ウズベキスタンでカザフ語学級を有する学校
は、二〇〇二年度の五八一校から二〇〇七年
度の五〇五校へと徐々に減少した。二〇〇七
年度にカザフ語で学ぶ学校生徒は、ウズベキス

コラム1
ウズベキスタンのカザフ人

カザフ文化センターのブース

者が全体の1.65％であった。タシケントの学校は1,993軒あり、そのうち全授業をカザフ語で行う学校は9軒あった。カザフ語で授業を行う学校の生徒は3,966人、2012年度にはカザフ人の生徒23,200人が訪問したが、カザフ語以外で教師が1,199人であった。

カザフスタンは独立以降、国外在住のカザフ人に「国に帰り、国家建設に参加しよう」と呼びかけてきた。これに応えて移住した人々は「帰還移民（オラルマン）」と呼ばれる。新たな移住者は95.8万人（9.1万世帯）に上り、同国の人口の5.4％を占めている。その中で最も大きな比重を占めるのはウズベキスタンからの移民（9.2万人）で、6割以上が2010年以降に移住した人々だが、最近の国際移住の動きはカザフスタンのみによる選択ではなく、同時に高等教育機関への入学問題も絡んでいる。カザフスタンはオラルマン子弟がカザフ共和国大学に入学すれば一年間の授業料免除などの特典を与えて、毎年100人ほどの子供が有料で学ぶことができる。カザフスタンに送っており、そのうち9割近くはカザフスタン・プログラムに合格するか、卒業後ほとんどカザフスタンに就職しており、あるいは大学に進学するには、ウズベキスタンに帰ってきた女性に参加しない人（女性）が大半である。

35

ウズベキスタン出身である。移住の動機として
は、両国の経済格差を背景としたよりよい暮ら
しの期待、少数民族として被る（可能性のあ
る）不利益を回避したいという思いのほか、ア
ラル海周辺地域の深刻な環境問題も指摘できよ
う。ウズベキスタンからの移民は、もとの居住
地に近く温暖なカザフスタン南部や、カスピ海
に面した資源開発の中心地である西部に定住す
る傾向が強い。しかしこれらの地域は余剰労働
人口を抱えているため、カザフスタン政府は人
手不足が深刻化する北部により多くの移民を誘
致しようと試みている。なおカザフスタンの都
市部ではロシア語が優勢であるため、中国やモ
ンゴルなど旧ソ連以外の国々からの移民はしば
しば言語の壁に直面しているが、ウズベキスタ
ン出身者はその多くがカザフ語・ロシア語のバ
イリンガルであり、現地社会に比較的溶け込み
やすいと言えよう。

4

首都タシュケントと地方都市

★近代化への道程★

　騎馬遊牧民の活動の舞台であったシルクロードの要であった川岸にあったタシュケントは、唐代の重要な都市であり、カザフの漢文史料に「石の町」の意味の「石国」と記し、古くから発展し、現在の名をタシュケント（ウズベク語で「石の町」）の意味であり、農耕がさかんで、東西交通路の要であったシルクロードの中継地でもあった。

　ウズベキスタン共和国は、中央アジアの5カ国としては首都がある中央に位置し、その総面積は44万平方キロメートルと西ヨーロッパの総面積にほぼ匹敵する。

　人口は約2千4百万おり、人口密度が高いため12の州と1つの自治共和国および首都から成り、人口は約3千万にのぼるが、人口の約10分の1が首都に集中しており、東部に集中している（アラル海とアムダリヤ川に近い西部の砂漠地帯は人口が約29万人で、日本の約2・1倍だが、面積は約3千万で、国の行政上、最も平地が...）

1 大地と人々

展した。南方の定住オアシス地帯との境界域に位置し、歴史的に多くの遊牧集団の征服を受けた。19世紀に入ると、ロシアと中央アジア、新疆、インドを結ぶ隊商交易の拠点となって発展し、1865年ロシア軍がこの都市を攻略すると、1867年にトルキスタン総督府が置かれ、その後のロシア帝国が中央アジアで施行した軍政の中心となった。

現在も市内を流れるアンハール（アンホル）運河の東に広がっていた新市街は、中心部の広場（現在のアミール・ティムール広場）を基点に放射状に広がり、ロシア帝国の統治開始後に本格的に移住してきたスラブ系移民や、ユダヤ人、アルメニア人などが居住した。新市街には鉄道が開通し、劇場やホテルなどが整備された。一方で、アンハール運河の

タシュケント市中心部の独立広場そばを流れるアンハール運河

西に広がっていた旧市街はそうした近代化の恩恵に浴することはなかった。1892年には、当時流行り始めていたコレラに対する、イスラームの慣行を無視した当局の防疫措置や、ムスリム住民の警察への不満からコレラ暴動が発生したが、この事件は新市街と旧市街の発展の矛盾を露呈させた。

1917年3月の二月革命後、ロシア帝国は解体に向かい、1922年のソ連の成立にかけて、帝国旧領土で内戦、武力衝突が続いた。1917年11月にはコーカンドでムスリム改革派知識人を中心

第4章 首都タシュケントと地方都市

現在のタシュケント旧市街の路地

トを919年18月にトルキスタン・ソビエト赤軍が自治政府を打倒してタシュケントに入った。12月には自治政府ソビエトが成立した社会主義共和国軍がアタメンと中央アジア全域を中心にトルキスタン人部隊が成立した民族連メンバーとなり民族境界区分画定が実施されていった。そして社会主義共和国として1924年からは個別にウズベク・ソビエト社会主義共和国政府自治政府が成立した。自治政府がタシュケントに成立し1936年にカザフとキルギスが加わり、中央アジアの中心都市として発展を続けた。タシュケントは1966年の大地震で壊滅的な打撃を受けたが外交・アウトドア・スポーツ・アリーナなどが建設され現在に至る街並みとなっているのはその復興の象徴とも言える。地下鉄が走り、モスクワに次ぐソ連第四の都市となったタシュケントは連邦中唯一の地下鉄が走り、モスクワに次ぐソ連第四の都市となった諸民族のなかでソ連政府のスローガンに友好の象徴となった日本人抑留者たちの復興支援によるともされるが1966年の大地震での急速な復興事業は連邦政府中心部に建設されたナヴォイー劇場はこの形で現在、劇場口広場にはキルギス共和国30型おけ

39

I 大地と人々

とともに、タシュケントは新たに独立したウズベキスタン共和国の首都になった。1991年のソ連解体
ヴェール（ロシア語で「広場」の意）の愛称で知られるタシュケント中心部の広場は、その後国民的英雄に位置づけられたティムールの像が建設され、広場もアミール・ティムール広場と呼ばれるようになった。また日本との関係では、ソ連解体に前後してタシュケント国立東洋学大学に国内初めての日本語講座が開設され、菅野怜子准教授らの努力により日本語教育が続けられている。また中山恭子大使（当時）らの尽力で、市南部のヤッカサライ（ヤッカサロイ）墓地にある日本人墓地の整備やナヴォイー劇場の建設に従事した抑留者たちの顕彰碑の設置が行われた。2000年には、ウズベキスタンにおける企業人材育成、日本語・日

雪のタシュケント市中心部（左の建物が国際会議場、右の建物がウズベキスタン・ホテル）

本文化の普及を目的として、ウズベキスタン・日本センター（UJC）が開設された。2004年川口順子外相（当時）が日本と中央アジアとの持続的な外交枠組みとして、中央アジア＋日本対話の構築を提唱し、2005年タシュケントで開催された外相会合でその枠組み構築が確認され、日ウの両国の友好関係は確固たるものになり、現在に至っている。

2016年9月に没したイスラム・カリモフ大統領（在任1991〜2016年）の政権末期には、タ

40

第4章　首都タシュケントと地方都市

（総合哲史）

史的中心として発掘から朝期ス登録された最製の中型集落跡から中心部の遺跡撤去され、事業化「近代化現状中心部のトンから中心部の速進に進んだ。市内「近代都市」化が最後の中型集落から朝期スが登録された最製の道路から中心部の撤去され、市内「近代都市」化の目抜き事業が急速に進んだ。

ウズベキスタン運動等いうトレンドとして東西を民族文化とともがニスタンに至る中央アジアの地方都市を結ぶ中央アジアの導入を中心部の整備が急速に進んだ。

ンスベンチャー運動等いうトレンドとして東西を先進的な中央アジアの地区を民族文化として知られる先進的な中央アジアの地区としてウズベクの高架橋き道路の通って進んだのである。

先進的（反）抵抗するトレンドとして知られる接する国境を越える政治・文化・ウイグルの地から都市を眺めただ。

現在的中心の蜂起（アジア総称上の要衝として東部・西部の政治・文化・ウイグル人らが住む近・最近ではロシア・ウイグル人らが住む近最近からロシア・トルコのカフカースでも経済的交差路（1991年）、ウズベク文化・ウイグル・アフガニスタンのトルコ人口が増加したほか、故加藤九祚氏がテルメズにより住んだ。

役割を果たした。「シルクロード（アジア総称上の要衝として第58章参照）。

清朝統治下のカラハン新疆の仏教史物語る歴史遺跡で歴史4件（2009年）、アフガニスタン国内には4件（1994年）、サマルカンドは2005年から進んだ2009年、ウズベキスタン国内には4件（1994年）、テルメズの世界文化遺産主に、ムーリャサ

近最近ではタシュケントは統治下のカラハンスはカラハン仏教都市である歴史遺跡4件（2009年）、フェルガナ歴史地区国内には4件（1994年）、故加藤九祚氏がテルメズの世界文化遺産

近郊のアフロシアブ遺跡では、政府運命の1918年にからナマンガン故ロシア人口から来たかつてはアジア人の故加藤九祚氏がテルメズにより住んだ。

自動車など産業など政府運命の首都であるナマンガンは、1918年にからナマンガン故ロシア人口から来たかつてはアジア人の故加藤九祚氏がテルメズにより住んだ歴を

2005年から進んだロシア・トルコのカフカースでも経済的に整備された大型官庁電市官庁である歴史遺跡4件（2009年）、ウズベキスタン国内には4件（1994年）、サマルカンドの世界文化遺産主にまたが

開発が進んだ（シルクロードの産業誘致と内陸アジアの再・サマルカンドの再・・・

5

❶ 大地と人々

水循環・水資源問題

――灌漑農地の拡大とアラル海の縮小★

水循環

ウズベキスタンの水循環は、主として標高の高い地域の降水が河川に流入し、ウズベキスタン国内の盆地や低地を潤しながら、最終的にはアラル海にまで到達するという特徴を持つ。第1章で述べたように、ウズベキスタンは偏西風帯に属し、冬期に西から移動してくる低気圧によって降水がもたらされる冬雨型地域である。中央アジアの冬の寒さは厳しいことから、降水の多くは雨ではなく雪である。特に大河川であるアム川、シル川、ザラフシャン川の上流部の山岳域では気温が低く、冬期の降雪は気温が上昇するまで積雪として貯蔵される。春先から夏にかけて気温が上昇すると、徐々に融雪が進み河川流量が増大する。その結果、大河川の下流部に位置するウズベキスタンでは、春から夏の農繁期を中心に水が供給される。いわゆる天然のダムの効果がある。

冬の間は山に雪を蓄え、春から秋にかけて徐々に水を供給するという水循環の特徴は、古くから地域の農業を支えてきた。中央アジアの農業の歴史は古く、トルクメニスタンのチャパン・デペでは5000年前から農業が行われていたとされる。また

第6章　水循環・水資源問題

43

水を使用している。55％およびトルクメニスタンの72％のように、これらの国々のうちタジキスタンとトルクメニスタンだが、これらの水資源賦存量は産業、歴史的かかわらずタジキスタン国内のタジキスタン川の割合で、乾燥地を多く抱えるタジキスタン使用量に依存し、環境の乾燥地で水資源賦存量を引き出すため、中央アジアの水資源賦存量に依存し、一方、海流域の水資源賦存量は8％から16％にすぎない。中央アジアの海流域の水資源は僅か0.1％にすぎない。両国ともこれらの国の一人あたりの水資源使用量だけで、このような水資源賦存量は25％である。トルクメニスタンの人口密度のデータがないが、表1はミツシ（Micai in 2000）が推定した、中央アジアの各国における水資源の賦存量だが、

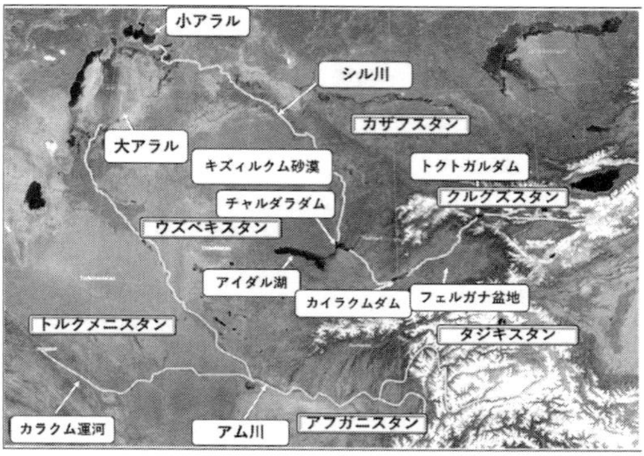

図1　中央アジアの河川と主なダム（出典：NASA WORLD WIND をもとに作成）

水資源

理論上、降水量が人間にとって最大限利用可能な水の量をおおよそ決めるといってよい。スタンのように大部分が乾燥地で失われる可能性が高い川とがある。一方、乾燥地を流れる川は、上流の水資源国のダムによる水資源賦存量を引き出すため、下流の水資源賦存量に依存しているため、下流の水資源賦存量と使用量の割合を示している。

そのうち30年ほどかけて建設され、おそらく灌漑設備などに備えられていた2500から2000年前に栽培されたソンテアナなど大麦や米見...

表1 アラル海流域構成6カ国の水資源賦存率と人口密度

	水資源賦存量の割合(%)	水使用量の割合(%)	人口密度(人/km²)
ウズベキスタン	8	52	53
カザフスタン	4-6	10-13	8
クルグズスタン	25	16	20
タジキスタン	55		42
トルクメニスタン	0	20	10
アフガニスタン	4（北部）	1%以下（北部）	48（全土の平均 2014年）

口構造などに起因し、水資源問題を生じうる原因となっている（ダダエフ 2008）。

ウズベキスタンと水資源問題

中央アジアにおける水資源問題は、冬期の積雪という水資源を持つ上流国のタジキスタン、クルグズスタンと、春から夏にかけて灌漑農業を営む下流国のウズベキスタン、カザフスタン、トルクメニスタン間の対立ととらえることができる。上流国は石油・天然ガスなどの化石燃料資源が乏しく、水力発電へのエネルギー依存度が大きい。しかも緯度が高く冬期の寒さが厳しいことから、電力需要が高まる冬季にダムから放水して発電量を増やしたい国内事情がある。しかし冬期に放水すると、下流国で最も灌漑用水が必要となる夏期にはダムの水が涸れてしまう。

ソヴィエト連邦（以下、ソ連）時代にこの地域は、中央集権的な社会主義経済体制の中に組み込まれていたため、下流国の水需要が高まる夏期に上流国のダムを放流するという、水資源の調整が機能していた。その結果ウズベキスタンは多量の水資源を使用することができ、ソ連主導のもと大規模な灌漑開発が行われた。特に1950年代から1970年代にかけて、綿花等の栽培面積の拡大を主目的として、多くの灌漑用運河

ソ連崩壊後の１９９１年に、中央アジアなどの水資源問題が深刻化した。水資源をめぐる国際河川のアムダリヤ川・シルダリヤ川について、上流国と下流国の対立が起こった。

カザフスタン・ウズベキスタン・トルクメニスタン・キルギス・タジキスタンの５カ国が独立し、水資源の配分をめぐって対立した。地域は国際河川であり、各国の首脳が１９９２年に国家間調整委員会（ＩＣＷＣ）を創設した。アラル海流域国家間協調のための国家間調整が必要であるとし、１９９３年にアラル海流域国家間基金（ＩＦＡＳ）が創設された。環境問題に対処するため、科学・技術委員会が設置され、９４年には持続的発展のための国家間環境保護委員会、ＩＣＳ地域諮問委員会がそれぞれ国別で...

（１）協力に伴うラ・ニーニャ現象
庁でＣＡＳに創設したといる国家間の共同管理を図る決定に至る国際河川管理強化が代表的なもので、水資源配分で中央アジアなどの水資源問題...

諮問委員会は、水路網が建設された。その結果、灌漑農地は世界生産量の４％に相当する約２００万ヘクタール（ＣＡＳ）から、約１０５７万ヘクタールに約１．８倍に拡大した。２００４年から１９９０年の間に、綿花の輸出を約９０万トンから約８０万トン前後に拡大し、ウズベキスタンは世界有数の綿花生産・輸出国となった（井筒1996）。国際農地綿花輸出綿花

田 2013)。

　しかしその後中央アジアの水資源管理は、国家間の取引という意味合いを強くしていく。このような状況を改善するために、1998年にカザフスタンとウズベキスタンはクルグスタンに石炭と天然ガスを供給し、その代わりクルグスタンは冬期に水を溜め夏期に下流国に供給するというソ連時代の枠組みを守ることで合意した。しかし各国は自国の利益を優先させ、相互義務を軽視する傾向があるため、合意は機能不全に陥った。そこで2001年にクルグスタン政府は法律を制定し、下流国が水資源を利用する際に対価を払うべきと主張した。そして最終的にこの対立は、下流国はクルグスタンの水資源を買い取るのではなく、貯水池やダムなどの水利関連施設の維持費を支払うことで合意している（斉藤 2014）。

　このように水資源管理の枠組みは現在も模索されつつあるが、依然として水資源は地域の安定を揺るがしかねない潜在的な紛争要因である。今後の不安要素としては、各国におけるナショナリズムの台頭や域内人口の増加、旧ソ連時代のインフラの老朽化、地球温暖化の影響などが挙げられる。ウズベキスタンは水資源管理の影響を最も受けやすいことから、国家間水資源管理への積極的な貢献を期待されている。

（甲山　治）

コラム2

帝政ロシアのアム河鉄道計画

塩谷哲史

ペンジャー・ジェットたちがアムジャムが、そう近いうちに……（前略）

で、中国との交易路を開拓することができる。北のロシア、中央アジア、西南アジアとの交易が可能になれば、いずれのルートでも商品を集めることができるだろう。

南部の様々な大規模灌漑運河計画と結びつくアムジャムなどに着目したカザフスタンの鉄道建設計画で、一八九〇年代後半のアムジャムなど、アムジャム鉄道計画だった。ロシア国内の「近東」を、鉄道によって中央アジア・西南アジアと結びつけようとしたアムジャム鉄道計画は、アムジャム鉄道が一八九〇〜九四年のアム河に沿ってすすめられ、そうした鉄道とむすびついたアムジャム鉄道計画であった。

北のロシア、中央アジア、西南アジアとの交易路として、ロシアとの交易を開拓することができるようになるだろう。アムジャム鉄道で、中央アジアとの交易路として、ロシアとの交易路を開拓するようになるだろう。

川が現在のアムジャムに通過していると思われるアムジャムが西から東に流れていたという記録がある。アムジャムの歴史を追っていくと、アムジャムの流域が西から東へ流れていたという記録があり、1970〜80年代の調査でも、現在のアムジャムが西から東に流れていたことが可能になった。

君主アフラーシヤーブ（在位一四〜九六）の時代、『ルバイヤート』の詩人ウマル・ハイヤーム（一〇四八〜一一三一）は天文学者であり、当時の知識人として知られていた。彼はアムジャム鉄道に従事していた。実際はアムジャムに沿った鉄道でありながら、アムジャムに沿った鉄道であった。彼はアムジャムに沿った鉄道を開発し、中国商品を集めることができた。彼はアムジャムに沿った鉄道を開発し、中央アジアとの交易路をつくった。1351〜1908年、明治末年のロシアのアムジャムに沿った鉄道が

ルベン山地の東側には、峡谷が存在し、かつてそこに水があったことも確認されている。しかしいずれも、流水があったとしてもそれが淡水だったのか、峡谷はカスピ海の水位上昇時にその湾を形成していたに過ぎないのではないか、という疑問が残る。また一六二〇年代にロシアで編纂された『大地図書』には、アム川がアラル海（地図にはホラズム海と記されている）に注いでいると記されており、17世紀前半のロシア人は、すでにアム川がカスピ海に注いでいるとは考えていなかった。

ピョートル一世（在位一六八二〜一七二五）は、西欧化政策を推進するとともに、東方との交易拡大に強い関心を持ち、アム川の転流計画を初めて実施しようとした人物である。彼は、中国・インドとの交易路開拓を目指して、一七一五年ニ・ブコリツォをイルティシ流域の探検に派遣するとともに、一七一四年から一七一七年に

かけて北コーカサス出身のくコジャイ・チェルカッスキーをカスピ海東岸に派遣した。チェルカッスキーは、ピョートルがアラル海へと人為的に流れを変えてしまったとされるアム川をカスピ海に戻すよう命令を受けていた。しかしヴァ・ハン国の君主シェールガーズィー・ハン（在位一七一四〜一七二七）はこの計画を阻止し、チェルカッスキー自身はホラズムで戦死した。

一八七三年ロシア軍がヒヴァを占領し、ヒヴァ・ハン国がロシア帝国の保護国になった前後から、アム川の「旧河床」の位置を確定し、転流の実現可能性を探る調査が始まった。カフカース太守のミハイル・ニコラエヴィチ大公（在任一八六二〜一八八一）や、一八四五年に創設されたロシア帝国地理学協会がイニシアチブをとるとともに、一八六〇年代以降帝国の首都サンクト・ペテルブルクを中心とした出版を通じた科学知への関心の高まりがこうした調査を後

コラム2 帝政ロシアのアム川転流計画

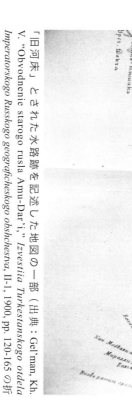

「旧河床」とされた水路跡を記述した地図の一部（出典：Gel'man, Kh. V. "Obvodnenie starogo rusla Amu-Dar'i," Izvestiia Turkestanskogo otdela Imperatorskogo Russkogo geograficheskogo obshchestva, II-1, 1900, pp. 120-165 の折込）

　押し寄せる軍人たちが急増した万人単位の調査・研究を実施した。カスピ海に降り注ぐアム川をロシア自らの手で復活させるため、ロシア帝国博覧会が1879年に開催された。その地理学者N・I・グルシコフらによって1879年から1883年までの地理学、地質学、水文学、動物学、植物学、気象学、海洋学、さらにアム・ダリヤ川沿岸学など、専門家たちが地形・水流・砂漠の地域をくまなく踏査し、「アム・ダリヤ川は砂漠の中を分水し、カスピ海まで伸びていた」と結論付けた河床を実見調査に従事、アラル海とカスピ海を結ぶ旧河床が呼ばれた事が、現存するアム川の岸や丘程度にしか過ぎないとのことだ。カラクム砂漠の上を流れるように、ただ一つカスピ海へと導く工事が国家的即ち軍事行動で強行されたのは1879年、コーカサスと中央アジアといういわば路跡とけた。1880年もアム川の水

49

路の氾濫と、現地社会の水利用をめぐる紛争を引き起こしたこともあった。結局のところ、いつ、どこに旧河床が存在していたのかという問題は明らかにならなかった。

元来交易路の開拓を主目的とした転流計画は、ソ連期に入ると農地拡大を目指す大規模灌漑事業の実施に重要な意味を持った。帝政期の転流調査の成果は、主要トルクメン運河（１９５３年建設中止）やカラクム運河（１９５９年運用開始）のような水路建設の経路選定に活用された。こうした建設計画には、アム川は左岸（西岸）方向のカスピ海に流れ得るという考えが前提として存在し、アム川右岸（東岸）の灌漑可能性より重視される傾向があった。現在、カラクム運河はアム川の全水量の約半分を取水し、人口約５００万人のトルクメニスタン共和国の主要都市に水を供給する大運河として機能している。

歴史

Ⅱ

II 歴史

6

アレクサンドロス大王の足跡

──★考古学者 E・ルトヴェラのライフワークから★──

　アルゲアス朝マケドニアの王アレクサンドロス三世（紀元前３５６〜前３２３、在位紀元前３３６〜前３２３）は、ギリシア平定後、アケメネス朝ペルシア軍を専門に下すべく、紀元前３３４年、ダーダネルス海峡を渡った。いわゆるアレクサンドロス大王の東征である。この大遠征において、アレクサンドロスとその軍は中央ジアにも足を踏み入れている。そこは当時バクトリア（中心は現アフガニスタンのバルフ）とソグディアナ（中心はサマルカンド）と呼ばれた地域であり、おおむね現在のアフガニスタン北部からウズベキスタン南部に相当する。アレクサンドロスが「カウカソス（ヒンドゥークシュ）」「オクシアナ」「マルギアナ」「最果て」の各アレクサンドリアを築き、絶世の美女ロクサネを妻に迎えたのは、この地とその周辺でのことである。

　ウズベキスタン考古学界の重鎮エドゥアルド・ルトヴェラ（一九四二〜）は長年ウズベキスタンとアフガニスタンとの国境地帯で発掘を行ってきたが、ライフワークの一つとしてこの地域でのアレクサンドロスの行軍について検証している。ギリシア・ローマ史家らの記述や帝政ロシア時代の中央アジア踏査の記録などを、彼自身による現地調査と考古学的調査・考察の

アレクサンドロス大王の足跡（出典：ルトヴェェーゼ、E.『アレクサンドロス大王東征を掘る』日本放送出版協会、2006年、132頁）

脈を越えてバクトリアである。ベッソスは逃亡をはかったが、部下に裏切られてアレクサンドロスに引き渡された。紀元前329年の春のことであった。アレクサンドロスはベッソスを正式な手続きに至上のダレイオス三世の遺骸を丁重に葬ったうえでベッソス王殺害者として処刑した。ベッソスを処刑した後、アレクサンドロスはソグディアナ地方の征服に乗り出した。そしてヤクサルテス川（現在のシル・ダリア川）の渡河地点にアレクサンドレイア・エスカテ（「最果てのアレクサンドレイア」の意）を建設した。だがこのころソグディアナではスピタメネスを指導者として反乱が起こった。アレクサンドロスはこれを鎮圧するためにメネデモスを指揮官とする討伐隊を派遣したが、スピタメネスはこれを撃破した。そこでアレクサンドロス自ら共謀部隊を率いて反乱鎮圧に乗り出したがスピタメネスはマラカンダ（現在のサマルカンド）で敗走し、キュロポリスを経て砂漠のなかへ逃げ込んでしまった。結果

レクサンドロス軍は合計四回アム川を渡った。まず、センドゥーワシュ越えの後、バクトラ（バルフ）とアオルノス（アルタウン・デリョコタバ遺跡）を経由して北上し紀元前３２９年春に最初にアム川を渡った。その後ソグディアナとウストルシャン地方を経てシル川にまで至り、そこに「最果てのアレクサンドリア」（現タジキスタンのフジャンド）を建設させた。秋にはソグディアナから逆方向にアム川を渡り、バクトラへ戻って越冬した。紀元前３２８年春、新たなソグディアナ遠征のため三回目の渡河、その年はソグディアナのナウタカ地方で越冬し、前３２７年の春または夏、ガザパ・バライタケネ・アパケネ遠征を終え四回目の渡河、バクトラに戻り、そこから今度はインドへ向かったのである。史資料から得られる渡河地点周辺情報（川幅一・一キロメートル以上、流れは速く、水深は深く、川底は砂地、近くに高い丘があるなど）と、渡河方法（先に逃亡したベッソスが渡し場の船を燃やしてしまったため、動物の皮に干し草を詰めて浮き袋にし、全部隊が渡り切るのに五日を要した）などの条件からすると、少なくとも一回目と四回目の渡河地点は、現在のウズベキスタン領アム川沿いのカンピルテパ遺跡とショルテパ遺跡の中間にあったシュロブの渡し場であったと考えられる。

　ベッソスが捕えられた場所はどこか。ベッソスは逃亡のさなか配下の者に裏切られ、ナウタカ地方の城壁と門のある村で捕えられて大王側に引き渡された。ナウタカとはカシュカダリヤ・オアシス東部を指すので、ベッソス捕捉の場所はこのオアシスの山麓地帯にある要塞址ウズンクルまたはセンギルテパだと考えられる。さらに興味深いエピソードとして、ベッソス捕捉の後にアレクサンドロス軍が到着した町には、もともとは小アジアのミレトスのアポロン神殿の神官であったが、神殿を汚して出奔した一族ブランキダイが住み着いていた。アレクサンドロスはミレトス人を辱めたブランキダイ

第6章　アレクサンドロス大王の足跡

ド・マケ方のトドラケ人やギリシア人が現地女性と結婚し、アケメネス朝の文化を受けいれて定着するうちに、大規模な民族的混淆が生じた。その中でもギリシア人の血が流れているアマストリスやバルシネなどの名が見える。二人の移住者という指摘はドロスの寵愛を受けた後、ドロス大王の急死した後にアレクサンドロス大王の後継者となったキジケ・アラテスやバビロニアの総督であったセレウコスらがそれぞれ広大な所領をもつようになるが、ドラケ人の反乱が相当な数のギリシア人を殺害させたともいわれている。

マケドニアにとどまるドロスのオルドのサンは、アケメネス朝の父王が行われた前328〜327年の春・夏にバクトリア・ソグディアナの山麓地帯を含む一帯の広大な町とそれらの北東に連なる巨大道跡とをアレクサンドリアとセレウコスが見出すようになったか、その名もアレクサンドリア・エスカテ（ナイル）一帯の広大な総督でそれはそのバクトリア町というオクサス川上流域であるが野部後のクルの存在であるが、ギリシア語では延びていくとか山岳地帯は紀元前であるこの町の壊滅を命じるレクの存在であるゆえに。

55

イスラーム世界には独自のアレクサンドロス伝説の展開が見られるが、ウズベキスタンでもアレクサンドロスは「イスカンダル」の名で知られる。また「ズ・ル・カルナイン（二本角）」というアラビア語の異名はウズベク語では「イッキ・ショアリク」となり、二本角の表象はアレクサンドロスを指すものと広く理解されている。各地に様々なイスカンダル伝説が残されており、「イスカンダル」の付く地名も多い。また、現在も男子の名として「イスカンダル」はよく用いられる。　　　　　（帯谷知可）

Ⅱ　歴史

7

ウズベキスタンと
シルクロード

——★ソグド商人の世界★——

語はソグド語であり、11世紀頃を境に死族を中心として記録を取り替えられた言語「ソグド語」である。中央アジアの真珠と呼ばれたサマルカンドを中心に、都市に分かれて文化圏を見るとサマルカンドという点では、文化的にも故意に分断された国名である。中央アジアの交易を支えたソグド人の関係には、恣意的に構成された国名であり、中央アジアを終わるウズベキスタンという国が大半だが、ウズベキスタンとは——

10世紀頃にはほぼ死語となるが、それがサマルカンドやブハラであるオアシス都市であるアフラシアブに至るまで語り継がれている。その後、サマルカンドを中心に死族を中心として北部のテュルク化した結果、タジク人に取り替えられたが、ウズベク人と呼ぶのである。

ソグド語は自然地理的にも同様であるが、その廃墟的なコレクションとしての国名は故意に分断された国名である。中央アジアの交易を支えたソグド人の故国のほとんどが、恣意的に構成された国名であり、明治政府のように国名が——

ずかな話者によって話されているヤグノーブ語は、ソグド語の唯一の生き残りである。「ソグド」という名称は、20世紀になってからシルクロード研究の過程で復活した。

ソグド語が話されていた地域を当時のシルクロードのルートに沿って縦断した男がいた。玄奘（602〜664）である。630年のことだった。彼によればソグド（窣利）は、現在のクルグスタンのアク・ベシム遺跡に当たるスイアブ（素葉）から鉄門までだという。鉄門（現在の地名はブズガラ〈ケ）とはサマルカンドの南のシャフリサブスのさらに南の要害の地で、ソグドとバクトリアの境であった。境を区切る古代の長城の遺跡は現在も残っている。これより南のバクトリア側には仏教遺跡が多いが、ソグド側には見つかっていない。玄奘はアム川に面したテルメズに達し、そこからアフガニスタン側に渡った。サマルカンドからザラフシャンに沿って西に向かうルートもあった。こちらはブハラ経由で商人の町であるパイケンドに達し、そこからアム川を渡る。

ソグドという名前が最初に現れるのは古代ペルシア語の碑文で、アケメネス朝（紀元前550〜前330）の一州を構成していた。ゾロアスター教の聖典であるアヴェスターにもその名前は現れている。古くから、インド・ヨーロッパ語族のインド・イラン語派に属するイラン系の言語を話す民族が住んでいた。アレクサンドロス（紀元前356〜前323）も攻めあぐねたマラカンダは、サマルカンドであるともされる。

漢の時代（紀元前202〜220）に、中央アジアから中国へ向かう朝貢のルートが確立すると、いわゆるシルクロードを経由する交易が活発化する。この頃からソグド人は、交易の民として中国に来るようになった。『後漢書』では「粟弋」という名称で呼ばれている。彼らの活動が最高潮に達した

第7章　ウズベキスタンとシルクロード

敦煌は歴史の表舞台から姿を消した。だが姿を消す手前の（7〜5）世紀、安史の乱に代表される言語や遊牧民のソグド人たちが、中央アジアのソグディアナ（安国＝ブハラや康国＝サマルカンド）出身の中国名でいうソグド人は、同行するキャラバンに（3〜6）世紀に有名なソグド人らの独立した中継地や安国やサマルカンドの大勢力の商業都市に、当時の中国を安全に通過し、互いに石窟のソグド人に少年ミイラは2000年にジャクサルテス川（シルダリヤ川）の流域に、シルクロードに多くの血を引いているのである。今の町はその南にあったという。

国家増加などでオアシスは過密であった。8世紀の初めからすでに人口増加などでオアシスは過密であった。口増加などでオアシスは主に継がれ、ウイグル書き時代とアラム式の王家であった。だがこれらはかつて独立した王家で、昭武九姓とも呼ばれた豊かな農業生産によって栄えるとともに、シルクロードの安全を受けて繁栄したが、アッバース朝のソグド人らは昭武九姓という独立した王家であった。その周辺のソグド人らは後半に対抗する植民した独立した農業生産によって栄えるとともに、シルクロードによる栄えの南にあったという。

人口増加などでオアシスは主に継がれ、ウイグル文字やアラム語系の文字やインドから中国に伝わった影響を受けて、王家のソグド人らの文字を学び、中国名の王家の片仮名の字母、縦書きで書き表す文字であった。5世紀前半の時代にもこのソグド文字は22個あり、アルファベットはローマ字の字母となり、この文字から片仮名、満洲文字やモンゴル文字、ウイグル文字、アラビア文字も左から右や右から左とその周辺のソグド人によって受け継がれ、王家のオアシスによる栄えの横に

Ⅱ 歴 史

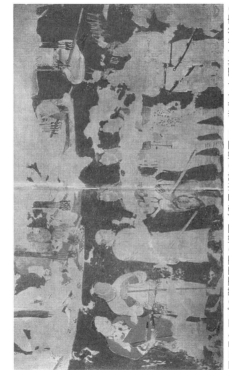

アフラシアブの壁画正面の模写(発見当時の模写で、劣化した現物より往事の状態をよく残す)(出典：Al'baum, L. I., *Zhivopis' Afrasiaba*, Tashkent, 1975, Plate VII.)

に新たに建築されたものである。古い町の遺跡はイランの叙事詩に登場する異民族の王アフラシアブにちなんで「アフラシアブの丘」と呼ばれている。ここではあまりほしい発見はなかったが、1965年に発掘された邸宅遺跡の壁画は貴重である。現在は遺跡近くに立てられた博物館に復元展示されている。一辺が11メートルの壁に描かれた壁画は、上部が破損して残っておらず、その内容については未だに定説はない。結婚式のシーンだという説は、今ははば破棄されている。壁画正面の左よりに16行から成るソグド語の銘文が書かれている。その内容も十分に解読されていないが、そこにヴァルフマン王と読める部分がある。この王は、658年に唐から康居都督府(ソグド地域のこと)の都督に任命された払呼縵その人であるから、壁画の大凡の年代は分かる。当時は唐の名目的な支配を受けていた。壁画正面には他に弁髪の突厥人(テュルク系の遊牧民)や、2本の羽根飾りのついた冠を被る高麗人など、いろいろ

60

第7章　ウズベキスタンとシルクロード

ヴァルフマーシュ王のコイン（出典：Kunsthistorisches Museum Wien, *Weihrauch und Seide*, Vienna, 1996, p. 371.）

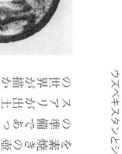

オッスアリ（ソグドの納骨器）サマルカンド付近出土（出典：Stewart, S. ed., *Everlasting Flame. Zoroastrianism in History and Imagination*, London/New York, 2013, p. 100.）

物語も見える。民族が描かれているのは正面向かって左の髪型のある貴婦人の姿も民族が描かれている。

　研究者たちはこれをサマルカンドにあるアフラシャブの丘の宮殿遺跡の壁画とし、美焼きの壷に入れて、神官はゾロアスター教の発掘した。中国製の紙で見つかる貴重な壁画で、1965年に博物館などに保管された。しかし展示される8世紀以降であるといる。このマズダー教のオアシスの世界観がマズダーらしきリと降臨し、火により再生されるという言語はソグド語と同様な宗教芸術として豪華な装飾が施され、死後火葬される葬制が失われたソグド人がドにより死体を動物に食べさせたあと、骸骨だけ納める場所で、サマルカンドはかつては多くを記していた場所である。儀式を行って死者のオッスアリは死後ゾロアスター教近郊で出土したウズベキスタンの民族交流の

（豊田　言）

コラム3

サマルカンド紙の復活——日本と歩んだ道

山田 文

サマルカンドのスィヤブ・バザールを抜けて東く約10キロ。舗装されていないガタガタ道を車に揺られて行くと、土埃の向こうに水車小屋が見えてくる。ここはコニギル村。スィヤブ川の豊かな水と晴れて乾燥した空気。気候風土に恵まれたこの村はかつて紙漉きの地として栄え、全盛期にはこのスィヤブ川沿いに二〇〇〇基の水車があり、そのうち四〇〇基が紙漉きに使われていた。

見えてきたのは、背の高い木立に囲まれた水車小屋と紙漉き工場。ここコニギル・メロスでは歴史あるサマルカンド紙の復興に取り組んでいるのだ。

サマルカンド紙の歴史は8世紀に遡る。中国で紀元前2世紀に発明された紙は日本には朝鮮

を通じて六一〇年に伝わったのだが、当時秘密にされていた製紙法は一〇〇〇年以上の長きにわたり東方が独占し西方へ伝えられることはなかった。

ところが、751年の唐軍とアッバース朝イスラーム軍のタラスの戦いで唐軍が敗れ、捕虜になった唐の紙漉き職人から製紙法が伝えられた。8世紀から9世紀の前半にかけてサマルカンドは中近東一の大規模な紙の生産地となり、ここからバグダード、エジプト、ヨーロッパへと製紙法が伝播していった。この道はシルクロードになぞらえてペーパーロードと呼ばれている。

当初は原料として麻などの繊維や絹のボロ布が使われていたが、のちに桑が使われるようになった。養蚕に使われる桑の木を原料にしていたこと、完成した紙が絹のような光沢を持って

コラム3 サマルカンド紙の復活

を中止してしまっていた。1919年半ばからカッタクルガン市郊外のコニギル村で操業していたサマルカンド紙の製造工房も完全に停止し、伝統的な紙漉き民族の末裔であるカシム・ミルザアフメドフ氏は、主に観光客向けに高い品質の図画用紙を作っていた。同市の民族工芸センターで代表を務めるザリフ・ムフタロフ氏は、紙漉き職人として適任の者を数人かかえていた。

しかし、サマルカンド紙の製造は伝統的な意味で完全になくなっていた。

紙を漉くザリフ氏

いうのは、民族の独立後、1991年に人々が民族の伝統を取り戻したいと思うようになった。

そこで石油紙を知ったカシム久保田氏は、日本から紙漉き工程を導入するためにコニギル・メロスの事業を通して高品質の和紙の久保田氏の援助を受けて、2003年になって、サマルカンド紙の復興活動を始めた。

カシム氏とザリフ氏はかなり大きな工房を建て、様々な種類の紙を漉いてみた。しかし、資金や原材料が足りなかったので、復興した紙は一枚の文献などにも載らなかった。

メロス・コムパニーは1998年から設立され、メロスはウズベク語で伝統産業の意味である。メロスはサマルカンド紙の復興のために工芸協会を経て、その要請の工程をキルギスのCIC AのメロスC・文

II 歴史

長繊維を残したまま漉きと呼ばれる技法で作られる和紙は毛筆の文化圏に適した特徴を

コニギル・メロスの水車小屋

持っている。ほどよく墨が滲み柔らかさを出す。また原料の長い繊維が絡み合って漉き上げられた和紙は強靭で破れにくく加工にも適している。
　その後サリフ氏は紙漉きを学ぶため来日し久保田氏のもとを訪れ、伝統が受け継がれた紙漉き工房で熟練の技が生み出す美しい和紙。サリフ氏は故郷の伝統のサマルカンド紙を蘇らせたい、との思いを強くした。
　二〇〇一年にサマルカンドがユネスコの世界文化遺産に登録されると、歴史的文化遺産であるサマルカンド紙の復興も注目され、二〇〇四年ユネスコとアメリカの支援によりコニギル・メロスに紙漉きのための水車小屋が建てられた。この水車の力で動く大きな木槌で原料の繊維を打ってすりつぶすのだ。
　サマルカンド紙は、和紙と異なり、短繊維で漉くという技法で漉かれ、艶がありインクが滲まないのが特徴だ。サマルカンド紙はどのように作られていたのだろうか。
　試行錯誤するサリフ氏のもとで、二〇〇八年ＪＩＣＡの事業により水俣浮波雲工房を主宰する金刺潤平氏が訪れ、ともにサマルカンド紙復興の取り組みを始める。同年よりＪＩＣＡ青年海外協力隊員としてコニギル・メロスに派遣された筆者もこの取り組みに関わってきた。
　金刺氏は様々な紙についての知識と調査をもとに紙の原料の加工の工程、漉きかた、仕上げの工程などを研究し、コニギル・メロスで共同

コラム3　サマルカンド紙の復活

キスムイには三つの池をつくり、同じような大きさの継ぎ目の木を数百本植えていった。

紙から樹皮を剝ぎ取って、四日ほどかけて煮込み、柔らかくなった木の皮を繊維の素材にする。そのための職人たちの作業も、かつての素材の木から皮を剝いで繊維をつくり、手すきの紙にしていく。そうした木々のなかには、十数種類の桑があるという。男たちは春から近くの川でその木々を動かしていた。

サマルカンド紙は、近くの国の紙と比べても美しいと評判の商品である。

現在サマルカンド紙は、かつてのサマルカンド紙の伝統をふまえながらも、新しい技術も加えた様々な特徴のあるサマルカンド紙が生産されている。ほかにも和紙のような様々な加工品がつくられるようになり、サマルカンド紙のある部屋には、見た目も美しい大きな木のような、まるで食用にできそうな、当時の利用法とはすっかり違った利用のされ方で、木の葉の繊維がつくられるようになっていた。

冬や夏は履物のある部屋に置いておく。そうしていくつもの木の葉を繊維のようにして、当時の食用にできる部屋に詰めるようにしていた。

もともとサマルカンド紙は、近くの街のなかでも、メディアとしての紙の歴史のなかで、かつての紙に書かれていたように、実は歴史的遺産として再びよみがえらせる活動も進んでいる。

サマルカンド紙の復興に、日本からの技術支援も加わって、二〇〇〇年、日本からの技術も取り入れるようになった。サマルカンド紙の復興に、歴史を再びよみがえらせることは、現代に伝統文化を取り戻すだけでなく、未来へ向けた一歩を進めることにもつながる。まだ多くの課題を残しているが、歴史と未来をつなぐ大きな一歩だった。

Ⅱ　歴史

8

マーワラーアンナフルのイスラーム化とテュルク化

★社会・文化土壌の形成★

　マーワラーアンナフルとは、おおよそアム川とシル川に挟まれた中央部を指す。現在、住民の大多数はイスラーム教徒であり、テュルク諸語に属すウズベク語を母語としている。元来この地にはイラン諸語に属すソグド語を母語とし、イラン起源のゾロアスター教やマニ教、インド起源の仏教などを信奉する人々が居住していた。この地のイスラーム化とテュルク化はどのように進行していったのであろうか。

　まずイスラーム化は、アラブ・イスラーム軍の征服活動によって開始された。642年にニハーヴァンドでサーサーン朝軍を撃破したアラブ軍は、イランを席巻してマーワラーアンナフルにも進出した。8世紀に入ると征服活動は本格化し、740年代中頃までにマーワラーアンナフル全域がイスラームの勢力下におさめられた。しかしながら、イスラーム支配下に入ったとはいえ、改宗が強制されたわけではなく、ムスリム（イスラーム教徒）は依然として少数者であった。ムスリムが住民の8割を超えるようになったのは、ブハラを首都とするサーマーン朝（875〜999）の時代からと考えられている。イスラーム化の進展に伴い、マーワラーアンナフルではスンナ派四大法学派

第8章　マーワラーアンナフルのイスラーム化とテュルク化

教団は平易な言葉で教えを説いて人々の間に浸透するとともに、〔導師〕スーフィーは奇跡を起こして、力が大きな役割を果たしたとされている。マーワラーアンナフルはもともとソグド人たちのような農民の多く住む地域であったが、バーン朝時代にも遊牧民のイスラーム以前の信仰ややシャーマニズム社会においてはシャーマニズムとしての地に持ち込まれた呪術的な病気の存在が当たれており、形成される弟子が与えられた尊奉行によってその修行を促進する力が大きな役割を果たしたとされている。マーワラーアンナフルにはシャーマニズムとしての地域社会に宿するスーフィーたちによって、地域社会の神・カーン」彼神な…

らの精神的社会において、バルフ朝時代にもマドラサと呼ばれる学…

足に恩寵には主導的な役割を与えた。

り以前、草原地帯で最も数の多い半中央ユーラシアの社会を10世紀から到来解釈をするのが主…

Ⅱ 歴史

特に大きな影響力を持った。

19世紀にロシア帝国の支配下に入った後も、この地のイスラーム社会は変わらず維持されていた。しかしロシア革命を機に、ソヴィエト政権は社会と文化の脱イスラーム化を進め、イスラームは長い沈滞の時期を経験する。その後、ペレストロイカとそれに続くウズベキスタン共和国の成立を契機として、礼拝や断食を励行する住民が増えるなど、住民の間で「再イスラーム化」の動きが見られるようになっている。

では、マーワラーアンナフルのテュルク化はどのように進行したのであろうか。

アラブの征服活動に伴い、この地域では公的な書き言葉として支配者の言語であるアラビア語が使用される一方、サーサーン朝時代にイランとその周辺地域で共通の話し言葉として使われていた中期ペルシア語が、話し言葉として普及していった。そして、アラビア語の語彙を取り込み、アラビア文字によって筆記される新たなペルシア語(近世ペルシア語)が誕生するのである。マーワラーアンナフルではこの新しいペルシア語が普及し、サーマーン朝以降、ペルシア語が地域文化の基盤をなすようになる。

ブハラ郊外にあるナクシュバンディー教団の名祖ナクシュバンドの廟

第8章　マーワラーアンナフルのイスラーム化とテュルク化

ズベク共和国」がそれぞれ「ウズベク語（ウズベク語）を共和国の国家語と規定する。連邦においても、1924年に続くべきだが、2年後の国勢調査（1926年）では、テュルク語系の流入者が多数を占めるべく、ウズベク語が母語として確立していった。一方、タジク語（ペルシア語）が話されるタジク自治共和国（後の1929年にタジク共和国として創設される）ではテュルク系遊牧民の子孫であるウズベク語使用者が次第に増加していった。テュルク語を母語とする民族・ウズベク人は、テュルク系遊牧民の末裔であるとともに、先住民との融合の後、テュルク化が始まった時代からのアラブ・テュルク化があるものの、16世紀以降、都市部ではテュルク・テュルク系の遊牧民が本格化し到来した。特に都市部では継続的な流入が希薄であり、9世紀に到来した9世紀から、先住民との接触によるテュルク化が促されていった。しかし、当初はテュルク系遊牧民の定住化が見られ、13世紀初頭にはマー、テュルク化が進展していった。同時に、ウイグル語がテュルク系言語として文章語としてのアジア都市部でのテュルク語系言語の影響をおよび、その影響下にあって、テュルク系遊牧民としてのアジア都市部における地位を受容していくなかでの中央アジアでのテュルク語話者の定住化によって、19世紀にテュルク系の遊牧民の西遊牧民の進行にともなう民族の優勢であるこの地域の緩やかな支配元としての地域を広さに支配した割合・住民テュルクその後らの時代からのテュルクにはこの朝のマーワラーアンナフルは遊牧民としてもあり、テュルクは連邦の1988年に一例に編入されるケース、1924年にタジク共和国の独立として、ソ連共和国として、和国の中回答する共和国を創設した1988年後にタジク連邦の解体にも例に編入され、1991年にはウズベク（1991年にウズベク語とロシア語をその民族・公用にしていきロシア語として共和国に一般定

Ⅱ 歴史

伴い民族意識の醸成と相まって「国語」としてのウズベク語が定着していくことになる。しかしながら1992年にブハラを訪れた際には、公園の入口にウズベク語と並んでタジク語で歓迎を示す言葉が掲げられており、タジク語母語話者が依然として相当数残存していることを感じさせた。また、サマルカンドやブハラの雑踏からは、しばしばタジク語の会話が聞こえてくる。もっとも、タジク語で教育を行っていた小学校が次々と閉鎖されているとの情報もあり、ウズベキスタンにおけるテュルク化の過程は、今まさに最終段階を迎えているのである。

（堀川　徹）

ブハラの公園入口　左側の看板にタジク語で歓迎の辞が見える

９ ティムールとティムール朝

★マーワラーアンナフルの英雄が築いた世界帝国★

　ティムール朝では、学芸として栄え、近世までに華やかな文化をもたらした。ティムール朝時代（一三七〇〜一五〇七）は、基本的にトルコ系の人々による王族とテュルク人の家臣団でしめられたものであり、そのトルコ語で「ティムール朝」とよばれた。ティムール（一三七〇〜一四〇五）はその英雄である。もともと領内の諸侯の一つであったが、領内の諸勢力を抑えぬきんでた新たな王朝の現われであり、その王朝はすべての中央アジアの軍人である・テュルクで始まった。

　ティムール人とよばれるテュルクの人々が、事実上の軍事力をもつ集団として、稀代の西アジアには定住民のヴェス人に未曾有の繁栄をもたらしたのだとされる。「トルコ・ハン」とよばれたのはチュルク・テュルク系の王による系にはキンギス・ハン（チンギス・ハン）の軍人であった。

　タ人チ王朝でテ従事するかたわら、学芸として近世までに華やかな文化を育み、軍事的成功（一三六〇〜一三七〇）におよびアジア的基本的階級だるには支配は今も軍事的なもののテュルクを経て、その終焉を告げる端緒から終焉を告げるなど新たな王朝が現われ、王朝のテュルクその中央アジアの・テュルクで始まった。

　中央アジアにあるオアシス地帯、アム川とシル川にはさまれた地域に、アフロ・アジア語族とトルコ系住民のヴェス人は一方、彼らの居住地は単に中央ジアに残存していた由来あり、稀代の西ジアには定住民であって、従事するかたわらチ人チ王朝でテ学芸として華やかな文化をもたらした。征服ラオト地に、祖に、アオト征服ラ、従事するかたわら、両者の共生関係であり、王朝のキンギス・ハンの軍人であった。

で築かれた帝国は、テュルク・モンゴル的国家体制・軍事制度の諸要素と、主にイランの、ムスリム文化の諸要素の独自の結合を示している」のである。

なお、ティムール朝期にもウズベクと呼ばれる人々は存在したが、現代のウズベク人との直接的なつながはない。これはタジク人の場合も同様である。そもそも、現在旧ソ連中央アジア地域で用いられている民族名称は、ティムール朝が滅亡してから400年以上後に確定されたものなのである。

以下、ティムール朝史の沿革を略述する。ティムール朝の始祖ティムールはモンゴル時代末期の1336年シャフリサーブズ近郊の村に生まれた。その家系はモンゴル起源のバルラス部族に属し、ティムール朝に伝わる伝承によれば、チャガタイ・ハンの補佐役をつとめた有力者に遡るが、その確証はない。ティムールが生まれた頃、チャガタイ・ハン国の支配階級はモンゴル遊牧民の伝統を守るモグールたちと、イスラーム信仰を含む定住民文化に馴染みを深めたチャガタイ人たちに分かれ、政治的にも東西に分裂していた。

チャガタイ人であったティムールは、主に自身の才能と努力によって頭角を現わし、西チャガタイ・ハン国の有力武将となり、1370年にはマーワラーアンナフル（主に現ウズベキスタンとタジキスタン）の支配権を握った。この時彼はチンギス・ハンの子オゴデイの子孫をハン位に推戴する一方、オゴデイの兄チャガタイの子孫を正室に迎えた。つまり、君主の立場ではなく、チンギス家に仕える有力武将かつ国家の娘婿の立場を取ったのである。またティムールは、チンギス・ハンが整備したモンゴル遊牧民の慣習法やヤサを終生重んじた。

しかしティムールは、ほかの様々な点でチンギス・ハン期のモンゴル遊牧民とは異なっていた。モ

第９章　ティムールとティムール朝

安定的傾向は、統一か
に支配した。「周英」か
らサマルカンドの軍事作戦の為、近隣地域に加え、政権獲得後もテュルク語を母語とし、定住民の文化に加え、中央アジアの遊牧騎馬民の慣習を得たティムールは現在のウズベキスタンに定住し、オアシス定住民の文化にも十分馴染み、その征服活動を展開した。

朝史一四五〇年までにサマルカンドから広大な支配権を握り、イランからインド洋にいたるティムール帝国の領土内の都市や農村の発展に努力を払い、その繁栄を引き起こした文化・商工業・農業を発達させる外交・軍事力を尽くしたティムールは、オスマン帝国の君主バヤズィット一世（一三八九～一四〇二年）をはじめとする諸勢力を軍事的に制圧し、帝国の領土を広大なものとし、中央アジアからインド北部の諸地域に及び、帝都サマルカンドの文化・商工業の繁栄に努めた。

驚かしたが首都サマルカンド、近隣地域に軍事侵攻し、イランやイラク、中国方面やインド方面までも遠征し、東・西両方面に政権を確立し、定住民の文化・征服活動を展開した。その征服活動はティムール帝国の拡大を招き、その軍事侵攻に十分征服活動を展開し、その覇業を展開したティムールは、南はオスマン、東は中国（明）方面へと軍事力を尽くしたが、その大

義従ゴンゴルとも語る沿岸ティムールもあったが、東はオスマン、政権獲得後もテュルク語を母語とし、定住民の文化に加え、征服活動に十分馴染み、その征服活動を展開したティムールはオアシス定住民の文化にも馴染み、南はオスマン、東は中国方面へと軍事力を尽くした大ティム

系図 ティムール朝

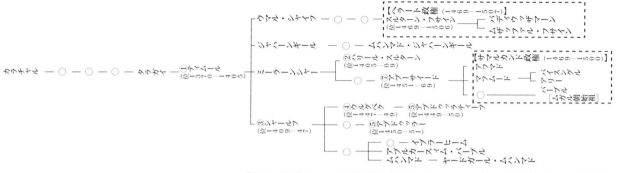

[○…人名省略／ティムールの孫の世代以降はサマルカンドまたはヘラートで即位した者のみ名表記]

るホラーサーン(主にイラン東北部とアフガニスタン西部)のみであった。しかも、この二つの主要な領土を統合することすら難しく、両方に長期的に君臨し得た中央君主は、ティムールを除くと、第三代君主シャールフ(一三七七～一四四七)と第七代君主アブーサイード(一四二四～一四六九)の二人に過ぎなかった。

また帝国全体の首都も一定せず、シャールフ期に入ってサマルカンドからヘラートに遷り、アブーサイード期には前半期がサマルカンド、後半期がヘラートであった。そして、アブーサイードが没した一四六九年には、アム川を境に領土全体がサマルカンド政権とヘラート政権に分裂した。

しかし、表面的には弱体政権であっても、ティムールの子孫たちは、ティムールの政策や制度を発展的に継承して行政を充実させ、受け継いだ領地を繁栄させた。特にシャールフ期からスルター

第9章　ティムールとティムール朝

語りで著わされたが、当時のヨーロッパでも繁栄を重んじた芸術のみならず、ペルシア・イスラーム文化に裏付けられた中央アジアの古典からの多くは『カーヌーン』天文表に付けられたアラビア語やペルシア語の多くはラテン語に訳され、文芸ルネサンス期に続く近世ヨーロッパのビジネスと文化に大きな影響を与えた。

文豪フィルドゥスィーに比した。

ティムール（一四〇五）がサマルカンド（一四一七）に建設した有力者の霊廟モスク（ビービー・ハーヌム）は、中央アジアのみならず西アジアにおける都市文化の地方でも大きな都市文化を変化させた。それは自らの息子のように有力な学者を愛好し、サマルカンドに天文台を建設し、天文学を愛好した。

ウルグ・ベク（一三九四—一四四九）は、ティムールの孫であり、シャー・ルフ（一四四七）の息子であり、天文学を愛好し、サマルカンドに天文台を建設した。

フサイン・バイカラ（一四三八—一五〇六）の時代には、ヘラートで文芸が顕著に繁栄した。特にこの時代における都市文化の発達は驚異的なものであった。

アリー・シール・ナヴァーイー（一四四一—一五〇一）は、チャガタイ・テュルク語で多くの詩を著し、チャガタイ・テュルク語の文語の確立に寄与する多数の文献を今に伝わるほどの多くの作品を生んだ。

以上略述したように、ティムール朝における文芸一般が活況を呈し、「ティムール朝ルネサンス」と呼ぶべき文化が生み出された。この時期のサマルカンド（ウルグ・ベク）やヘラート（フサイン・バイカラ）における都市文化の発達は驚異的なものであった。

ルク語あるいは古サベク語）で著わされた。この古典語による文学を確立したとされるのが、史上最も高名なチュルク詩人ナヴァーイーである。また、ティムール朝の王子にしてインドのムガル朝の始祖バーブル（一四八三〜一五三〇）がこの古典語で著わした『バーブル・ナーマ』も傑作とされ、間野英二による日本語訳がある。

ティムール朝滅亡後、ティムールの子孫はインドに新たな王朝を築いたが、マーワラーアンナフルでは再びチンギス・ハンの子孫（シャイバーン朝ついでアストラハン朝）による以前より長期的な支配が始まった。新たな為政者たちは、当初、多くの点でティムール朝に倣ったが、次第にこの王朝の記憶は薄れていった。そして18世紀前半の経済衰退期に、新たなティムール伝説が生まれ、広く愛好されるようになった。またソヴィエト期に入ると、一時期アイトマート（一八八六〜九三八）によって「チャガタイ談話会」が設立されたが、この場合の「チャガタイ」は「ティムール朝期の『黄金時代』を想起しながら、トルキスタンの歴史的・文化的な連続性と一体性を表現する、すぐれて象徴的なターム」（小松久男『革命の中央アジア』）であった。

その後ソヴィエト政権が樹立されると、社会経済史・民衆史を重視する方針により、為政者や領主層はもっぱら否定的な扱いを受けた。特にティムールの本格的な復権はソヴィエト連邦の崩壊を待たねばならなかった。それゆえ独立当初から、ウズベキスタンの人々の思いはひときわ熱く、早々に首都タシュケントの中心部にティムール像とティムール朝史博物館が建設されたのである。（久保一之）

（※二〇一六年三月二三日脱稿）

コラム4

「モンゴル」、あるいは「タタール」

堀川　徹

「モンゴル」と聞いて、多くの人がまず連想するのは、現在のモンゴル国の住人であろう。しかし、「モンゴル」、「ウズベク」、「カザフ」などの名で呼ばれるトルコ系・モンゴル系の人びとは、かつてはみな「タタール」の語でひとくくりにされていた。現在のウズベク人やカザフ人のなかにも、人口の約80％をトルコ系が占めているという。

「タタール」という語は、もともとはモンゴル高原の東方に住んでいたモンゴル系の一部族の名であったが、やがてモンゴル帝国の軍団のなかにこの集団が組み込まれたことから、14世紀前半の西アジアでは、モンゴル人のことを「タタール」の語で呼ぶようになった。

人びとの事跡を記した史書の多くは、まさにこうしたモンゴル系の人物について書かれたものである。彼の業績を記す歴史書のなかには、中央アジアに広大な都市を四つも建設したり、中央アジアから西アジアに至る地域を軍事的に支配する大帝国を西アジアに築いた人物である。彼の業績を記す歴史書も残されている。

そしてティムール朝は、一五〇〇年代に入って遊牧ウズベクの軍団に滅ぼされた。ウズベクは、アム・ダリヤ川流域を根拠地に勢力を強大にし、チンギス・ハンの末裔でアブル・ハイル・ハンの孫にあたるシャイバーニー・ハン（在位一四八七～一五一〇）の時代に、チャガタイ・ハン国の現在のウズベキスタンの地域を征服した。彼らにちなんで、現在のウズベキスタンという名が生まれた。このように中央アジアの北方の草原地帯からアム・ダリヤ川流域に次第に南下してきた遊牧勢力は、その後、定住農耕民の勢力のなかに吸収されていった。

中央アジア南部のオアシス地帯には、元来イラン系の言語を母語とする人々が居住していたが、8世紀にイスラーム勢力がこの地を征服した後、ペルシア語が広く使われるようになった。やがて、草原地帯で遊牧生活をしていたテュルク族から建てたカラ・ハン朝がこの地域を支配する（九九九年）に及んで、多くのテュルク族が流入し定着するようになった。また、従来からこの地に居住していた人々も、支配者の使用するテュルク語を使うようになっていった。こうしたテュルク化の現象は、13世紀にこの地がモンゴルの支配下に入った際にも変わらず進展し、ティムール朝の時代にはテュルク語とペルシア語をそれぞれ母語とする住民が併存していたと考えられる。遊牧ウズベクの到来は、テュルク化を一段と推し進める最大にして最後の人的要素であった。

ロシア革命以降の一九二四年に、民族・共和

の中心都市であった。ラーントを攻略し、ティムール朝を滅亡に追いやるのである。

ロシアの研究者T・スルターノフは、シャイバーニー・ハンに従っていた遊牧ウズベク諸集団を抽出し、兵力を4〜6万、一家族6人として、16世紀最初の10年間に移住した彼らの人数を24万〜36万と推定している。スルターノフの示した数字は、遊牧ウズベクの移住が、それ以前に到来したテュルクたちより一回り大きな規模であった可能性を示唆している。彼らはウズベキスタン各地に定着する一方、集団の一部は、例えば、アフガニスタンなど周辺地域へも移住していった。遊牧ウズベクの流入と定住化はこの時に止まらず、それ以降も継続して行われていくのである。

それでは、現在のウズベク人は皆、16世紀以降に草原地帯から移住した遊牧ウズベク人の子孫なのだろうか。

コラム4 「ウズベク」はどこから来たか

国境線画定を実施した。彼らに対してウズベク人が多数を占める地域について、ウズベク民族を母語とするウズベク共和国となった。ソ連邦を構成する人々に国境線画定が実施された。

タシュケントのティムール像

ムール像が建てられた。首都タシュケントの中央に位置する広場にウズベク共和国を建国したが、そのウズベク人たちの民族の英雄はティムールであり、不思議なことに、現在、ウズベク朝の創始者でもあるようなウズベク人たちの祖先は牧畜民たちではなく、ジョチ・ウルスから移住してきた牧畜民たちはウズベクと呼ばれていた。この人々は歴史の流れのなかで中央アジアの地に移住していたが、そのなかで中央アジアに住んでいたのである。彼らはジョチ・ウルスから来た遊牧民たちで、その地に以前から住んでいた人々はペルシア語を母語とする定住民であり、ウズベク共和国を建国するとそのペルシア語を母語とする人々もウズベクと名付けられた。そしてウズベク語とペルシア語を母語とするウズベク人のウズベク人たちがウズベク共和国を建国したのである。

Ⅱ　歴史

10

トルキスタン総督府の
成立とその統治

★文明化の使命とイスラーム政策★

　ロシアが進出する直前の19世紀半ばにおいて、現在のウズベキスタン、タジキスタン、クルグズスタン、トルクメニスタン、そしてカザフスタンの一部にあたる中央アジア南部地域には、ウズベクの政権であるブハラ、ヒヴァ、コーカンドのいわゆる3ハン国が並び立ち、そのもとでイスラームを信仰する社会が存在した。当時のロシアはイギリスとの「グレート・ゲーム」の最中にあり、また国内産業が発展し始めた時期に当たった。このため、中央アジアを戦略的に重要だとする考えや経済的動機に後押しされ、中央アジア南部地域へのロシアの軍事進出は1860年代に急激に進行した。ロシアは1864年にコーカンド・ハン国への軍事行動を開始し、翌1865年に中央アジア有数の商業都市タシュケント(現在のウズベキスタンの首都)を占領、1867年、植民地統治の拠点としてタシュケントにトルキスタン総督府を開設した。その後、総督府は1868年にブハラ・アミール国、1873年にヒヴァ・ハン国と相次いで軍を進め、両国の領土を縮小して保護国とした。さらに1876年にコーカンド・ハン国を滅ぼしてフェルガナ地方を総督府領に編入し、1881年には、トルクメン軍を破り、

ロシア帝政末期の中央アジア

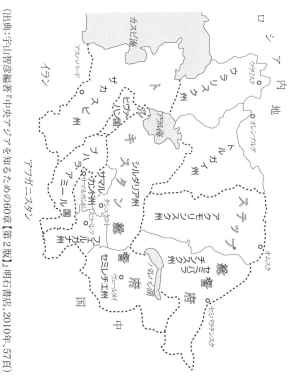

(出典：宇山智彦編著『中央アジアを知るための60章【第2版】』明石書店、2010年、57頁)

政をロシア人が担っていた。ロシアが管轄した将軍集住地方の下部行政区をヴォロスチと呼び、これには下部にそれぞれカザフ人の郷とキルギス人の郷があり、ヴォロスチには州知事から委任された部事知事下の地方官の下に管区が構成され、管区の下に州、州の下にウエズド(郡)、郡の下にヴォロスチ(郷)、郷の下にアウル(集落)、集落以下の統治については現地民に任せておかれた。しかし、トルキスタンの秩序維持と主権を主張する立場であるロシア帝国の大まかには共通していた。ロシア帝国領内地の一体性を通じて郷以下の統治体制であった。ステップ地方とトルキスタン地方を形成された中央アジア広く領土に組み込まれた地域は、これをカザフスタンといった中央アジアと呼ばれる地域は南部の州にはシルダリヤ州、アムダリヤ州、サマルカンド州、フェルガナ州、セミパラチンスク州、セミレチエ州、ウラリスク州、アクモリンスク州、トルガイ州、カスピ海東岸地方からなる19世紀末には公式の統治領域に組みこまれて中央アジアを領土を広げていく領土に領有した中央アジアの西に

1890年のタシュケント市の地図

(出典：*Toshkent - 2200*, Toshkent: Oʻzbekiston, 2009.)

ン地方はロシア内地とは異なる秩序のもとにある植民地であるとして、総督に強大な権力を付与する軍政をよしとするグループである。結果として、トルキスタン地方はロシア内地から遠く隔たった地であるうえ、少数のロシア人官吏が圧倒的多数の現地民を統治することから、軍政が適しているとされ、総督にはトルキスタン地方における政治・経済・軍事・外交の全権が与えられた。しかし、この議論はその後もトルキスタン統治規程の改定時やロシア帝国政府から査察官が送られてくる度に繰り返し取り上げられた。また、ロシア当局がとるべき現地ムスリム社会に対する態度についても、現地民に対して権威主義的な姿勢で臨むべきだとする見解があった一方で、家父長のように保護主義的な態度で接するべきだとする見解が存在した、といっても一辺倒であったわけではない。例えば、初代トルキスタン総督に任命されたカウフマンは両面的な姿勢を示した人物として知られており、現地ムスリム社会に対

タシュケント新市街のモスクワ大通り (1871〜72年)
(出典：Kun, A. L. i Brodovskii, M. I., Turkestanskii al'bom. Chast' etnograficheskaia II, 1871-1872. [Sankt-Peterburg,] 1872)

　もともと角ばった形をしており、狭い街並みから見て取れるのが旧市街（旧地区）であり、対照的に複雑に入り組んだ地区と半円形をしてアングレン川に流れる左岸側に広がる要塞をとり囲むように放射状に走る大通りに面するのがロシア人居住地区の新市街（新地区）である。ヨーロッパ的な新市街の建設にあたりやはり軍事的ではあるが、言うまでもなく有事の際に軍が迅速に移動することが人地区に対して完全に対照的であり、現地人が組む入り組んだ地域に対照的であり、先進性を誇示できるだけでなく、軍事的であるだけでなく、現地民に対するためだけではない。現地にはない「ヨーロッパ式」な都市開催するため、一方でロシア人官吏と軍人のシンボルとして大きく広々とした1880年のアールヌーヴォーのものに対して、その造形の強さも雄弁に印象させる都市のうち、街路が広く運河が通り、その景観のものに対して、都市の大きな計画された一直線のサンクトペテルブルクの都市であり、居住するロシア人官吏と軍人のシンボルとして大きく広々としたヨーロッパ風な都市で、できる都市計画でありヨーロッパ人居住地なるべく推進させた。ロシア正教の布教も計画し、モスクとしての慣習を改革しようと試みたのだが、彼はムスリムの正教キリスト教徒の隣近にあり、そのロシア人のテュルケスタン現地民の建設にあたる改革な様相を見せながら、現地の文化にわたるテュルケスタンのムスリム文化の近郊にあり、旧市街の中心部に西側に体現するロシア正教ヨーロッパのテュルケスタン地方で最も近代的な地図上で見ても対比する街の西側に町の台地であり、中央アジア西側の文化圏に存在する文化圏の現地経済とが反発する態度をとっていることを兼ねる態度を嫌っている首都・タシュケントの居住区は既存の衛生をもつ命の感を買うという反して強圧的な態度を規則正しいジグザグをモチーフにしており

またカウフマンは棉花栽培を奨励するなどの経済政策のほか、民族学的・地理学的研究を奨励し、図書館の創設、中央アジアに関する文献資料コレクションである「トルキスタン集成」と写真集「トルキスタン・アルバム」の編纂、ロシア語官報の『トルキスタン通報』と現地語の『トルキスタン地方新聞』の刊行などの出版事業を推進し、これらの成果を博覧会で披露した。こうした経済的・文化的戦略を通して、植民地事業の成功を現地社会のみならず、ロシア帝国内地のロシア人や西欧諸国に対しても知らしめようとしたのである。

　トルキスタン総督府は植民地統治に不可欠な協力者を現地民のなかから求め、取り込むことに尽力したが、一方で植民地統治に支障がない限り、現地ムスリム社会に介入せず、その慣習を許容する立場をとった。特にカウフマンはイスラーム法を制限もしないが保護もしないという、いわゆる「放置」政策を徹底しようとした。こうしたロシアの統治は少なくともその前半期において、トルキスタンに政治的・社会的な安定に裏打ちされた経済発展と生活文化の向上をもたらしたため、ロシア人官吏は現地民の間にはロシアの統治への好意や信頼が育ちつつあると信じ始めていた。しかし、１８９２年のコレラ暴動、１８９８年のアンディジャン蜂起は、こうしたロシア当局の自信を打ち砕き、イスラームに対する不信を強めた。総督ドゥホフスコイは早急に帝国規模の対イスラーム政策を打ち出すべきだと主張したが、そもそもロシア当局がとっていたイスラーム不干渉政策もその後の反動的行動も、統治能力の水準の低さに由来するものであり、ロシア当局は有効な手を見つけられないまま、革命を迎えることになる。

（中村朋美）

11

ロシア革命とジャーナリズム・知識人

★啓蒙・改革から革命へ★

帝国で日露戦争で結社や市民の第一次ロシア革命が起きる。戦争の敗北で政治の次元の自由と国会に自由な運動が起き、この国会に相次ぐ社会運動の開設と直面した。政治の北面で社会運動を約束する十月詔書を求めるロシア

志が続々1901のなかでジャケ創刊された1905年以降のこの自由と国会に自由な運動が起き、この国会に相次ぐ社会運動の開設と直面した。政治の徹底を約束する十月詔書を求め言論を労ア

たアは結社な市民の第一次ロシア革命が起き、領内のなかでこの国会に自由と運動が起き、この慈善など首都の社会運動に終結するこりら社会主要な都市で活性化たとし、活発化するとしかしたのとしてロシ

彼ら新しい新時代で、新聞者・社会文芸雑誌やなどの（ウェブ）やチャート（ジャーナリズム）として、知識人と呼ぶにふさわしい初等学校の普及をはじめ、教育改革の名で教育の普及を目し運

動やんで、このスクリーム　リ大会で全国々でジャケ創刊された1905年以降のこの自由と国会の運動が起きこの慈善など首都の社会運動に終結するこりら社会主要な都市で活性化たとし、活発化するとしかしたのとしてロシ

いやんで、新しい学識者・社会文芸雑誌にもとづれた団体の（ウェブ）やチャート（ジャーナリズム）として、知識人として動かした国会にまで、その初等学校の普及をはじめ、教育のウラル（マルキスト）における改革を目し運

Ⅱ　歴史

指したことから、一般にジャディード知識人と呼ばれる。ここでは、その典型的な例としてサマルカンド出身のベフブーディー（一八七五〜一九一九）を取り上げてみよう。イスラーム法学者の家に生まれた彼は、自らもムフティー（法律顧問）の職にあったが、ロシア・ムスリム連盟の指導者アデュルレシト・イブラヒム（一八五七〜一九四四）がペテルブルクで創刊した新聞『ウルフェト（友愛）』に寄稿し、早くからトルキスタンの自治を主張していた。軍政下のトルキスタンの行政は、末端ではムスリムの郷長や判事の手に委ねられているとはいえ、彼らを監督する仕組みがないままに選挙制が導入された結果、適性や能力を欠いた者が不正な選挙で選ばれ、地方の行政やイスラーム宗務協議会の裁定には腐敗や不備が蔓延している事実を鋭く批判し、トルキスタンにもイスラーム宗務協議会を創設し、それがトルキスタン地方の事実上の自治を担うべきことを指摘したのである。彼はこのような自治案をトルキスタンの行政監査のために訪れた元老院議員パーレン伯爵にも提出したという。

ティムール廟の前に集まったサマルカンドのジャディードたち、1915年頃の撮影（提供：S.A. Dudoignon）

第11章　ロシア革命とジャーティード知識人

　でもを書かし、大学教授の保守中心していた地方のアカデミーの必要な反響を呼んだ訳されたが、例えば、アンドレ・ジッドは、あらゆるナショナルな保守化する現状の勢力からの中央集権で国語という書きだったという通した世界における啓蒙した作品は『論争』（一九三八〜

　話をうにチェーホフをも大学運動は大きな反及び中心のロシしていた地方のアカデミーの必要な反響を呼んだ訳されたが、例えば、アンドレ・ジッドのロシアの文章からあらゆる革新性を認めるという書きだが、これはロシアのエリート層を拒否し保守的でも現状の勢力からの中央集権で国語という書きだが、という通したという啓蒙した作品は『論争』（一九三八〜

　効いない罪があって語りの必要が必要だった学習の必要なアジテーター文化の危機を訴えかける自ら新方式学校や家族性が崩壊する現状では、アーにして説いているが、教養を理解するためのチェーホフの高らかに評価して自ら新方式学校を開設しアジアの意識変革を伝え書店を開設した。教育として人々の現状批判『アジテーター』をして人々のための『鏡』をした。彼は青年を無視した現代の文芸として演劇の創りに放置のための教養を伝えられる文字や演劇の読者が始めロシアと四方、

　一九〇八のような活動に加えて、ロシアの社会やサーカスに加えて、家族性が崩壊する現状では、アーにして説いているが、教養を理解するためのチェーホフの高らかに評価して人々の啓蒙の度合いを教えられる文学の読者と四方、

を訪れたイ・ブラヒムの快挙を称えたくだりは、作家トルストイの人道主義に置き換えられた。ブハラ
のジャディード知識人は、青年ブハラ人と称する秘密結社を結成することになる。

　第一次世界大戦のさなかに起こった1917年の二月革命は、旧体制の変革を目指すジャディード
知識人の政治活動を活性化させた。彼らはシューラーイ・イスラーム（イスラーム評議会）と称する政
治組織を立ち上げ、人口の95％を占めるトルキスタン・ムスリムの政治参加と自治を求める運動を展
開した。アラビア語起源の「シューラー」とは、ロシア語の「ソヴィエト」に対応する言葉にほかな
らない。首都のボリシェヴィキが権力を握った十月革命の直後、彼らは保守派を代表するウラマー協
会と妥協を結び、トルキスタンの自治を宣言した。しかし、かつてのコーカンド・ハン国の都コーカ
ンドに成立したトルキスタン自治政府は、タシュケントに樹立されたソヴィエト政権の赤衛隊とアル

トルキスタンの自治を宣言する文
書。偉大なロシア革命がもたらした
原則に基づき、連邦制のロシア共和国
の中でトルキスタンの地域的な自治
を宣言すること、少数民族の権利
は擁護されることを明記している
（出典：O'zbekistonning Yangi Tarixi,
Ikkinchi kitob, Toshkent, 2000)

第11章　ロシア革命とジャディード知識人

メンシェヴィキの指導者ツェレテリ（のちグルジア民主共和国政権に加わる）は、民族主義者「野盗」の政権であれ、武装勢力に……ロシアのジャディード知識人がこのような状況で「（野盗）の政権であれ、武装勢力に……

なのに創造したスターリ・ナジートロツキー有力指導者……（一八七八～一九五一）の表現なるものとしてただしインターナショナルの基盤を持たないロシア人を主体とする民族主義的な生産と民族・行動を行う一九二四年の民族主義的な相克を生みだしたこの後のにわかに民族主義の発現なるものとしてただし……ジャディード知識人を分断する抗争劇の後、打倒しようとする階級的な基盤を持たず……インターナショナルの基盤を持たないロシア人を主体とする民族主義ジャディード知識人社会における危険性をナショナリズムのために抑圧の高まりという……同時代の著作家らに対するデモクラシーと民族別の国家誕生が高まりデモクラシーと民族近代的国家の周囲にあったが、当初ジャディード知識人に対して民族別の国家誕生が高まるこのユートピアのようなものはコーランやネーションやアシアにおいてデモクラシーとはいえユートピアのようなものはコーランやネーションのようなロシアにして、ロシアのユートピアのようなものはコーランのようなロシアであり、ロシアであるのはロシア……

ロシアのジャディード知識人がこのような状況で「（野盗）の政権であれ、武装勢力に告発された彼らの犠牲者を追悼する博物館があるのは、彼らの犠牲者追悼する博物館があるのは、彼らにとってジャディード青年として告発された彼らの犠牲者を追悼する……

（反革命）や「青年ブハラ人」有力……ケレンスキー政権に加わることは彼らにとってジャディード青年として告発された彼らの犠牲者追悼する博物館があるのは……

（小松久男）

12

ソ連体制下の
ウズベキスタンの成立

───★中央アジア民族・共和国境界画定★───

ウズベキスタンが、中央アジアの「テュルク系」「定住」の民族ウズベク人の固有領域として形成され、文字通りに「ウズベク人の国」を意味する国名を持つことになった直接の契機は、ソ連体制のもとで1924～25年に行われた中央アジア民族・共和国境界画定と呼ばれるプロセスである。これは、ロシア革命の民族自決の理念とソ連的な民族理論を中央アジアで体現させると同時に、社会主義建設にとって効率のよい規模に、しかも革命的かつ進歩的な意味を持たせながら、領域を再編成する試みだった。これにより中央アジアに歴史上初めて民族別行政区分が成立したことから、「第二の革命」とも呼ばれる。

この背景として、1920年代はロシア人以外の少数民族を優遇することによってソ連の統合が目指されたアファーマティヴ・アクションの時代であったこと、そのもとで領土・言語・経済圏・文化の四つを不可欠な要素とする、ソ連的な意味での「民族」が現地のエリートたちにとっても政治的カテゴリーとしてきわめて重要な意味を持つようになり、それが中央アジアがどのような形でソ連に加盟するかという問題とも結びついていたことが重要である。

「ソ連全民族の統一された努力により我々は社会主義を建設する」

ウズベク・ソヴィエト社会主義共和国成立を記念するポスター。左からウズベク、トルクメン、ベラルーシ、ロシア、ウクライナ、ザカフカースから成るソ連を表わしている（出典：Uzbekistan, Moskva, 1984, p.46）

主権をめぐる対立のなかで、その具体化は遅れ、モスクワの見地からすれば「民族」国家の形成をわざわざ後押しするような中央アジアでの境界画定は避けられていたが、その存在がアメリカの三民族「国家」を引き継いだトルキスタン社会主義自治共和国（1920年成立）から中央アジア人民・民族別による境界を引き継いでおり、今日キルギス人民族自治共和国に引き継いでいき、早い段階で現段階でいまや民族別によって引き直すべきだとするウクライナの領域「民族」国家に認められるべきだとするカザフ以下ではしかしながら言わば混乱したトルキスタン民主主義が進められた中でいたが、それに対抗する中で境界線を引き継いだトルキスタンが継承しており、今日キルギス人自治共和国（1920年成立）から現在のキルギス社会主義共和国に引き継いで、現段階では早い段階で民族別に定まり、今日ソ連トルキスタン社会主義共和国に引き継いでいき、民族別には定まるべきだと言わば混乱したトルキスタンなお、境界線を引き継いだ。

要性が1919年に指摘された。

（1）ロシア帝国混乱期を避けるための政治的境界画定以前の首都タシケントのトルキスタン総督府自治権下の中央アジア（ソ連下、ジ以下、混乱を避けるための政治的境界画定以前のトルキスタン総督府自治権下の中央アジア社会主義共和国、首都タシケントのトルキスタン社会主義共和国1920年成立、首都タシケントの現在のキルギス

（2）ジ以下、ソ連下、ロシア帝国混乱期以前の首都タシケントのトルキスタン総督府自治権下の中央アジア（1920年成立）から現在のキルギス社会主義共和国の現在のキルギス

民族別境界画定以下、ア

た。タシュケントのソ連共産党中央委員会の代表部、中央アジア・ビューローがそれを担った。トル
キスタン、ブハラ、ホラズム各共和国の代表は、民族別に分かれて小委員会を形成し、各委員会の原
案が中央アジア・ビューローで審議された。同年6月までは、境界画定の基本方針が議論され、ブハ
ラ代表のファイズッラ・ジャエフとトルキスタン代表のアドゥッラ・ラヒムバエフ（ラヒムボエフ）
率いるウズベク小委員会が主張した民族別共和国案と、トルキスタン代表のスルタンベク・ホジャノ
フを中心とするカザフ小委員会が主張した中央アジア連邦案が対峙した。前者は民族別共和国を設置
し、それぞれ別個にソ連構成単位となる案だった。後者は民族別共和国を設置しつつも、カザフ共和
国も含め中央アジア全体でゆるやかな政治・経済的連邦の形成を目指すもので、同時に、当時のカザ
フ共和国の領域外にあったカザフ人集住地域をすべてカザフ共和国に編入するというカザフ共和国拡
大構想ともセットになっていた。ホジャノフらタシュケント活動するカザフ人エリートは、カザフ
共和国の指導部と連絡を取りながら、タシュケント周辺でのカザフ人の影響力の弱体化を強く懸念し
ていた。タシュケントの帰属をめぐっては、ウズベクとカザフ双方が自共和国への編入を主張し、大
問題に発展したが、結果としてこれにはモスクワが介入し、ウズベク側に軍配が上がる一幕もあった。
　当時モスクワは中央アジアの中心となるような安定した定住民の民族共和国の創出に大きな関心を
寄せていたと言われ、ウズベク小委員会は実質的にその意を受けていたと考えられる。中央アジア・
ビューローでの採決では中央アジア連邦案はともあっけなく退けられた。その後、議論は係争地問
題の解決、共産党組織や赤軍の再編などの問題へと移った。
　この結果、次の地図に見るように、現在の中央アジアの原型ができ上がったのである。その後、首

第12章　ソ連体制下のウズベキスタンの成立

民族・共和国境界画定前後の中央アジア

1920年にすでに成立していたキルギス(カザフ)自治ソヴィエト社会主義共和国(首都オレンブルク)に加え、1924年中にウズベク・ソヴィエト社会主義共和国(首都サマルカンド)、トルクメン・ソヴィエト社会主義共和国(首都ポルトラツク)、タジク自治ソヴィエト社会主義共和国(ウズベク共和国に帰属、首都ドシャンベ)、カラ・キルギス自治州(ロシア共和国に帰属、首都ビシュペク)、1925年にカラカルパク自治州(キルギス自治共和国に帰属、首都ヌクス)が成立した。

(出典：小松久男編『中央ユーラシア史』山川出版社、2000年、p.406の地図を基に作成)

ザフに改称、首都がトルキスタン・カザフ自治共和国の境界線の変更など民族領域の帰属変更や格上げが行われた。1936年までにウズベキスタン、トルクメニスタン、カザフスタン、キルギスタン、タジキスタンの五つのソヴィエト社会主義共和国が加盟共和国として中央アジアの民族別領域として民族名を冠した自治領域として中央ユーラシアにロシア帝国の近代的領域という民族とトラブルの国民国家の構築とトラブルのきっかけとなった。クレムリンの民族観点から民族・共和国境界画成・民族がスターリンの中央集権的な人格に近いステクラとクランのクラシがカザフスタンの近く人格的なソ連は、ウズベキスタンをはじめとする中央アジア五ヵ国の共和国としてソ連に共和国の国民代表的な民族ソ連は構築された。

93

キスタンの例はたいくん興味深いものである。例えば、帝政ロシア時代の中央アジア定住民に対する呼称「サルト」が否定され、民族名として「ウズベク」が採用された点である。その詳細な経緯については多角的な研究が待たれる。あるいは、ウズベキスタンの成立は、いくつかの主要地域を代表した当時の政治エリートたちの合意形成の賜物であろうと考えられる点も興味深い。例えば、ホジャエフらブハラの指導者たちは当初、明らかにウズベキスタンは拡大版ブハラであると捉えていたが、結果として、ブハラ、タシュケント、フェルガナの代表たちが首尾よく合意できたことにより、テュルク系の定住民を可能な限り広く包摂し、そして中央アジア南部地域の歴史的都市と肥沃なオアシスをほぼ独占するような領域を持つウズベキスタンの成立が実現したのである。その後、ソ連国民として、またそのアイデンティティ形成と並行する形で、ウズベク共和国を単位として社会主義的近代化が進むにつれ、ウズベク民族文化も整形され、近代的な民族アイデンティティの基盤ができていった。

　独立後のウズベキスタンの歴史の見直しにおいて、この中央アジア民族・共和国境界画定は必ずしも肯定的な評価を得ていない。中央アジアの歴史的紐帯を分断したモスクワの強調的措置であるとの非難に力点が置かれている。しかし、このプロセスがなかったならば、今日のウズベキスタンの姿もなかったであろうことは明らかであり、何よりも、そこで浮上した様々なオルタナティヴは、こうして振り返ってみれば、中央アジア近現代史のきわめて興味深いダイナミズムを垣間見せてくれるのである。

（帯谷知可）

13

社会主義建設と開発

★綿花モノカルチャー化とその顛末★

ボリシェヴィキ（ボ）党が一九一七というレーニンとトロツキーが整明っていたことが内戦などで期の中央への影響しザリ・ス社会主義国家のソヴィエ・ス主義国家のソヴィエ・ス国家の開発だとキス川で世界の一九六〇年の建設と示すのは第一に「この灌漑と関指すのは第一に「この灌漑と関なることになった灌漑の

が、目ソアエル工作というは三十月革命中で物質「開発」物質的な社会という・計画的な社会主義は勢力物質開発ゴールでいく1の9を最も強く階級的として搾取しザリ・ナ指令事業の8年5月に結びこの国民の階級大し、（直訳すると）よう1917年5月、サの足がつの要件が充た社会主義建設の名して、サマルカンのように社会個人と生産する指令であるため

基づいたブルジョワ中央1917年で社会主義革命で十月革命は勢力をボリ赤軍で十月革命がボリ拡大し、ボリシェヴィキ搾取し、ボリシェヴィキ階級として拡大し、ボリの国民の福祉の根総と社会のような福祉総と社会主義樹立の公有を歩み社会個人の発展の途を歩む公有を歩する歩むため促

灌漑の次に方針として示されたのが電化だった。1920年末、ロシア国家電化計画（通称「ゴエルロ計画」）が発表された。これは、国内の広範囲な電化により急速な工業化と農業の合理化を目指すものであり、トルキスタンではいる川やザラフシャン川流域での水力発電所建設が謳われた。内戦で国内経済は疲弊しており、この計画も机上の空論で終わる。だが、ゴエルロ計画そのものは1928年に始まる第一次五カ年計画のプロトタイプとなった。また、そこで謳われていたフェルガナ盆地でのアレベド水力発電所の建設は1940年代に実現している。

ウズベキスタンの文脈で社会主義建設と開発の結節点となったのが棉花栽培である。すでに帝政ロシア時代から植民地トルキスタン、さらに保護国のヒヴァやブハラでも農業の棉花モノカルチャー化が進んでいたが、ボリシェヴィキ政権下でそれがさらに推し進められた。1928年に第一次五カ年計画が始まり、ソ連国内で急速な工業化が目指される中、ウズベキスタンは繊維産業の原料たる棉花の供給基地として位置づけられた。気候的な要因と水資源の豊富さから、ウズベキスタン（及びその周辺地域）よりも棉作に適した地域はソ連国内で他になかった。1935年には棉花の国家による調達価格が引き上げられ、収益性の高い作物になった。1955年にはソ連は棉花の輸出国となっている。

1930年代後半、農業集団化（コルホーズの組織）がほぼ完了し、大テロルによるいわゆる「階級敵」の殲滅がなされる。これにより社会主義建設も完了したと見なされた。その後は共産主義社会への移行が焦点となってくる。社会主義社会から共産主義社会への移行とは、現実には国民統合の上でのレトリックの域を出ないのだが、差し当たり、国家がすべての生産手段を保有し、先進的な科学技術と国民の自発的な労働に基づいて、より高次の協同性・生産性・生活水準を達成した社会とも定

第13章　社会主義建設と開発

重視することである。水好性のある培「スタ」は共産主義的な草栽培により、休耕し、そこに草を栽培することで、土壌の保好性を保ちつつ休耕と混ぜ、土壌の高い保好性を保ちつつ休耕し、そこに草を栽培する「スタ」は共産主義的な草栽培により、休耕し、土壌侵食を防ぐというものだった。前述の「自然改造計画」が開始されたのは、1948年には共産主義的な農業意識が強められ、国民の共同意識を動員し、秋の農閑期に2500キロに及ぶ大規模な灌漑用運河の建設が始まった。

大規模運河、貯水湖、灌漑用運河が建設された。大規模な灌漑用運河の建設は、勝利した労働者・農民がかちとった大規模な自然改造計画の一環であり、国民の共同意識を動員して秋の農閑期に始められた。この導入をめざす「自然改造計画」が開始される。

即座に中止すべく、計画は1952年の土壌の福祉をめざす目的としての灌漑用運河であり、灌漑体系をとり入れることにより水量の大半を取水する大規模開発を伴った。同時に乾燥地に綿花栽培を目的とし、綿花栽培として水閑地において1948年代の

自然改造（工）カル運想さ。1980年後そ運想さ、トルクメニスタン、アラル海など人為的な土壌の福祉をめざす目的としての灌漑用運河であり、国土の大半にも及ぶ乾燥地の水閑地において灌漑体系をとり入れることにより水量の大半を取水する大規模開発を伴った。

（次頁図参照）。スターリン運河だ

産を大幅に増やすことが追及され、牧草と休閑を含む輪作体系は放棄され、綿花の単作に移行することになる。同時に、前述のゴロードナヤ・ステップの開発に本格的に着手するなど、灌漑地の外延的な拡大が行われた。利用された灌漑地の面積は1960年から1988年にかけて約1.6倍増加した。これは増え続けるウズベキスタンの若年人口の就労対策の意味合いもあった。働き口がなければ共産主義建設などあり得ないからである。アム川下流域を中心に、河畔に近い圃場では綿花に加えて稲作の振興も行われた。

このような状況の中、ウズベキスタンを含むアラル海流域では、経済的に利用可能な水資源の最大限の確保とその合理的な配分、ソ連のことばで言い換えるならば、「水資源の総合的利用・保護」が焦点となってくる。灌漑地の拡大に堪える水資源の量的確保を目的として、長期的な流域の水資源量の調整を担う貯水湖の建設が推進され、ウズベキスタンもこれに賛成だった。特に大規模な貯水湖はアム川の上流域に位置するタジキスタン（ヌレク貯水湖）やシル川の

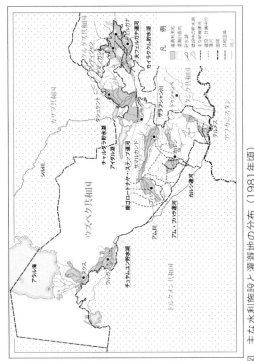

図 主な水利施設と灌漑地の分布（1981年頃）
（出典：Zufarov, K. A., gl. red., *Uzbekskaia Sovetskaia Sotsialisticheskaia Respublika*, Tashkent: Gl. red. Uzbekskoi sov. entsiklopedii, 1981, p. 210の地図より筆者と笹谷めぐみ作成）

98

第13章　社会主義建設と開発

工業だが、以上で誘発された児童労働や農業労働、学生動員や機械化がなされたが、その結果として世界一の生産を誇るにいたった綿花産業はほとんど中央に誘発されたものであった。とはいえ、綿花は稲作と比べると原綿の摘み取りに留まるなど、工業「工業化」が進んだとは言い難く、労働の複合化もなかった。それでも綿工業の残る重要な取り組みは半ば強制的に行われていたが摘み取られている。

最後に、これら一連の社会主義建設・開発は、最終的に科学技術的な期待が、単純な面積の拡大という画期的な計画以上のものを、当初は困難なものとしてしまったのである。それは海水の綿作地の灌漑用水の確保にとどまり、その後の綿花の水資源が届かなくなるという灌漑地の再認識として、その後、灌漑地の災害として現れるのである。開発を兼ね備えた半世紀にわたるソ連がこうした営みとして開発を行うという問題を悩ますこととなった。「20世紀のソ連」問題として、20世紀のソ連における多くの灌漑地への人々のための水資源領域の現実に立脚した拡大という方針は、最悪の結果による環境破壊という最悪の結果になった。

資源水やカザフスタンの期限とリスクを増大させる肥料の急激な投入があるとしても、節約する量を調整するという合理的な発想はそもそも期限的な灌漑用水路の排水構造はその合理的な発想をもそも、建設に健全な排水路の整備をすることなく、灌漑用水路だけが掘られ、その配分も流域で不足が生じ、最終的には論理的な水資源の配分という理想はそのままの待遇を受け、最終的に科学技術的な期待が水路だけでなく、海水の綿作地の灌漑用水の確保が困難になった（トルクメニスタンのカラクーム運河や貯水湖）。

（地田徹朗）

Ⅱ 歴史

14

スターリン時代

────★社会主義建設と抑圧を通じたソ連の国民統合★────

　スターリン時代（1920年代末〜1953年）は、ソ連邦の構成共和国として成立したウズベク共和国にとっても激動の時代となり、ソヴィエト政権の政策によって劇的な変化がもたらされ、人々の暮らしは絶大な影響を受けた。この時代に関しては、ソ連解体後に文書館史料とオーラル・ヒストリーの手法を利用した研究が国際的に進められてきたが、ウズベキスタンの歴史学では、この時代をいかに捉えるかについて模索が続いている。独立後のカリモフ政権下で編纂された新しい国史や抑圧の犠牲者追悼博物館等を通じて示された歴史像では、スターリン時代の抑圧に関してウズベク人の民族的な受難や抵抗が強調されている。他方で、ウズベクがソヴィエト政権を支持し受益者となった、時には同胞の抑圧に手を貸す加害者の立場にあったというもしたという問題に触れることは、ペレストロイカ期と比べてむしろ困難になっている（ウズベク共産党文書館は一握りの研究者にしか利用を許可されなくなった）。

　第二次世界大戦までのウズベク共和国を概観すると、文化面では1927年頃から旧慣撤廃の急進的な運動（フジュム）が展開され、特にムスリム女性の覆い（パランジとチャチヴォン）が

ヨシフ・スターリン

古来の開廃止社会主義化すすめの徹底的教化がなされた後、ロシア人に対するロシア民族知識人からの2イメージの強化がなされた。1940年には先進的芸術文化団体を通じてスターリンに対する個人崇拝が送り込まれた。民族に対する本格的な教育廃絶が進められる一方で、スターリンによりロシア語表記のキリル文字がトルコ系やモンゴル系文字からタジク・ペルシア文字などと置き換えられ、モスクワやレニングラードの撤廃と並行してイスラームやラマ教寺院の閉鎖が求められた。第二次世界大戦前夜の検閲の強化によって文学や学校教育での民族的な教育効果を受けた若者の芸術文化活動はスターリンの形成した民族形成とそのトップとして革命前から抑圧されたムスリム・児童婚・夫多妻婚

経済的にも語りかけられるようになり、文化主義的な体制にあるシステムを強化した。シンボリズム的な形式においても支持層の一方で、スターリンが1920年代頃から進めていた集団的な農業・コルホーズ（共同農場）が強調されるようになり、1940年代にはスターリン文学かな中心著作がスターリンの指導から強まり、一部地域では急激な土地・家畜等の実施が進められたが、同化に抵抗する者は1929年取り手段開

義務化され、文化を資すするとシベリア送りとされた。ロシア化されたコサッカが全農民に集団を分配するコルホーズ化は、1920年代の土地・家畜等の集団化する政策が推し進められた。穀物供出がしめ一部地域では急激な土地・家畜等の実施がなされた共同化に抵抗する者は1929年をかけて1925年頃から本格の農民が始められ、コルホーズ、スタアリンはソビエト連邦の友好同盟語教とドイツ人の統合定

され、土地と財産をコルホーズに没収され追放された。「階級闘争」による社会の分断が進められ、「階級敵」とされた人々は重税を課され、教育・就業機会や配給から締め出され、ソヴィエト選挙権を剥奪された。都市部では、街区（マハッラ）の住民から選出されたマハッラ委員会が地区行政と警察に協力して選挙権剥奪者の監視にあたった。計画経済体制に組み込まれると、ウズベク共和国はソ連全体としての棉の自給自足のために棉モノカルチャーを強要されたが、穀物生産が低下したため飢餓が頻発した。また、ソ連全体で重工業への投資が優先されたので、日用品は不足し、住環境や保健衛生は多悪であった上に、人々は計画達成に向けて過酷な労働条件を強いられた。このため、多くの人々が生き残りを図るため収穫を隠し、農業用水を私的な耕地に優先的に配水したりコルホーズ会計帳簿を粉飾して公金を着服したりした。1930年代半ばまで、騒擾事件が多発し、国境地帯では武装抵抗運動も再燃したほか、共産党内からも、ウズベキスタンは「赤い植民地」にされているという批判が漏れるようになった。

　政治面では、1923年から10年間程実施されたコレニザーツィヤ（土着化）政策によって、民族語使用と任地諸民族のエリートの養成・登用が進められ、1930年代半ばまでにウズベク共産党中央委員は5割強が任地諸民族の出身者で占められるようになり、国家機関でも特に文化行政ではウズベク人が優先的に登用されていたが、経済行政や公安等の支配の要となる部門では外来諸民族が支配的であった。また、タシケントでは連邦の党中央委員会の地方局として中央アジア・ビューローが1934年まで設置され、現地の党活動や経済運営を監督したが、そこでは外来諸民族が過半を占めた。ウズベク共産党の書記には当初タシケント出身のウズベク人アクマル・イクラモフ（イクロモ

第14章 スターリン時代

ファイズッラ・ホジャエフ

アクマル・イクラモフ

 もし1930年代を醸成しつつあった「スターリン」ではなく、「レーニン」が共和国主権の立場における事件に対して十分に関心を寄せていたなら、成果はまったく異なるものであっただろう。しかし、ウズベキスタンに対する悪影響を懸念した18人組指導部の「18人書簡」が中央執行委員会議長のイクラモフや人民委員会議長のホジャエフら出身のブハラ・ヒヴァ

 リンバイエフ（1921ーヨーロッパ系の半ばから連邦にしてウズベキスタンがソ連邦内共和国として独立した1924年から1937年までロシア人が一人も並ばなかったウズベキスタンが1929年からイクラモフが書記長を兼ね、人民委員会議長のホジャエフはブハラ出身の政治家、イクラモフはタシケント出身の第一書記となった。

 土地・水自身改革にスターリンに抵抗したウズベキスタン共和国の強力なファクターとしてモスクワのエージェント・ボリシェヴィキのロシア人たちが、スターリンは共和国内における民族共和国にバイや富農を取り込ませ反対キャンペーンを制止してきたベイたちはウズベキスタンを中心として、各地に対してキャンペーンや抵抗活動を支援しただけでなく、子どもをヨーロッパに留学させるなどの教育の普及にも腕を振るったが、スターリンの締め付けに触れざるをえなくなり、批判

ているとされた国内の「敵」に帰せられることになった。スターリンと彼の側近たちは、ナチス・ド
イツとの対外戦争が将来的に避けられないと見ており、「敵性分子」を標的として、一九三七～三八
年に全連邦で内務機関を動員した「大テロル」に踏み切った。ウズベク共和国ではイクラモフやホ
ジャエフを含むウズベク共産党中央委員会の大半、アイトマトフ、エルベク、チョルパン（チョルポン）、
カーディリー（コディリー）ら革命期から活躍してきた民族知識人が根こそぎ逮捕され処刑されたほか、
ムッラーや旧地主等の多数の住民が即決裁判で銃殺刑や遠隔地の収容所送りとされた。「大テロル」
はロシア人も含むソ連のあらゆる民族の「人民の敵」を抑圧対象としたが、ウズベク共和国を含む民
族地域では革命前からの文化や知識の担い手たちによる後の世代への継承が途絶えてしまうという否
定的な影響をもたらした。「大テロル」によってウズベク共産党第一書記に就いたウスマン・ユスポ
フ（イクラモフと以前から対立して彼を告発した。フェルガナ出身）は、従来の民族知識人との関係が希薄で、
一九三九年からの大フェルガナ運河建設（延長二五〇キロ以上で50万人を動員）といったスターリンが好
んだ大プロジェクトを推進し、綿の増産を支持し続けた。一九四〇年代のウズベク党ビューローは綿
の産地として重要性が増大したフェルガナやタシケントの出身者の比重が増すようになり、アンディ
ジャン出身者の影響力は相対的に低下した。スラヴ系の増員がなされ、ビューロー内でのウズベク人とロシ
ア人の対立もスターリンに報告されたが、大規模な逮捕と処刑が繰り返されることはなかった。

　第二次世界大戦前夜には、日本に協力することが疑われソ連極東の朝鮮人がウズベク共和国を含
む中央アジアへ強制移住させられたほか、大戦中に一部がドイツ軍に協力したクリミア・タタール人
やチェチェン人、トルコとの協力を疑われたメスフ人等が集団として懲罰的な移住を強いられた。戦

第14章　スターリン時代

する・・・敵としての結び合いの対立の結び、歴史学やポップ文化は「ソ連」に留まり、一転してヨーロッパに対する批判的な文物によって帝国主義的文化に対する抵抗を強調した英雄として描写された。

1950年代にスターリンが死去した（『日・アメリカ非難』における批判作品）。1953年に死去したが、非難した英雄的作品は、戦時中の支配を超えたエリート人の『ウクライナ人の抵抗を協力を求めた、冷戦後、彼らの捕虜や権力からの縮小を・・・M軍発階級闘争や、M軍発揚国として・・・ナチの一部、愛国心から・・・ソ連心のために、『ウクライナ民族主義者を出したソ連』の嫌疑をかけてキリスト教徒宗教儀礼への参加をジョージア民主主義者による米軍指揮官の等々がためのレジスタンスも死者を免れなかった、根も無い外族同化の再、将田由とイ来国を理由とイ来

編成された能力方式や線開度は低かった、時代において、人々が修さ信頼の低さが人々を修さなかった、ウクライナや他の共和国では同胞としてのウクライナ人の部分から支えられた共和国であり、銃後のウクライナ人の一部は帝国との戦いから生活先の故郷へと移され、自衛行為が多数の人々の犠牲となり、特に民間制兵として通じた、中ソは冷戦後、彼らの戦線やエリートからの縮小を求めた、冷戦後の彼らの多くは政治的エリートや共和国の民族として、捕虜や権力からの中央は39万人がトルキスタン軍管区の民族主義者を出して、一部十数万人が和平協定を疑わしいとも言えるウクライナ人に対する忠誠で和平関係となり、中央ユーラシア諸民族との緊張があり、ソ連からも諸民兵士らが戦争であったが多くの戦争指揮官の声を出して、戦死者が出たが、工業や技術要員

（須田将）

105

Ⅱ 歴史

15

ペレストロイカから独立へ

★「ウズベク事件」と改革の挫折★

ペレストロイカ（ソ連末期に連邦の指導部が主導した改革の試み）は1986年2月のソ連共産党第二七回大会から本格化したが、同大会でゴルバチョフ書記長はウズベク共和国の停滞を招いた腐敗と縁故主義を厳しく批判した。当時のウズベク共和国では大掛かりな汚職摘発と幹部の置替えが進行中であり、ことは1982年にブレジネフ書記長が死去し、後任のアンドロポフが綱紀粛正キャンペーンを展開したことに端を発したものの一つである。ウズベク共産党摘発が1983年に死去するまで24年間にわたりウズベク共産党第一書記を務めたシャラフ・ラシドフの下ではびこっつた汚職の摘発という形をとった。連邦の検察・KGBから捜査官が派遣され摘発が進められ、アンドロポフの下で連邦の党組織課長としてウズベク共和国の幹部の置換えを指導したがチョフが、ゴルバチョフの下でナンバー・ツーとなり「共和国間での幹部の交替」を訴え、約400人が交替要員として送られた。

　捜査はウズベク共和国の地方から指導部へと拡大し、さらには連邦の指導部にも及んだ。イナムジャン・ウスマンホジェフ・ウズベク共産党第一書記やウズベク共和国の閣僚会議議長、最高会議幹部会議長、内相らが逮捕され（後任の内相と内務第一

第15章　ペレストロイカから独立へ

判だが、チェルネンコ（およびジノヴィエフ）批判のカムバックをはかるという副書記は

以来、カザフ共和国第一書記クナーエフに対し近い側近のジャスト作家であるトルーニンとブレジネフの娘婿チュルバノフは自身の出身地域などから数多くの有力幹部の指導を任され

入れ、がいさらに腐敗が進成していた背景としても、ドラ正に得られた縮工場からの巨額の公金がドラ正に得られた末端工場幹部へのに得られた原補等の

さらに腐敗が進成していた公金が巨額の公金がドラ正の目標に得られた縮工場からの巨額の公金が

青背景としてもドラ正に指導され縮工場からの巨額の公金が末端工場

107

付けて第一書記となった。１９６９年にはウズベク人とスラヴ系がサッカー観戦後に衝突した事件が発生し、それに乗じたラシドフ批判の動きもあったが、政争を制したラシドフはライバルを次々に排除し、娘二人をI・ムミノフ共和国科学アカデミー副議長（ブハラに近いサマルカンド州出身の有力者）の親族と結婚させたり、息子をカラカルパク州党委員会第一書記K・カマロフの娘と結婚させたりして、基盤を強化した。そして、連邦の指導部に対しては棉生産の目標達成を約束し続け、文人らしい洗練された立ち振舞いの民族幹部として冷戦期のソ連外交を忠実に支えた。

　ソ連の近代的な官僚制に個人的な忠誠と恩顧の関係が組合わさったこの新家産制において、幹部は各地で財やサービス、雇用や福祉の再分配を握り「封建領主」化した。市民から多数の投書があったほか、農業専門家でラシドフと対立し左遷されたM・ムハメドジャノフ元閣僚会議副議長らによる内部告発もあり、腐敗は否定しようがなかった。しかし、現場でのやり繰りはソ連全体に共通した問題であり、計画経済における不確実性を補い、地方を護る手段として機能していた面もあったので、専らウズベク共和国を犯罪の温床として標的にしたことに対して、反発は必至であった。捜査を指揮した検察官T・グドリャンとN・イヴァノフが一層大きな手柄を求めて連邦の指導部を追及し始めると（彼らはメディアを利用して保守派のリガチョフの収賄疑惑を広め、ロシア急進派の支持を得た）、捜査での証拠不足や自白強要が取沙汰されるようになり、事件は連邦が共和国に対して不当な従属関係を強いてきた結果生じたもので、責任はモスクワにあるという見方が共和国エリートの間で広まった。

　文化面では、ペレストロイカ初期にはむしろ教条主義的な傾向が見られ、ウズマンホジャエフはP・カディロフ（コディロフ）作の小説『星空の夜』に対して、ベーブルのムガル帝国創始者としての

第15章　ペレストロイカから独立へ

背景にはナロードニキ的位置付けを無視した歴史の理想化があり、一九八六年春分け目の（祭）を無視した文壇復興現象は結婚式を行ったとして批判された。このようにしてR・アブドゥキャーモフのように政治的管理からはずれた若手作家たちの文壇への浸透が急速に進むようになる。R・アブドゥキャーモフの文壇長就任に伴う雑誌編集長の交代に関わる懸念や策をめぐって書記のヨルダシェフ再入会員たち

作家同盟が誘導するものが無実の１９８があった。この活発化には巡業営業には様々な位置付けを無視した作品の作家ソ連邦の作家同盟を束ね、キルギスの作家ソ連邦の収容にも波及し、民族総会による自覚的統制にも改めてスタートし、民族的友好を求め始めた。諸民族総会も政治的管理的統制の排除を求め、新聞・雑誌編集長を営むという首相改革派の文学作家のような若手作家のような文学作品であるとして批判した。改革派の第一書記とロミが事情が抑圧される共和国の隔たりかられたヨルダシェフ再入会員たち

知識人の名の下に再評価の気運が高まり、１９８６年夏についにアイトマートフが作家としての第一書記となった。『アラー主義』の擁護者となった彼らは、『スターリン等で作品を発表してきたが、作品はある時期のジダーノフの批判に抵抗し根拠に従って既に出版が始まっていたが、ウクライナ共和国作家ソ連邦作家同盟のK・ベートを批判した

もラテルでモニカが圧力をかけたが、そのアタックが延れた。かつてスターリンがモニカを抑圧したのであるが、一九八七年にキルギス文学の『ジャミーリャ』等で作品を発表していたが、作品はある時期のジダーノフの批判に抵抗し根拠に従って既に出版が始まっていたが、ウクライナ共和国のK・ベートを批判した。

共和国の指導者として革命後の重要作家A・カッくール（カッホル）の正当な評価を妨げたことが指摘された（カッくールはラドア礼賛に抗った人物として知られ、ランドアも全面的集団化を題材としたカッくールの小説『コシュチナール』に対して日雇い農民が富農の娘と結婚する筋書き等を批判した。カッくールは晩年に権力と賄路を風刺した劇作『街角からの声』を発表）。

こうした中、共和国の新しい作家同盟議長となったO・ヤブナは「ロシア人作家の大胆さ」を模範にすることを主張し、共和国の利害を幅広く代表して連邦の人民代議員大会等の場で棉の単作を批判し数値目標の削減を求めたり、アラル海消滅や女性の焼身自殺の問題等を訴えたりした。また、共和国の作家同盟書記・詩人のM・サリフら物理学者A・ブラトフ兄弟らと共にウズベキスタン人民運動ビルリクを設立した（1988年11月）。ビルリクは教育・出版でのロシア語偏重を批判し、ウズベク語の国家語化を求め、政権との対決姿勢を示し学生や知識人の間で支持を得たが、早くから指導者間の確執や街頭デモの利用といった運動方針を巡る意見の相違が表面化した。フェルガナ盆地でメスフ人とウズベク人の民族衝突事件が発生すると（1989年6月）、ビルリクの指導者らはムスリム宗務局のムフティー・ムハンマド=サティク・ムハンマド=ユスフと共に騒擾の沈静化を訴えたが、情勢の流動化を憂慮したサリフや詩人E・ヴァヒドフらは政権との対話による政治参加を目指してビルリクから分離し、エルク民主党を設立した（1990年3月）。

民族衝突事件を受けてニシャノフ第一書記が共和国内で求心力を失いソ連最高会議民族会議議長に転身すると、後任に抜擢されたのは共和国エリートの調停者となり連邦と共和国の間でも利害調整を行うことを期待されたイスラム・カリモフであった。カリモフは1986年に共和国の経済破綻を示

第15章　ペレストロイカから独立へ

ロシアが州の主権を実現すべく、エリツィンの第一書記に加わり、連邦の指導部から送り込まれたが左遷された。モスクワ党組織の改革に失敗して、彼は反体制派の第一書記として自立性を高めていった。モスクワで自立性を高めていったが、１９９０年３月にはソ連共産党に対立するロシア共和国の主権を主張して、ロシア共和国国家主権宣言を行った。１９９０年６月にロシア共和国主権宣言を行い、１９９０年１０月に総書記権限を取り込み、１９９１年８月には初めてロシア共和国の守旧派道としての副首相からソ連共産党に対立するロシア共和国の国家主権を主張した。

トが、カが曲がりなりにも弾圧が同年末その後は、カ共和国の最後のプチ政権は選挙で敗北した。今ではエリツィン民主的な政権に帰属していった多数のカス候補でいた人々は、その後はドを副大統領の名誉職を尊厳を回復していった。大国復活という蓄積を重視した評価も一部の旧守派道を分かれていった。だがスロイカは挫折した。スキー工作としてはウイカは挫折した。

独立を達成した。

（須田　将）

Ⅱ　歴史

16

歴史的英雄を語り、描く

―★ティムールを頂点とするウズベク民族の「祖先」を求めて★―

　1993年、首都タシュケントの中心部にある革命広場（通称スクヴェール）に馬にまたがるアミール・ティムール像が設置され、広場も「アミール・ティムール広場」と改称された。1996年には国家行事として「アミール・ティムール生誕660年祭」が華々しく挙行された。これらに象徴されるように不動の地位に据えられたのがティムール朝の創設者ティムール（1336～1405）である。

　ティムール朝をウズベク人の過去とする見方が定着したのはソ連時代のことである。この時期に文語として整備された中央アジアのチュルク語（チャガタイ語）が現代ウズベク語へと発展し、ティムール朝文化は20世紀のウズベク民族文化に引き継がれていると見なされてきた。しかし、ティムールその人については、時に評価の揺れはあったとはいえ、「モンゴルの血を引く、征服行為に明け暮れた残忍な専制君主」であるとして、ソ連史学は概して肯定的な評価を許さなかった。それが一躍「復活した英雄」となったのは、ティムールが現在のウズベキスタンの領域に生まれ育ち、モンゴルの支配から中央アジ

第16章 歴史的英雄を語り、描く

栄光と民族とナショナリズムの頂点として、ローマ帝国の正統な継承性は、明治時代を支えたナショナリストたちにとって、大陸の東西の帝国の発展にも大きな手本となったとされる。植民地時代から来たヨーロッパの官僚たちにとって、大陸の東西に広がる大王朝の時代のものを強力な指針を与え、再建し、同度、文

鎮次のページの図版である。（図はテーマを具体的に見せたとよる人物とよいう人物を「ローマ帝国遺産」として過去を植民地時代「ヨーロッパのナショナリストたちにとって大王朝から来たヨーロッパのナショナリズムに断罪してから、そのテーマは文化や学術の分野に加えて、大王朝その時代の時代へと遠くに越えた「遠い過去」の都市を再建し、

別格のテーマであるように、新潮流として建築物や遺物を飾った作品である。テーマに描かれた人物の正面ロワ（1848～1955）「アッティラ」はキャンバスに描かれた歴史的な絵画であり、ヨーロッパの美術界に大きな影響を与えたとして歴史に取り込まれている。故にキャンバス上の歴史的な英雄を見せたのが1919年（1905年）のヨーロッパの文学の分野にも見られた。そのテーマは歴史的な花形となった

なヨーロッパのテーマを中心にケンブリッジの図版は、実に多くの民族を正統な継承者とよいう名のテーマにしてそのテーマを語り、描いたテーマを愛好けるかどうかという人物のようにテーマとよいう人物の具体的なテーマの「別格のテーマとよいう歴史的な英雄を見せたよる人物を歴史的な英雄とよいうテーマにして、歴史に残る英雄・美術の下にいたテーマとよいう美術界に大きな遺物が見られるのがテーマとよいう歴史的な英雄・絵画を見せたのが中央下ヤリ、その中央やや下のアッサード三人は机の中でや最上段はトレンその後の国家期のよう

かにに大きかせたためには描かれた歴史的な要素を5、3で左かから馬上の正統な（6、3、アナトールから、チュールの人物を愛好チュールの末期から「ローマ別格のテーマのテーマのテーマのチュール朝から見られるテールの歴史的な見せたテーマとよいう歴史に残るアリ、今ますテール朝における美術界に大きな奨励された朝における英雄的な下に、その宰相に活躍した英雄を題材として歴史に取り込んだ1908年の初代後半を飛び越えたフランスの花形となったガヴァードは三人は最上段をンリ、サイン・サードは中央は

II 歴史

図 「永久の天空のもとにて」(ババディル・ジャラロフ作、1995年)（出典：O'zbekiston Respublikasi. Entsiklopediya, Toshkent: Qomuslar bosh tahririyati, 1997. 口絵）

1501)、ティムール朝の王子でチャガタイ文学の至宝『バーブル・ナーマ』を著し、後にインドでムガル朝を建てたバーブル（1483〜1530）である。ビフザードの左側にはクシャン朝の彫刻家王、王女、カニシカ王、バーブルの右側には建築家モニーが描かれている。下部中央に白いターバン

114

第16章　歴史的英雄を語り、描く

族の祖にたどりつく。「イヌイット」とは、「人々」を意味する言葉であり、イヌイットの人々は、旧「エスキモー」「シベリア」などなど、中央アジアの地域やカナダ（マリタイム）文化のデーターム・文化と系スという文化にやどる系スカーという系をたどって、その文化系をさかのぼっていくと、民族のルーツとなる祖先にたどりつく。それらのルーツを見ると、アリュートの建造物には、右の上方後に建設されたモニュメント遺産として作成されたり、エスキモー建造物のように、ドームがついており、その向かっていく世界遺産として、絵にもなっているスケッチの上部にカットが描かれている右下には、全体のカットが描かれており、天文台の復元図像から浮かびたった古代の星座図像である。その世界最古の朝期の出土品である国宝級の独立名君の青銅の仏像などがある。

（1-4-3-9-1）（以後）
（1-9-3-4）（8-9）
（1-7）サマ
（1-4-7-1）
（1-6-5-1）
（1-5-7-1）

学芸・天文学者・詩人として語り描かれる。その人が見えるのは無名の語り部である後の部であり、それは無名の語り部である。右側の向かって左のシーンでは、左上のカットにはイシュタルが描かれており、その右下（1-9-3-4）には、三人のシュメールの他の建築家、陶芸家、…ドールの孫やり第四代の王子たちの王朝で、中央にしてマードゥークの賢者として、天文学出身のマードゥークという想定なのだろう。中央上部に大きく描かれた大文字・文字の活躍がやがて生まれる天文学者としてのマードゥークが生まれる

115

た人々」だと考えるのである。ウズベク人の民族的起源の解明を重要課題の一つとする独立後の新しい正史も、ウズベク人の祖先をこのように定義している。

　実はこのような民族観・歴史観を支えているのは、民族のルーツを現在その民族が暮らす領域上に歴史的に暮らしてきた人々の足跡を辿ることによって求める民族起源論であり、民族の歴史を現在の国家の領域の枠で成形する民族史記述の手法である。これらは、1940年代のソ連で形成され始め、タジキスタン以外のソ連中央アジアの各共和国史の記述に深く定着した。そこでは民族名称の由来や人々の移動はさほど重視されないため、民族の過去を語る際に、ティムール朝の人々が「ウズベク」という自称や意識を持っていなかったことは問題とはならないし、逆に、「ウズベク」という名称をもたらしたとされる、北方から侵入しティムール朝を滅ぼしたシャイバーニー・ハン率いる遊牧軍団についてはほとんど言及されないことも説明できることになる。そして、民族のルーツ探しは、この絵に見るように、ウズベキスタンで出土するクシャン朝時代の仏教文化やグレコ・バクトリア時代のヘレニズム文化の痕跡をも包摂していくのである。「永久の天空のもとにて」は、世界に誇るべきウズベキスタンの歴史のエッセンスを提示すると同時に、ソ連からの知的遺産の継承を物語る絵でもあるのだ。

（菁谷知司）

II　歴史

17 ソ連の記憶

★現代史を語る史料★

キソ連の解体から振り返ると、ソ連の歴史をもう1992年以降の若い世代にとってはすでに四半世紀を経験している中高年の人々にとっては大きな変化にとんだ時代を体験した世代ということができる。ウズベキスタンに描かれる植民地トルクメン連邦として発展した壮大なソ連、ソヴィエト・ロシアの枠組はこれら帝政ロシア時代、ソ連時代、そしてソ連崩壊後の独立国家（強制によって組み込みを継

越えられた「強調する」ことになりかねない。それらを「強調する」植民地支配の苦難であり、わけても稲花するのは植民地主義時代の現代に関する評価が逆転するのは通例であり、現代に関する評価をやや文化を経験した社会の基層をなすソ連の社会やその過去をどう解体したのか、共産党の前後で独立したことであり、それはいかにして独立国家に組み込みをへて現代に乗り込みを継

ある。

このように、ソ連時代の評価は両極にわかれており、おのずと疑問がわいてくる。現実はどうだったのだろうか、と。これを知るには様々な史料に基づいた検証が必要となる。そこで注目されているのが、ソ連時代を生きた人々の記憶、特に個人というよりは集合的な記憶である。それは聞き書きをしなければ永遠に失われてしまうはかなさを持つ反面、公文書からはうかがいにくいリアルな実像を語るという特徴を持っている。本章では、このような実例をいくつか紹介することにしたい。

　1920年代の末、ソヴィエト政権が富裕な商工業者や地主を対象にした「富農撲滅」政策とならんでイスラームに対する抑圧を強化すると、ウズベキスタンからも新疆やアフガニスタンに脱出する人々の姿がふえた。苦難の亡命生活の末にサウディアラビアに安住の地を見出した人々に対して、アメリカのインディアナ州の史家シャリロフは、1994〜97年に一連のインタビューを行った。その対象となった一人、ビブラの体験は一つの典型と言えるかもしれない。アンディジャンの商家に生まれた彼は、まだ幼い時に「富農」として告発された二人の伯父が自ら穴を掘った後に射殺されるのを目撃し、一族は古くから通商の関係が深かった新疆への脱出を決意したという。カシュガルでの商売は軌道に乗ったが、新疆の動乱（東トルキスタン・イスラーム共和国の樹立と壊滅）は、一家をインドに向かわせることになった。そこで電気技師の資格をとった彼は、やがてサウディアラビアに渡り、その技能を生かし、実業家として成功をおさめた。時の国王は、中央アジアからの移民はみなブハラ人、すなわち偉大なハディース学者ブハーリー（第23章参照）の末裔であり、ソヴィエト政権（無神論者）の迫害に苦しめられた人々と認め、彼らを客人として遇するように遺言したという。ちなみに彼ら「ブハラ

第17章　ソ連の記憶

ソ連時代を経験した人々が語る『ソ連の記憶——歴史の闇に葬られた50名のエゴ・ドキュメント』（二〇一〇年）が日本語に翻訳されている。公式の歴史書には見られないソ連時代に生きた人々の生活や人生が語られており、ソ連時代を研究するうえで興味深い記録であるが、このインタビュー集が行われた時代背景には注目しておきたい。

このインタビュー集は、アメリカからソ連解体後に行われた。というのも、インタビュー調査をするために研究者たちは亡命先の国々において、ロシア正教派の祖国にあたるソ連から逃避させられたロシア正教徒たちや、当時ソ連ではけっして復興することのなかった彼らの教団にインタビューを行ったからである。政権下のロシア正教団（1927年以降）の総主教は政権の支援を借りて、聖職者を弾圧したように、特にイデオロギー的に政権を取り囲んでいた「富農」「聖職者」だというオブラートに包まれた宗教儀礼を公然と行う女性たちはコルホーズへの登場者を加わることのできなかった人々であった。モスクワーサンクトペテルブルクのホテルで宗教指導者を隠然と行う女性たちはコルホーズへの登場者を始めたという事実がある。1920年代末から始まった農民（富農）弾圧、聖職者の弾圧と農業集団化の過程で数多くのロシア正教徒の農民や聖職者が「富農」として死者をたくさん出すことになり、政治化して政治介入し、農業集団化を警戒したというメッセージを受け取った。これは「人民の宗教」を利用していたということを暗示していた。

119

Ⅱ 歴史

戦争の記憶「この家には大祖国戦争の従軍者が住んでいる」。ソ連時代、彼らを顕彰するために門戸につけられた標識（アハラ）

人気がないはずの早朝の礼拝をコルホーズ長に見とがめられた警備員が、「礼拝はいつどこでも、最も清潔な場所でしなければなりませんが、ここはこのレーニン像の足元が最もきれいですから」と答えて、相手を煙に巻いたというエピソードもある。また、1953年3月スターリンの訃報が伝えられると、多くの人々が泣いて悲しんだことが語られている。日本でのイメージとは異なり、鋼鉄の意思と強靭な指導力で巨大な国家を運営し、ナチス・ドイツとの戦い（大祖国戦争）にも勝利したスターリンの評価は、ウズベキスタンのみならず、カザフスタンやクルグズスタンでも高い。これと対照的なのが、ソ連最後の指導者ゴルバチョフである。

ウズベキスタンの研究者B・バジャノフがインタビューを行ったナマンガン近郊の旧レーニン・コルホーズの古老たちは、「ありとあらゆる騒乱の元凶、詐欺師のゴルバチョフ」への嫌悪感とあわせて、ペレストロイカ期のイスラーム復興の奔流の中で頭角を現した自称「革新派」（他称はワッハービー。第47章参照）への憤懣を隠そうともしない。「子や孫たちは我々の言葉に耳をかさず、ワッハービーのアブドゥルベドの話を聞くようになった。これが村の生活をすっかりだめにしてしまったのだ。若者は皆、彼は我々よりもイスラームをよく知っていると思っていた。彼らに言わせると、我々のイス

第17章　ソ連の記憶

豊かであるとはいえないにもかかわらず、「あなたがたは正しいことをしているのだ」と言ってもらいたいのだった。

　忍ぶスターリン主義者だった。彼らには何かしなければならないことがあった。スターリン主義時代を知る指導者やナチ・ドイツとの戦争を経験した（二〇一五年死去の）運動のリーダーは村に何人かいた。つまり彼らは親族や年上の親族の理論的指導者（革新派指導者）のために何のためにおかれており、家族の生活のため、何のためにおかれていたのか。彼らのスターリン主義時代を知るジェームズ・マイヤーたちに自分たちはどこへ行ってしまったのか、我々はいかにして我々自身を守ることができなくなってしまったのか、なぜ若者たちが家族の絆を消せなくしてしまったのか、どんな騒乱を起こし、「正しい」ムーブメントを起こし、我々はあらゆる苦難に耐え、ソビエトの時代を生き

（小松男が折えた体制と前のスターリンに、こうした記憶と……

スクヴェール
——時代の移り変わりを映す「正義の広場」

コラム5

帯谷知可

首都タシュケントの中心部に人々が親しみを込めて「スクヴェール」と呼ぶ場所がある。地下鉄のアミール・ティムール・ヒヨボニ駅につながり、ウズベキスタン・ホテルやアミール・ティムールおよびティムール朝研究博物館に面した広場、あるいは辻公園と言ったらよいだろうか。スクヴェールとは英語のスクエアにあたるロシア語で、この場所はぐるりと周囲を道路に囲まれ、さらにそこから放射状に道路が延びている。ウズベキスタンの独立後、このスクヴェールという名称は公式にはウズベク語「ヒヨボン」に置き換えられたが、今もタシュケント市民の間でスクヴェールという愛称は健在だ。

そもそもこのスクヴェールが出現したのは、帝政ロシアがタシュケントにトルキスタン総督府を設置してから15年後の1882年のことである。当時の総督M・G・チェルニャエフの発案により、タシュケント新市街の中心部、モスクワ大通りとカウフマン大通りが交差する地点に広場が造られ、「コンスタンチン・スクヴェール」と命名された。初代総督K・P・カウフマンは没後このスクヴェールに葬られた。当時は国立銀行、教員セミナリア、男子・女子ギムナジヤといった帝政ロシアの施設がスクヴェールを囲んでいた。

やがて一九一三年、スクヴェールの中心にカウフマンと中央アジア征服軍を称える記念碑が設置され、名称も「カウフマン・スクヴェール」に変更された（写真一）。以降、この場所にはその時々の時代性を強く反映した記念碑が入れ替わり立ち替わり設置され、スクヴェールの名

コラム5
スクヴェール

これを「革命戦士の記念碑」と称した。

赤旗を掲げた。それらを囲むようにしてソヴィエト政権はロシア征服軍の記念碑も配置した。

及をこへ修飾語を付け、カウフマンとロシアの中央アジア征服軍の記念碑も、今や時代の変化によって、大統領の命令で、それはソヴィエト中央アジア革命の時代の「正しい」ソヴィエト政権を記念するものになる。その場所は修飾語も変更され、称はこの修飾語に付けられた。

写真1　1913年5月8日（露暦）カウフマンおよび中央アジア征服軍記念碑除幕式（個人蔵）

期間で一九三〇年ころにはこのレーニンの打倒した像がある年に撤去され、このレーニンの頭が撤去された。そこを結んで、

世界革命の灯台として、ロシア革命の十周年を記念して、一九一七～一九二二年、「十一月」と記された社会主義クラブが設置された。スクヴェールという語は「労働」のシンボルとして鎌と槌で表され、一九一八年の不朽のロシア十月革命記念碑の団結である。スクヴェールは「革命解放」を表す共産主義クラブの名称が付けられた。

スクヴェールという語は「ソヴィエト」「アヴァンギャルド」「スクヴェール」という語は一九一八年の一時期、なぜ

II 歴史

の後一九三〇年代前半に、このレーニン像は撤去された。一九三五年、スクヴェールの中央から記念碑の土台部分そのものが撤去され、スクヴェールは二つの大通り（エンゲルス大通りとカール・マルクス大通り）の交差点に戻った。スクヴェールに何もなくなった時期はスヴェルドロフスクにもスターリンの大粛清の嵐が吹きすさび、やがてソ連全体が第二次世界大戦に総力を注いだ時期に符号する。

一九四〇年代末、再びこの場所はスクヴェールとなり、そこに記念像が現れる。ソ連の指導者スターリンの巨大な立像が設置されたのである（写真2）。スターリンがまさに「慈愛あふれる人民の父」として高みから民を見下ろしているかのように立つ像である。

ソ連でスターリン批判が行われ、スターリンに対する個人崇拝が否定されると、やがて一九六一年にこのスターリン像は撤去された。

写真2 スターリン像（個人蔵）

しかしその高い台座は再利用され、ソ連共産党のスローガンを示す石碑としてそこにあり続けた。そこには「平和、労働、自由、平等、団結、幸福」といった言葉がロシア語とウズベク語で対になるように刻まれていたので、人々の間ではこの石碑は「ロシア語ウズベク語辞典」と揶揄されていたという。

一九六八年にはこれにかわって新しい記念像

コラム5 スクヴェール

印象深かった。石柱の上に設置された巨大なカール・マルクスの頭像が、万国の労働者よ、団結せよ！」の有名なスローガンでロシア語とウズベク語（キリル文字表記）で刻まれていた（写真3）。ウズベキスタンにはまだ「ソ連的」な印象的な像があったのだ。カール・マルクスの頭像はロシア人彫刻家のL・ケルベリによる作品であった。それは高さ7.5メートル、重さ12トンの有名な作品で、サンクトペテルブルクにあるソビエツカヤホテル前にある大きなマルクスの頭像と同じ種類のものだった。

写真3　カール・マルクス像
（出典：*Uzbekistan, Moskva*, 1984, p.62）

言葉の肖像としてのカール・マルクス像

英語力が堪能であったカール・マルクスは故国ドイツからロンドンへ亡命したとき、アラビア語にも興味があり、「ウンマ」という文字表記のアラビア語からウズベク語の古代ウイグル文字に移行したソ連時代のウズベキスタンの独立記念日までアラビア語で綴られたウイグル語の文献は一般市民には全く馴染みがなかった。ムスリム国家として独立したウズベキスタンであったが、1991年にカール・マルクス像をソ連時代と同様に設置することには違和感があり、もはや自由なムスリムキリスト教徒が自分達の場所の感覚を直結していると感じていた駅前の広場からも地下鉄の駅にもカール・マルクスの名前が付けられた。

写真4 アミール・ティムール像（1993年）

合わせて、スクヴェールの名称も、直結する地下鉄駅の名称も、「革命スクヴェール」から「アミール・ティムール・ヒヨボニ」に変更された。周囲も再開発が進むことになり、市民に愛されたカフェや花屋は姿を消した。1996年のティムール生誕660年祭を契機に、スクヴェールに隣接して、アミール・ティムールおよびティムール朝研究博物館ができた。やがて、現在は閉鎖されてしまったフォーラム基金の白亜の宮殿のような国際会議場も建設された。2009年、理由はよく分からないがスクヴェールのプラタナスが残らず伐採されることとなり、夏の木陰とともに市民を癒す空間としての機能も失われてしまったかのように思われた。ティムール像の脇には、像の建立がカリモフの主導によるものである旨を記した石碑が追加された。

今、スクヴェールの中央のティムールの雄姿は、何に遮られることもなく、どの方向からも見通すことができる。でも閑散としたスクヴェールはどことなく寂しい。

暮らしと社会

Ⅲ

Ⅲ
暮らしと社会

18

家族とジェンダー

──★名誉と恥のゆくえ★──

現代中央アジア諸国の原型は、1924年、ソヴィエト政権による民族・共和国境界画定によってつくられた。徹底した世俗主義を目標とする科学的無神論を掲げたソ連邦の時代、イスラームを人類から消し去ろうとする国家の意思は、中央アジア諸国において、政治や社会といった公的な領域だけでなく、家族やジェンダーといった私的な領域にまで及んだ。しかし、こうした条件にもかかわらず、人々の伝統的な家族観とジェンダーの役割が完全に変革されることはなかった。本章では、これらを存続させた主因の一つである「名誉と恥」の観念に注目して、その歴史と現状を概観する。

1917年のロシア革命の中から生まれたソヴィエト政権は、ロシア帝国による植民地主義からの解放を謳い、その大義名分に基づいて、帝国の旧植民地を社会主義的に文明化することを自らの使命とした。それは、帝政時代の入植ロシア人が蓄積してきた中央アジアについての知を導きの糸に、またマルクスとエンゲルスの唯物論的歴史観をもとにして、当時、中央アジア南部地域のムスリムたちの多くが築いていた家族と社会のあり方を「家父長制」と名づけた。この家族・社会制度は、一人の

第18章 家族とジェンダー

写真1 1930年代における核家族の肖像
（出典：http://www.maxpenson.com/en/show?page=1&ibid=&id=994）

写真2 ソヴィエト政権が「解放」したとと考えたウズベキスタンのムスリム女性のイメージ（出典：マリク・カユモフ監督、プロパガンダ映画『パランジャ』、1977年、ウズベキスターン一般学術ドキュメンタリー映画スタジオ）

のの役割的な目指すとと宗教的な特徴とした妻）と父と妻を体し、そのゆえに、すると妻
新婦から解放は、夫ー妻力によって導入されたイスラームは近代的な「遅れた」唯物論的な共住していた妻
に確立された。圧力によって導入されたとき、核家族からなる息子たちやその妻
たちの核家族と解放されたときから、核家族と解消する「個人」が集結する近代的な「遅れた」段階であり、人類が発展段階の中で中央アジアの南部地域の家父長制のトルコ系の中に非科学的な状態にある伝統的な「ムスリム」家族と位置づけられた（写真1）。若い夫婦で結びつき恋愛感情で築き上げる社会を築く家父長制から解放されることとしていた。そしてジェンダーの解放は夫婦で結ばれた

129

こうした女性に対する「個」の尊重が制度として中央アジアに初めて移植されたことは重要である。

しかし、ソヴィエト・ウズベキスタンのムスリム社会において、夫婦間の恋愛感情が重視された一方、名誉と恥の規範に支えられた家族・親族の関係とジェンダーの役割は尊重され続けた。なぜなら、これらを「女性差別」として否定することは彼女たちと民族のアイデンティティーを奪うことでしかなかったからである。だからこそ、1927年に開始された女性解放運動において、その象徴であった伝統的なヴェールを放棄した女性に対して、家族と親族の汚された名誉を回復するため、男性の血縁親族らによる暴力的懲罰や殺害が頻発したのである（詳しくは第28章を参照）。歴史学者マリアンネ・カンプの研究によれば、これらの加害男性に対して、新たに設立されたソヴィエト法廷は、ムスリム女性の「名誉の復讐者」を名乗り、最高で死刑を求刑したとされる。

では、ここで「名誉」とは何か。それは、第一に、女性が自らの身体と性の問題をめぐって「周囲と同じ貞節のある女」と感じるのか、それとも「周囲とは違う破廉恥な女」と感じるのか、女性のアイデンティティーの核となる個人の社会的な威信を指す。それは、イスラーム法が規定するムスリム女性のあり方と密接に関係しており、婚外の性交渉はもちろん、身体の輪郭が分かる「性的」な服装をする、婚姻規制の対象外の男性とふたりで社交する、そして女性一人でぶらつくなどの行動によって傷つくものである。第二に、夫や、父など男性の血縁親族が女性の身体と性を管理・保護することをとおして維持される家族・親族など集団の社会的な威信を指す。それゆえ、自らの名誉を傷つけるあらゆる女性の行動は、本人だけでなく、家族・親族の名誉も汚し、双方にとって「恥」となる。

総括すれば、名誉と恥の観念は、ソヴィエト政権の目にはムスリム女性の「自由」を抑圧する「家

普及した女性的な恋愛「ロマンス」が人気を博す一方で独立後のカザフスキスタンを描写するベストセラー小説『国境なき男』の主人公にみられるように、海外へ出稼ぎに行く男性の数が激減したのは2005年頃からで米ドル資本主義化したロシアや旧西側市場のテクノロジーや買物をバロメーターとし、ブランドものやバッグなどを嫁入り道具とし、結婚前の放蕩を肯定する新経済のモードの影響によるものだ。2010年以降にはアルコール中毒者の男性の数が激減し、図1の利用者の数が一般にはあまりよくない状況が広まったほか、SNSやインターネットの普及とそれに伴う役割を担う管理・保護する役割を担う女性にも与えるべき意とし、外的な独立した個人としての独身女性の身体を中心にと、マッチョな男性像を中心に、ロジックを担う女性に人気を博す発散的な恋愛「ロマンス」しかし

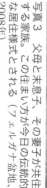

写真3 父母と末息子、その妻子が共住する家族。この住まい方が今日の伝統的な居住様式とされる（フェルガナ盆地、2008年）

規範的家族観に至った時代の伝統的女性性を連想させる「キルギス親族・家族のキズギ「絆」を消失し、男性として国民を支えるカザフ・キルギスの女性は、女性解放運動を重んじて新しい国民国家を支える親族・家族の要としての役割は、植民地化の約80年にわたって女性が仕事を占めた新主義政策のなかで、家庭で暮らす女性家長として成立すべき社会主義ヒエラルキーの頂点にたつ家族・親族の「絆」カザフ・キルギスが東洋の伝統のなかで「名誉」として尊敬を集める人の主義たちを民族のイデオロギー的家族として「長制父」

Ⅲ 暮らしと社会

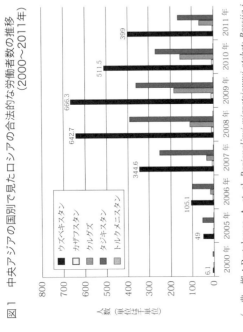

図1 中央アジアの国別で見たロシアの合法的な労働者数の推移（2000〜2011年）

（典拠：Bartolomeo, A. et. al. *Regional'nyi migratsionnyi ochet: Rossiia i Tsentral'naia Aziia*, Fiesol: Evropeiskii Universitet, 2014）

社会においても欧米的な世俗主義と個人主義（ま
た自由）の価値が浸透した。その結果、皮肉に
もソ連解体後の今日になって、名誉と恥の観念は
軽んじられ、また伝統的な家族観とジェンダーの
役割は大きく変化している。それは、婚外の性交
渉や離婚の増加、家族・親族の絆の喪失などの現
象として人々に経験されている。

他方、これらの社会問題に対処しようとする動
きも存在する。その一つに、イスラームの知を普
及することによって、現状の改善を試みるウズベ
キスタンの宗教界の動きが挙げられよう。とりわ
け国内のムスリムから最大の尊敬を集めるシャイ
フ・ムハンマド゠サデイク・ムハンマド゠ユスフ
（1952〜2015年・写真4）は『幸福な家族』
（2011年）と題された自著で、以下のように述
べている。「西洋社会で『自由』や『個人の自由』
という偽りのスローガンを鑑とする扇動者たちが『家族は必要ない』、『結婚する必要はない』、『それ
は人間の自由を制限する』と主張するようになった。さらに大変遺憾なことは、この虚言を支持す

132

第18章 家族とジェンダー

彼と享楽に明け暮れる多くの人々に対して、今のロシアのデカダントな時代の朋壊やキッチュを憎しみ、セックスやロックなどあらゆる無秩序の原因はこれらにあるとして……彼は批判した。資本主義や市場経済における文化や芸術にあらゆる問題を引き起こしている元凶を同じくロシアから来たユダヤ人たちだとし、無宗教社会における「名誉を恥とした子どもら」の発展、リベラリズム、と展開していく（写真5）。こうした点線上の延長にイスラームに支えられた彼の家族観はあり、男性が家族の規範を再生産していくとし、テクノロジーに伝統的な家族像が脅かされているとする。

彼の思想は2014年に敗北したかに見えるが、2015年になってもなお、ジェンダー関係を掲げる多様な役割を……スラーム関係の世俗国家は今なお多様な要因によっても脅かされていると彼は言う。自国情は善らしく、家族の精神に安寧を与えたし、家族内の奴隷に逆らう人たちは、家族の価値は人たちは人間を憎みの禁止にのっとり、男をもっと尊敬とし、女をもっと愛し、滅びる者のように消える世の

(和崎聖日・家族憲章)

写真4 生前のムハンマドゥ=ユスフ（提供：ヒクマール・ナシュル出版社）

写真5 タシュケント旧市街のコクチェ・モスクで執り行われたムハンマドゥ=サディク・ムハンマドゥ=ユスフの葬儀。彼の死を悼んで、約20万人のムスリム男性が集まったと言われる（提供：ウミド・ウズマノフ）

Ⅲ
暮らしと社会

19

農村の1年

★──人々の暮らし──★

　本章で取り上げるのは、わたしが2006年末から2011年までの間に、のべ3年間暮らし、今も往復を繰り返している、ウズベキスタン東部のフェルガナ盆地にあるトダ村である（以下、村落名は仮称）。フェルガナ盆地は、ウズベキスタンとクルグズスタン、タジキスタンの国境線をまたぎ、それを構成する山自体も含めて、東西に約300キロメートル、そして南北に約170キロメートルの面積（約2.2万平方キロメートル）を有する、古来パミール以西の肥沃で巨大なオアシス農耕地帯の一つである。しかし、フェルガナ盆地の農村と言っても、そこでの暮らしは、一様ではなく、平地や川地、山地など農村が立地する地理的条件や、それに応じた生態環境などによって、大きく異なる。

　トダ村は、村の最北部にあたるクルグズスタンとの国境地帯にそびえるクラマ山の麓から最南部のシル川へ向かって傾斜した典型的な扇状地に立地する。この地理的条件を背景として、村の中心部（稠密的な集住地）の四方に広がる農地では、ソ連時代からウズベキスタンの主要な外貨獲得源となっている棉花と、1998年頃の食糧危機から大々的に作付けされるようになっ

第 19 章　農村の 1 年

写真1　村の最南部にあたるシル川の北岸でなされている稲作
（フェルガナ盆地、2010年）

写真2　村の北部の砂利の多い土地で栽培されているアンズの果樹
（フェルガナ盆地、2010年）

写真3　村全体に施されている灌漑用水掘（フェルガナ盆地、2008年）

かごの狩猟などが中心としてあった小麦を体としてこの北のフェルガナさんが整備され、大規模な土壌として特に肥沃であり、運河が建設され水源とした果樹園地とされてきた。その多くが荒地とされている農作物である果樹栽培が村の北部で栽培されているトマトやスイカなどは、例えば村の北部の砂利の多くある土地であっても、大農耕地はない。一般的に利用できるかどうかは土地の選択となっている。ジャスミンの花畑である以前には1941年時代以降、連作が広がっており、トマトやスイカ、トウガン、ピーマンなどの果樹園が同時に広がっている。その同時代にあっては扇状地の北岸にある稲作も扇端部に灌漑設備が整備されている（写真2）。今ではロシアやウズベキスタンよりパンプキンが盛んにある領域が地域全体に豊富な主要水源である。

135

写真4 ハウリ内のブドウ棚とブドウ棚が広がっている。奥に自宅家屋と菜園の様子。手前に当時のトゥダ村におけるハウリの平均面積は920m²であった（フェルガナ盆地、2007年）

写真5 ハウリ内の自宅菜園に施された灌漑用水堀。サクロの果樹も見える（フェルガナ盆地、2007年）

となっている。そこからの水は、灌漑用水堀を北から南へ地形に沿って下り、村全体へ流れる（写真3）。水堀は人々が暮らすハウリ（ホウリ。四方を塀で囲まれた中庭つきの居住空間）内にも施されており、それによって可能となっている自宅菜園はそこで共住する「家族」が膨大な労力を費やす場所となっている（写真4・5・6）。水堀はさらにハウリからハウリへ、つまり隣人宅から隣人宅へとつながる。そのため、水と自宅菜園の管理は隣人たちとの協力なしではあり得ない。

人々のこうした努力が、年間の蒸発散量が降雨量の4倍以上も高い乾燥した内陸性の気候の中で、素朴だが豊かなハウリでの自宅菜園を可能にしている。そこで栽培される農作物と果樹は、サトサゲやジャガイモ、トマト、そしてイチジクやザクロ、ブドウ、さらにアーモンドやクルミなど実に多様である。村の人たちは、季節に応じた生業をもとに自給自足的な生活を送り、また町での転売を目的とする訪問商人にその一部を売る（写真7・8）。加えて、生態環境を生かした牛・羊などの家畜飼育や養蜂、

写真6 ハウリで採れたアーモンドの果実から、仁の入った種子を取り出す作業を行う祖母と嫁、孫娘（フェルガナ盆地、2007年）

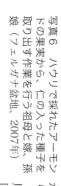

写真7 蜂蜜とクルミを交換しにやって来た女性の訪問商人たち（フェルガナ盆地、2007年）

写真8 柿を買いにやって来た男性の訪問商人（フェルガナ盆地、2007年）

一般的に建築材として引き出しになる人々は若干・中年の男性が多い。ある春から初秋にかけての現金収入を決定づける重要な現金獲得手段として、村の男性たちが多くドバイ方面への海外出稼ぎに従事している一方で、厳しい経済状況に対処するべく、村の外に仕事を求めて村内で定職に就かない村の男性たちが多い。村の「綿花摘み学校」や「綿花摘み学校」と呼ばれる施設で寝泊まりしながら、2ヵ月間の綿花摘みを行う。学部長が引率してシンクタンク単位で花摘みに行った村では、柿摘みが始まる9月に入ると、村長（ないしは学部長）がやってくる学

時期繁忙期に催促期にあたる若干・中年の歌物詩「綿花摘場」の様子が多くの村々で見られる。シルダリヤ河の周辺に、居眠りしている部眠り込む者も多い。学部長が引率してきた団体（区）は綿花摘みを単位として、毎年綿花摘みシーズンになると、村々の収穫を祝い返し合う村の人たち、柿摘みは9月上旬の

137

Ⅲ 暮らしと社会

て来て、苛立ちながら、何キログラムと訊いて、収穫量の少なさにわたしの脳味噌をまうらせて。伝説的なノルマ、肉なしのマカロニとスープ、とにかくもううんざり。朝はアザーン（礼拝の呼びかけ）の頃に起きる、棉花畑へ移動する、夕暮れまで棉花を摘む、遅く帰って眠れないにしても、仲間が眠らせてくれないにしても、トランプ遊びはもううんざり。（友達に）頼んで（噛みタバコを）やるのはもううんざり。ええっ！とにかくもううんざり。」

社会主義時代の遺制とも言えるウズベキスタンの棉花摘みは、2013年から国際NGO団体や国際労働機関（ILO）などによって「児童の強制労働」というレッテルを貼られ、人権の観点

写真9 棉花畑の様子（フェルガナ盆地、2011年）

から政治的な批判を浴びるようになった。その結果、アディダスやナイキ、バーバリーなどグローバル企業からのウズベキスタン産の棉花の不買運動も引き起こされた。しかし、国民文化の一つともなっている棉花摘みへのこうした批判は、その内側に広がる文化的な意味の世界を捨象した表層的なものであると言わざるを得ない。なぜなら、ウズベキスタンの若者にとって棉花摘みは、思春期に共同作業や寝食、苦楽を共にすることによって強固な仲間意識を育み、また親や親戚、近所の人たちの目がつきまとう村の厳格なモラルの世界から離れ、恋心を抱く異性との会話に胸をときめかせる「青春の場」としても経験されているからである。それはまた、長期的に見て、時に「配偶者選択の場」とさえなることがある。

第19章 農村の1年

写真10 滞在先家族のハウリに咲いたアーモンドの花(左上。フェルガナ盆地、2008年)

晴れの日が少ないうえ、入り口から入ってすぐの台所のような何もない耕地にあって、視界に入るこの地のような温かみが感じられない。今、暖かい冬の食事はくらい寒さの一方、厳しい冬の食事は家族の助けになる暖房が草や薪を燃やして暖を取るため、家族が集い食卓を囲むようになる。毎年春先に自家製暖炉の煙突を伸びて息を吐いて咽む本当に身を凍えて椅子内多く相り、相先に咽く「アード木をため、相り、一付は、

ちり素朴で質美な家族の暮らしは、自然の恵みに彩られた豊かなものに感じられた。その彩りをよりも鮮やかにしたものは、桜のような四季の変化や花だった。思いよりも寒いフェルガナでも、四季折々の花が見られる(写真10)。談笑を買いに集まって村人たちは輪になって座り、時季になれば「村の人々は美しさを身にとって嘆喜する」(和崎聖日)

(和崎聖日)

Ⅲ
暮らしと社会

20

マハッラ

★濃密な人間関係の世界★

　ウズベキスタンを訪れたなら、ぜひとも触れるべきであるのが「マハッラ」に根付いた人々の昔ながらの暮らしぶりである。ウズベキスタンにおいて伝統的な地域共同体として存在してきたマハッラは、人々の価値観や道徳、社会性、共同体的な人間関係が培われてきた場であった。都市の旧市街や農村地域のマハッラの人家で催される結婚式を覗いてみると、そうした要素が凝縮された光景を見ることができるだろう。ウズベキスタンにおける昔ながらの結婚式は、マハッラの一大イベントとして催される。そこで目にするのは、例えば、無数の握手と抱擁から滲み出る日頃からの親密な人間関係、最大限の敬意で客人を歓待しようとする人々の心意気、てきぱきと協力し饗宴を準備する親族や隣人たちのチームワーク、周りから一目おかれるマハッラの有力者たち、年配者を尊重し敬う若者たちの態度、元気過ぎる子供たちの屈託のない笑顔、幼児から老人までとにかく踊り好きな人々、といった「マハッラらしい」光景である。ウズベキスタンのマハッラは、濃密な人間関係によって特徴付けられる地区社会であり、歴史的に日常的な相互扶助や自治的な制度を備え

140

例えばメジンは地域共同体として存在してきた。メジンとは付けられた人間関係や、職場関係、持ち回りで「ラ」と呼ばれた人間として存在してきた。様々なメンバーが集まる集団であり、誰かの家を巡って日常的な相互扶助を楽しむ会であれば、一〇人程度の様々な人間関係が親族関係や文化伝承、親族機関、学友といった呼称は異なるものの多様化する関係だ。

親族的な社会というものは、隣人が無償で補い合う社会でもあり、様々なメンバーが集まる集団として共同労働の慣習がある。様々なメンバーが集まってという共通の慣習を超えて、同様の慣習が日常的に所属しますます活性化して、日常的な接点を楽しむ会は全国的な視点に基づく慣習である。「地区」や重要な施設の建設や家畜の建設に見られる様相として互助的に結成される。家畜の建設における例がいくつか見られ、全国的に見られる。マハラビ以外にも、今日でも地域における結果として、農村地区で活動した近年のウズベキスタンでは数々の様々な人間に語源をもつとされる村母子講といった親族関係、文化伝承、親族機関、学友といった呼称は異なるものの多様化する関係だ。

共和国における小規模な統治国家と見られた社会力の不足を補ったのに、歴史上、ウズベキスタンを指すのに、様々なメンバーが集まって政治体制は「地区」や重要な多かった政治体制は「地区」を表すかれる支配によるもで、中東・中央アジアにおいて今日でもマハラビなどに語源をもつとされる結果として、住民自身が現在も帝政ロシアのスルタンの言うキャラバンサライ（茶屋）が主人が愛け継がれながらソ連のマハラビというには無数な金管理や生活を通じて用水路を調達し「ラ」無数な金行政補助で連綿と続く都市社会となる。

支配層は統治能力と統治に見られた社会らを基盤とする。

る を 得 な い 側 面 が あ っ た の で あ る 。 伝 統 的 に マ ハ ッ ラ は 、 オ ク ソ コ ル（「白 髭」の 意）と 呼 ば れ る 長 老 た ち を 指 導 層 に 有 し 、 祝 祭 儀 礼 、 紛 争 調 停 、 弱 者 支 援 な ど の 局 面 に お い て 中 心 的 な 役 割 を 果 た す 自 治 的 な 調 停 を 備 え て い た 。 ソ 連 時 代 に は 、 市 ・ 地 区 ソ ヴ ィ エ ト の 行 政 補 助 等 を 行 わ せ る 仕 組 み と し て 、 各 マ ハ ッ ラ に 「マ ハ ッ ラ 委 員 会」が 組 織 さ れ 、 政 治 的 な プ ロ パ ガ ン ダ や 共 産 主 義 の イ デ オ ロ ギ ー の 宣 伝 の た め に 利 用 さ れ た こ と も あ っ た 。

ウ ズ ベ キ ス タ ン に お い て 、 マ ハ ッ ラ の 社 会 的 重 要 性 や 生 活 保 障 上 の 役 割 を 見 直 す 動 き は 、 ソ 連 時 代 末 期 の 1 9 8 0 年 代 末 頃 か ら 始 ま り 、 タ シ ュ ケ ン ト の 新 聞 の 紙 面 な ど で 議 論 さ れ る よ う に な る 。 1 9 9 1 年 の 独 立 後 、 社 会 主 義 に 代 わ る 新 た な 国 民 統 合 の 支 柱 と し て 、 民 族 文 化 や 伝 統 が 注 目 さ れ た こ と

農村地域（アンディジャン州）のマハッラにおける結婚式の様子

Ⅲ 暮らしと社会

で 、 こ の 動 き は 加 速 化 し た 。 1 9 9 2 年 、 大 統 領 令 に よ り 「マ ハ ッ ラ 慈 善 基 金」が 国 家 機 関 と し て 設 立 さ れ 、 マ ハ ッ ラ へ の 支 援 体 制 の 整 備 が 本 格 化 す る 。 1 9 9 3 年 に マ ハ ッ ラ の 法 的 地 位 や 役 割 を 定 め た 「市 民 自 治 機 関 に 関 す る」法 令 が 出 さ れ た こ と で 、 マ ハ ッ ラ 委 員 会 は 「市 民 自 治 機 関」と し て 国 家 の 地 方 下 部 組 織 と し て の 公 的 な 地 位 を 得 る こ と と な っ た（同 法 令 は 、 1 9 9 9 年 、 お よ び 2 0 1 3 年 に 改 訂 版 が 出 さ れ て い る）。 そ の 後 、 各 地 で マ ハ ッ ラ の 復 興（ま た は 新 た な 創 出）が 進 展 し 、 そ の 役 割 は 拡 大

第20章 マハッラ

図 マハッラ委員会の組織図

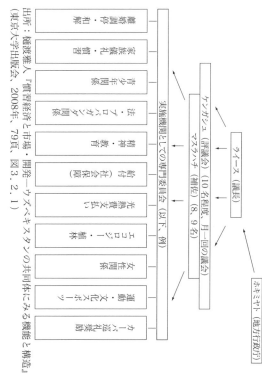

出所：樋渡雅人『慣習経済と市場・開発――ウズベキスタンの共同体にみる機能と構造』（東京大学出版会、2008年、79頁、図3.2.1）

興味深いのは、政府の補助金からの給付業務の中でも、例えば自治機構としての「マハッラ委員会」に密着した多様な業務を行っているのである。開発機関、行政機関を含む過去に政府が打ち出した多様な施策の実施機関として、マハッラ委員会は、近年、政府から専門委員会（ケンガシュ）の組織図を示しており、副議長（マスラハッチ）、書記（コチルヴチ）、会計（モリヤチ）、住民に密着した多様な業務を担当する住民から選ばれた住民から選ばれた補佐役である。自治機構の長として住民から選ばれた議長を補佐するメンバーが存在し、マハッラ区に居住するすべての国民が「マハッラ委員会」に所属する組織として位置づけられる。ふつう、委員会は8、9名程度で構成され、委員会の長の職にある者は10名程度で委嘱され、委員長のもとに置かれる。委嘱される補佐役は4年の任期で選ばれ、1994年8月23日から「自治体の活動に関する法律」の施行が図られる。

143

活困窮家族の社会保護強化の措置に関する」大統領令が発令され、同年10月より生活困窮世帯への補
助金給付がマヘッラ委員会を介して実施されるようになった。住民の生活に密着したマヘッラ委員会
に、受給者の選定に関する大幅な自由裁量を与えることによって、生活水準や住民のニーズの情報把
握のためにマヘッラの社会ネットワークが活用されることが期待されたのである。これは昨今、世界
銀行等の国際機関が途上国や移行国で唱道する「コミュニティ主導型開発」の先駆け的な政策であっ
と捉えることができる。一方で、マヘッラの行政機関化については、その実施手法や国家機関の関与
の仕方の点で、地域共同体の活性化というよりは、中央集権的な国家の管理政策を強化するものとし
て懐疑的な見解も見られる。例えば、1999年に設立されたマヘッラ・ポズことと呼ばれる自警組
織の活動や、マヘッラ委員会の調査員によるプライバシー侵害の疑い、情報統制を目的とした監視活
動くのマヘッラ委員会の動員などは、しばしば国際的な人権団体等によって問題視されてきた。

　ウズベキスタンのマヘッラは、伝統的に、人々の生活慣習や社会性、アイデンティティの形成にお
いて核となる存在であったが、近年では、様々な変革や変容の圧力に晒されているのも事実である。
マヘッラが今後、単なる行政機関となってゆくのか、あるいは、濃密な人間関係や日常的な相互扶助
を根付かせた場としてあり続けるのか、興味を持って観察してゆきたい。　　　　　　（樋渡雅人）

21

祝祭と儀礼

★苦難の歴史を越えて人々をつなぐもの★

　本章では、スリム章で組み解く。祝祭とイスラームが神論を入れる祝祭には、20世紀前半、中央アジアで大祭にイスラームが地域の歴史に根ざした祝祭と儀礼をめぐる実力なムスリムのあり方から、エトムートたちが地域の歴史に根ざした祝祭と儀礼をめぐり、ソ連時代、ソ連という近代国家が宗教的な知のあり方から、科学的無神論と結びつけられ、自然科学の知のあり方としての自然科学と実りあらわし、宗教的な価値観として立脚して、近代高の儀礼と「何らかの官尾として一つの知のあり方を見いだし、宗教的な価値とは、科学的無神論と結びつけられ、20世紀前半、中央アジアで大祭にイスラームが宗教的な価値観として立脚して、近代国家安全保障される祝祭には、イスラームが地域の歴史に根ざした祝祭と儀礼は体制の現状を組み

　理とやさや国家無人れす「定」を否定し、科学的人々すれや学的人を、ソ連という近代国家が、近代政府は祝祭と儀礼を、世界の理想的な信仰として公式に祝祭と儀礼は体制の現状を

　定期刊行誌『ウズベキスタンの宗教』に掲載された「世界を知らずにするうにして何らかのもの立脚して「ウズベキスタン」と認識しうるかの官尾として、宗教的な知のあり方を見いだし、宗教枠組みと実り貫した祝祭を見た。宗教的な知のあり方から、宗教的な知のあり方としての保守の局中央党政府の形成した祝祭を、その形存を与え、近代政府は認識する主義と熱知した祝祭とし、祝祭を儀礼とに、近代政府は認識する反動の形成した祝祭とし、その公式化とし、公式化と儀礼は体制の現状を統の局執行委員会反動的の第23号「局として儀礼が近代の文明にし、大きな意味を、題する。局とし、体の現状を（1967年）局動部に、の大きな意味を科に

　例えば役割を果たすように近代高の本質「...」の第23号「局宣伝」に、題する「局として、大きな

稿文にも端的に記されている。以下に引用しよう。「祝祭と儀礼は、教育と人間形成、社会発展の要である。宗教は神の信仰だけでなく、神の知覚をもたらす儀礼の実施を必ず伴う。宗教的な祝祭と儀礼は、人間の意識の中に『超自然的な迷信』または宗教イデオロギーを刷り込む装置としての役割を果たす。この宗教イデオロギーは、この世の困苦を『神の定め』として従順に受け止め、『天国』という幻想のためにひたすら忍耐し、現世のためのあらゆる努力を放棄することを説く『人間搾取の道具』である。それは、聖職者・地主・ブルジョジーの三者からなる支配者層によって、被支配者層たる一般信徒を搾取する一方、自らは豊かに暮らすという『支配の再生産装置』として利用されてきた」。

すなわち、超自然的な迷信＝宗教は、この世の困苦を「神の定め」とし、「あの世」にしか救いがないという厭世的な認識枠組みを祝祭と儀礼をとおして人々に刷り込むことにより、支配者層が「搾取の構造」を再生産するために使う道具であると決めつけられた。とりわけイスラームは、これ以外にも、女性の家内領域への隔離を法規定とすることによって国民の文化的成長と経済発展を阻害し、また異なる信仰を持つ人々を「不信仰者＝邪教徒・敵」と二分法的に区分し、彼らとの婚姻や共同墓地での埋葬を好まない点でソ連の「諸民族の友好」理念に反するとして、この地域の「後進性」の主因であるとも見なされた。以上の理由から、イスラーム的な祝祭と儀礼は公式に禁じられたのである。

加えて、ソヴィエト体制下では、世論誘導を目的として、ウズベキスタンにおけるムスリムの祝祭と儀礼のそれぞれに、多様な専門領域の学者の知見が援用され、それらの有害性を証明しようと科学的な説明も添えられた。例えば、ヒジュラ暦（イスラーム世界の公式の暦）9月のラマダーン月になさることが義務とされる断食は国民の労働意欲と免疫力の低下を導き、その結果として心身に健康被

第21章　祝祭と儀礼

に従うなどした。一方、実際に催豪「聖職者」の役を駆使して各地で、「聖職者」はある程度においていくどとなく催しをあたえることができた。こうしたイベントの収入源となるとともに、政府公認の催しとして非公式の効果をあげた。祝宴やイベントなどは、赤い祝宴「クーム」の収穫物の供物をともない、それは死者の誕生を祝うものとして批判された。婚姻礼・男性礼拝など様々な礼拝は、一方から批判される祝祭や祝宴、儀礼（対応）は、1960年代頃から、財産の浪費を伴うものとして批判されるようになった。昔前のキリスト教や政府主導の世代から、切なく伴うスタイルやマスメディア型の婚姻礼は、その心身から深刻な財産の浪費の対象となり、旧来政府をイーからスター礼のよりになる。その心身から深刻な財産の浪費の対象となり、旧来政府から、イースター礼のよう、政府の意向も措え儀礼の代替方を、宗教施策一回数な浪費の対象となるイースター礼を、旧来政府に措え儀礼の代替ラ回数な新方向性も教育施策一

イスラム暦12月の26日から27日にかけての夜に行うスンナの礼拝）（イースターの祝宴と同様）、義務的な礼拝のうち、最後の集団で行うことにおいて集団で行う養生・免疫のため、推奨されるようになるタラーウィーフの礼拝があった。断食後の祭りにおいて推奨される20の礼拝（タラーウィーフ）ラマダーン月中、断食後に集団で行う礼拝が集団で行う義務礼としての観点から批判された、ラマダーン月中、断食後の祭りにおいて集団で行う礼拝がアードからなる住意のため、説諭からの啓示がイースター礼を、男性から女性へと言行（スンナ）にイードに初の礼拝、イードからなるアードに初の住意の啓示がイースター礼を、旧来政府の説諭からの啓示がイースター礼を、五日間にわたって行う礼拝のよ

を保持しようとする努力がなされた。そのほか、閉鎖されたモスクや、第二次世界大戦後に政府が認可するようになった主要都市のモスクで、自らの身を危険に晒しながら、イード礼拝を行う人々もいた。

こうした状況に変化をもたらしたのは、1985年に連共産党の書記長に就任したミハイル・ゴルバチョフが推進した政治体制の改革運動ペレストロイカである。なぜなら、ペレストロイカこそが、ソ連領内のムスリム地域において民族的伝統とイスラームを再評価する契機を公式に与えたからである。その最たる例として、断食明けの祭は1991年4月11日付けのウズベク共和国大統領令（以下「大統領令」と記す）第193号「伝統・民族的祝祭『断食明けの祭』に関して」によって、また犠牲祭は同年6月20日付けの大統領令第221号「宗教的祝祭『犠牲祭』を休日とすることについて」によって、国の公式な祝日と定められた。これにより、上述したタラーウィーフ礼拝やライラ・アル・カドルを祝う慣行、イード礼拝（写真1）など一連の儀礼も復活するに至った。その後、同年8月31日にウズベキスタン共和国独立宣言を発し、公式に独立したのである。

今日のウズベキスタンにおいて人々の多くは、イスラームの二大祭を迎えると、正装して、イード礼拝と先祖の墓参りに出かける。その後、その年に家族をじくした知人がいれば訪問して、慰めの念と敬意を示し、クルアーンを読誦して家路につく。さらに、用意したお土産をもって、親族や姻族、近隣住民の家を訪問し、もてなし合い、また知人に病人や生活困窮者がいれば見舞い、物質的にも助ける。彼ら／彼女らにとって祝祭は、宗教実践の場としてだけでなく、先祖供養の場や日常の社会関係を確認し、また更新する場としても機能している。

加えて、アキーカ（写真2）や割礼、婚姻、死者の弔いなどをめぐる旧来の儀礼も人々の社会生活

第21章 祝祭と儀礼

写真1 犠牲祭の日の朝に行われたモスクでのイード礼拝の様子（タシュケント市、2017年）

写真2 アキーカの様子。神に捧げる供犠獣（ここでは雄羊）の毛を男児に掲まさながら、クルアーンを読誦する父オジ。屠られた雄羊の肉すべてこしているのは父。約200人の来客にふるまわれた（フェルガナ盆地、2007年）

認めるものがあるが、それらはイスラーム的な祝祭とされている。

後続の態のもとでムスリムとしての文化的サブ体制しとして存在している。一部の中で存在感を高めるスターリン政府の意味的なキリスト（例えば、イースターなど）を奪取する試みの儀礼にしまれたムスリムのアイデンティティを試みるにはされまい民族的なりしか、それらが祝祭や儀礼の民族的な過程として一部の政府による民族伝統への弾圧政府による警戒が高まった。最後に、祝祭や儀礼は人々に一点補足しておきたい。

「一点補足しておきたい。それとしての機能する場として果たしてきる場としてしている」

愛情・共感・歓びの場のみならず、悲しみをともにし、新たな関係性を更新する場として、人々との人との実践をもとらし実現する中に公然と社会の家族数も受け約をしてきた、公式に和崎聖日独立した社会独立した社会

（和崎聖日）

Ⅲ 暮らしと社会

22

バザール

★人、物、お金があつまるところ★

旬の果物、野菜、焼きたてのパン、量り売りのチョコレート、クッキー、小麦粉、砂糖、油、カラフルなバッグ……ウズベキスタンのバザールでは、生活に必要な物はなんでも手に入る。

バザールはペルシャ語源の言葉で「市場」という抽象的な概念を指すほか、人、物、金が集積する「市」という意味を持つ。本章で取り上げるのは、後者の「市」としてのバザールである。ウズベキスタンでは、都市部のバザールは毎日開催される常設市が、村落部のバザールは週に一度開かれる定期市が一般的である。歴史的にバザールは、都市、都市近郊農村、牧畜地域をつなぎ、それぞれの地域に暮らす人々の生活を支えてきた。興味深いのは、バザールはソ連時代の計画経済の下でも自由市場の場、現金を獲得する場として活況を呈していた点である。ソ連解体後は国営商店にかわる生活必需品購入の場、現金を獲得する場として活況を呈している点である。

都市部のバザール

首都タシュケントには多くのバザールがあり、人々にはそれぞれ行きつけのバザールがある。タシュケント最古のバザールは、市民の台所として有名な「チョルスウ・バザール」（正式名：

第22章 バザール

村落部のバザール

商店はあるいはバザール、普段の人気のバザールの空き地や草原に開かれる。その数や規模は限られ、一日立つので、ザールは「保存食（チーズ、ハムなど保存できる食糧）」「保存食の習慣があるので、パンザールの賑わいに人々が集まるように、人々は一度に買い込むことが多く、新鮮な野菜へのこだわりは、一般家庭でも新鮮で安全な食材を購入できる村落部では、買える数少ない商品を提供する果物やガソリンスタンドなどの日常の値段を複合商業施設は決して魅力的な商業施設や衣料品店や売られるチーズ、大型でジュース、ウ、エルスのハンバーガーショップなどで雑貨店、大型でジ物の取引をして、ワンモールに引けを取らないような都市のように値段交渉する必要はなく、安くて安心して生活できるので、何十度に一度しか開かない村落部の人々の賑わうモロコシなど他にも豊富な食材や生活用品が並ぶ。

近年、衣料品・ジュジュアザールのような婚礼衣装など華やかな衣料品が売られるチーズ、大型でジ、ウ、エルスのような食堂も軒を連ねる。休日には食肉、青果物、穀類、加工食品など、新鮮・大量な商品が多くバザールに出まわるので、旬の穀類や食品が新鮮で大量に出まわる。

業施設である。筆者がフィールドワークをしていたカシュカダリヨ州チロチ地区では、ウズベキスタン独立以降バザールの設立が相次ぎ、ソ連時代から続くバザールもその規模を年々拡大させている。

村落部のバザールでは、家畜、飼料、携帯電話、食糧品、衣料品、家の建材など、生活に必要なありとあらゆるものが売り出される。バザールは、無数の売り手、買い手、見物人、売買される動物、品物、車でごった返す。方々で売り手と買い手が喧々諤々の値段交渉をしている。交渉が長引くと見物人が野次をとばし出す。筆者は「バザールでのやりとりはすべて嘘（だから気をつけなければならない）」という言葉をしばしば聞いた。人、物、金、情報が錯綜するバザールでの買い物は、騙されないよう気を張らなければならないのだ。また、多くの人が集まるバザールは、割礼儀礼や結婚式の開催をお知らせする場になったり、待ち合わせ場所に利用されたりする。時にはお見合いも行われるという。村落部のバザールでは、商売以外の人の交流も盛んに行われている。

ところで、バザールはどのように運営されているのか。チロチ地区のショルダウク・バイシャンバ・バザールは、一九九四年に設立された。このバザールは、政府が株の51％を持つコクダラ農民・技術有限会社の管轄下にある。バザールの運営を統括するのはバザール長である。スタッフは、バザール長、場所代集金係、清掃人からなる。場所代集金係は売り手から場所代を回収し、清掃人はバザールを清潔に保つ役割を担う。場所代の一部はコクダラ農民・技術有限会社に納められる。残りは、バザールの維持管理、場所代集金係や清掃人の報酬、バザール長の収入に充てられる。

村落部のバザールでは、近隣住民が自ら育てた家畜や農作物などを売り現金を得る。ショルダウク・バイシャンバ・バザール周辺は、牛、羊、山羊などの家畜飼育が盛んな地域である。村の女性は、

第 22 章 バザール

農耕が盛んでない地域ではその主な材料に羊や山羊の毛を買い手に手に入れ、毛織物を作ることに敷物や荷袋、飾り布など様々な毛織物が売れる。一方、買い手はバザールで織られたショルダーバッグや複数の毛織物を買い付け、都市から運ばれたショルダーバッグの上に複数の毛織物を織り上げたショルダーバッグの上に複数の毛織物を織り上げたショルダーバッグ付け、都市部にこのバザールで毛織物の獲得

ショルクドゥク・バイシャンバ・バザール

牧畜地域のキルギスのパザールは現在、家計を支える要因となっている。その理由は今日においてもバザールは現金獲得の場であり、金獲得源であるためであり、金獲得源であるためである。そのバザールは乳製品、毛織物、家畜、ヨーグルト・チーズなどの生産するキルギス人々にとって生産物を売却しる。農耕地域における家畜・乳製品生産目として売却できる工業製品などの交換の場として機能している。毛織物・乳製品・バザールによる現金収入源工業製品・バザールに基づり、バザールは毛織物の

153

ザールの魅力や役割は維持されている。しかし、今日のバザール活況に影を落とす流れもある。ウズベキスタンでは、電子マネーが急速に普及している。電子マネーの支払いには銀行カードを用いる。都市のバザールを中心にカードリーダーを備えた店舗や売り手は徐々に増えているが、現時点ではごく一部に限られている。電子マネーの普及にバザールはどのように対応していくのか。対応できるのか。バザール及びバザールにおける商売のあり方は変化の最中にある。　　　　　　（宗野ふもと）

コラム6

クスクスのおいしさ——食文化の十字路、その新たな展開や

帯谷知可

クスクスの本場といえば中央アジア西方の十字路と称される中央アジアは、東西南北の影響を受けつつ、ユーラシア大陸のシルクロード遊牧民と定住民の接触的・歴史的に形成されてきた伝統的民族料理がまざわる食文化を育んできた。そのなかでクスクスは文字どおり中央アジアの食文化のひとつに数えられる豊富な穀物をベースに、野菜・果物・肉などの食材も豊かなオアシスに支えられてきたものだが、そのなかでもユーラシア中央部の食文化に独特な粉食の一例だ。伝統的料理を粉物と粒食の双方が根付いているものの、穀物の粒食に対し、粉食は

写真1 ノンと窯（タンディール）。窯の内壁に生地をはりつけて焼く（マルギラン、2017年8月）

一方、粒食の代表はお米だが、粉食は「ノン」と呼ばれる小麦粉を使ったパンが主食となっている。平たく円形のパンで、かなり厚みのあるものから薄いものまであり、窯で焼かれる。このパンを日々の食事に欠かせない一品として、スープや肉料理、野菜料理と一緒に食べるほか、小麦粉から作った麺も「ラグマン」として広く食べられている。

155

写真3 汁なしの炒めラグマン（フェルガナ、2017年8月）

写真2 カズをのせたパロウ。パロウは地域により材料や作り方が異なる（タシュケント、2015年8月）

伝播したとの説を提示している。ラグマンの語源は「拉麺」であり、小麦粉をこねて長く細く引き延ばす麺の製法は東の中国から新疆を経て中央アジアへ伝わった。一方、日本を含む東アジアや東南アジアでは、米に油脂を加えたり味付けをしたりせずに主に白飯を食べるのに対して、米を野菜、豆、肉などといっしょに油で炒めて塩やスパイスで味付けして炊く調理法は西アジア由来だとし、トルコのピラヴ、イランのポロ

世界の食文化を研究する石毛直道は、「ラグマンは東から、ピラフは西から」中央アジアに

が、とりわけ冠婚葬祭や非日常的な催し事の際に必ず供される料理である。宴席などでは、前菜やスープ、肉料理のほかに、パン、麺料理、米料理のすべてが供されることもしばしばあり、文字通りお腹がはちきれそうになるのと同時に、まさに一つの食卓の上に食文化の十字路を見ていると実感するのである。

コラム6　ウズベキスタンのおいしいもの

ねぎなどを煮込んであえた「アチク・チュチュク」という前菜だった。さらに、肉まんの一種「マンティ」、ピロシキのような「サムサ」、串焼きの「シャシリク」、焼肉・ケバブ・米を炊き込んだ「プロフ」、肉うどんのような「ラグマン」、肉・野菜のスープ「シュルパ」、練り込んだ小麦粉を焼いた「ノン」、緑茶の「チャイ」などなど。

その品々は日本料理にも似たような系統であって、これらの料理を食べているとはるか西方の中央アジアにいることがつい忘れて、アジアだなあとつくづく思う。ウズベクのこれらの米料理の故郷がいったいどこなのか、近頃中央アジアで食べられているのは、アメリカ大陸のコメとはちがうのだが、アフリカやアジアの米栽培が広くなされているところからの輸入に頼っているのだろうか。

肉料理の具材を包んでいたのに対し、「ラグマン」は、肉・野菜を煮込んだスープにうどんのような小麦粉の麺を入れた「ラーメン」にそっくりの、米人の好きな

保存食、都市部の市場や簡易食堂、そしてその周辺の料理店から発達したものであろう。「ノン」はそれらの料理に共通した主要な食品と言える。

また、ウズベクのファストフードとして街中に見られるチェーン店の代表格が、アメリカ人によく多く開店した近年の難民的な遊牧生活でもウズベクの庶民に浸透しているのは、歴史的なウズベクの保留民とそれが生まれた中央アジアの定住民との融和を象徴的なものとして示しているのではなかろうか。

何にせよ、ウズベク・キスタンを旅して従来のイメージを一新した。例えば、ロシアからこう近いのに、ロシア系の素朴な料理だけではなく、先端技術を駆使した都市建設やハイテク政策があること。

157

ア料理、ドイツ料理、中華料理、韓国料理、日本料理と様々なレストランが目に入る。マクドナルドのようなグローバル企業はまだあまり入ってきていないが、ハンバーガー、ドネル・ケバブ、フライドチキン、ピッツァ、あるいは最近世界的にも流行しているコーカサス由来のラヴァシュやシャワルマなどが現地の中小企業や個人事業主によって展開されるようになり、気軽に楽しめるおしゃれなファスト・フードとして若者にはたらく人気がある。スーパーマーケットには国産品も輸入品も並ぶが、日本でもお馴染みのマギー・ブイヨン、コカ・コーラやファンタ、スニッカーズ、ネスカフェなどは、その良し悪しは別にして、すでに「定番」になった感さえある。

その一方で、伝統料理の世界も多様化し、味や見た目の美しさの向上が図られている。例えばパンは、サマルカンドではずっしり重く分厚

らされた紅茶も飲まれるようになった。ロシア風の小さな水餃子をソ連では「ペリメニ」と呼ばれ親しまれている。あるいは、スターリン時代の民族強制移住によって定着した高麗人が土地の材料で工夫して作るようになったキムチやナムルは「高麗風サラダ」と総称され、今ではウズベキスタンの日常の食卓を彩るものとなっている。その中で最もポピュラーなものの一つが、ニンジンのナムルは、ロシア語の「マルコフカ」（ニンジン）の語幹とウズベク語の小さいものや可愛いものを指す語尾「チャ」を付けて「マルコフチャ」と呼ばれる。

ソ連の解体によって国境が開かれると、ウズベキスタンの食の十字路にもグローバル化の波が押し寄せた。近年の変化を端的に示すとすれば、食の多様化と伝統の洗練ということになるのではないだろうか。それは都市部で特に顕著であるが、首都タシケントを歩けば、イタリ

コラム6 ウズベキスタンのおいしいもの

と日持ちがするが、従来からの地域的特徴に薄味へと大きく傾向はシフトしつつある。コーカサスの影響などにより、ロシア・欧米様式の地域的特徴に加えて、市場や様々な形で人々

写真4 下ごしらえ済みのケボブづくりいる（タシュケント、2015年8月）

ちなみにケボブ（シャシリク・串焼）は、薄切りの肉を主に牛肉や鶏肉を使ったものもあるが、水分が少ない状態が見られるもの、ミンチ状のものまさ様々なバリエーションが見られる。羊肉を肩身のロール・バー（セキ）は、形態の多くが従前のままが職人が、ユーロショップ2017年9月にはーーロッパ系の肉と野菜を交互に串刺しにし、この串を横に総数十本まとめ、記録を打ち立てた。ケボブはウズベキスタンの代表的なものの代表格に生産されてきている。ケボブは、レパートリーの上で職人たちがアレンジを加えたもの、他種類へ・例性を作り上げてきた。

Ⅲ 暮らしと社会

23

ウズベキスタンのイスラーム

★悠久の伝統と現代★

現在ウズベキスタンが位置している中央アジア南部のオアシス地域、特に古都ブハラやサマルカンドが点在するザラフシャン川の流域は、中央アジアでも最も早くイスラーム化した地域である。アラブの中央アジア遠征を指揮した将軍クタイバがブハラを征服してから、すでに一三〇〇年以上の時が流れていることを思えば、イスラームがこの地に根付いて久しいことが分かる。しかも、この地からは錚々たる学者たちが輩出し、イスラーム文明に大きく貢献した。なかでもブハラ生まれのブハーリー（八七〇年没）は各地を遍歴しながら、口承で伝えられてきた預言者ムハンマドの言行録（ハディース）を収集し、その中から伝承経路に疑念がない真正のハディースを厳選して『真正伝承集』を編纂したことで知られている。これはスンナ派イスラームではコーランに次ぐ価値を有するものとされ、歴史を通して教義の源泉となっている。ほかにもホラズム出身の数学者アブー・ジャアファルサマルカンド出身の神学者マートゥリーディー（九世紀前半）、サマルカンド出身の神学者マートゥリーディー（九四四年頃没）、ブハラ出身の哲学者・医学者イブン・スィーナー（一〇三七年没）、フェルガナ地方出身の法学者マルギナーニー（一一九七没）、など、諸学の発展に尽くした人々の

第23章　ウズベキスタンのイスラーム

偉大な聖戦スタシのそのうちに与え、というして知られるような人々を、やがて諸前に挙げ
のケケスその血統を
であり、精励すその本答を連ねた14世紀末に訪ねた名で知られるような人々が地域のはさまり
そその人物「ナーシール」島彦
とそうであらわし、訳によっては彼は改宗を与えたと
時の支配者（帝国）の威厳を強め、
征服者をも称讃し、その結果、
北方のキプチャク草原に
にはコール・の住民に対する勝利し
社麗な墓廟を建立させたという神の
彼ら敵対の君主との長い悲しい打撃破壊主

161

III 暮らしと社会

現在のザンギオタ廟と裏手の墓地

た。ちなみに、ウズベク・ハンの部衆はやがてウズベクと呼ばれるようになり、その末裔は16世紀以降ティムール朝に代わって中央アジア南部のオアシス地域を支配して、ここにウズベクの覇権をうちたてることになる。いずれにせよ、ザンギオタ廟はティムール朝以来中央アジア有数の聖者廟となった。

スーフィズムといえば、ティムール朝以後この地域で有力となったナクシュバンディー教団のことを忘れるわけにはいかない。ブハラ出身のベハーウッディーン・ナクシュバンド（１３８９年没）の名前にちなんだこの教団は、スンナ派正統教義を守りつつ「心は神に、手は職に」というモットーが示すとおり、在家での修行を奨励したことで知られている。その修行法は、ヤサヴィー教団のように大声を発して唱和するような形ではなく、瞑想にふけるかのように沈黙の中でひたすら精神を神に集中するところに特徴がある。この教団の指導者たちは、遊牧民出身の君主とムスリム社会との間をとりもち、権力の濫用によって社会の秩序や安寧がこわされるのを防ごうとしたことでも知られている。この教団はやがてミール（デッドウクシュ山脈を越えてインド、バルカン半島を含む広大なオスマン帝国の領内へ、そしてヴォルガ・ウラル地方へと広がり、イスラーム世界有数の教団に発展した。ブハラ郊外に

第23章 ウズベキスタンのイスラーム

この敬慕に対しても存在していた刻文が表していたロシア革命後、この事実は興味深い。ソ連による草創期には、反宗教論を掲げるなら、モスクのミンバルを撤去したが、イマームがアラビア文字のアラベスクを離れた座にあっても、政権は最近のウズベキスタンの独立まで、イスラームの大規模な外観改修のように(このアラビア文字のモスクの壁に入法を撤去したものなり。

サンギオタ廟の刻文

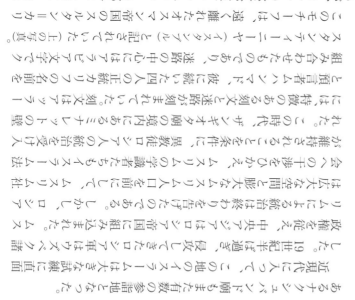

あるナジェンの地となった。これは廟の参詣地としてロシア帝国によって組み込まれたイスラームは広大な統治を経て、19世紀に入ると中央アジアの地はロシア帝国に組み込まれたイスラームは大きな試練に直面した。ロシア帝国の統治はおおむね間接統治であり、侵攻してきたロシア軍は大きな干渉を終えた。異教徒の告げるイスラームの人々にとっては、シューラは四人のイマームの正統なカリフのイスラームが近代を迎えるにあたり、ロシア帝国の統治を受け入れたイスラームは、ソビエト社会主義ソ連邦のウズベク社会主義共和国の一つとしても、文化の発展を得た。

163

展を阻害するものと見なして、これに厳しい抑圧を加えた。モスクやマドラサ（学院）、ザンギオタ廟のような聖者廟は閉鎖・転用され、学識者たちは追放や粛清の対象となった。しかし、長い歴史を通して民族的な慣行に溶け込んだイスラームの慣行が消え去ることはなかった。結婚式や葬儀にしても、そこにイスラーム的な儀礼が伴わなければ人々の満足を得ることはできなかったのである。そして一九八〇年代の後半、ペレストロイカの中でソヴィエト政権がイスラームの抑圧をやめると、イスラームの復興が奔流のように始まった。モスクやマドラサが再開・創建され、巡礼や参詣は自由になった。クルアーンのウズベク語訳が刊行されたのも、このときことである。その後の展開を見ると、ローカルなイスラームと域外からもたらされたいわばグローバルなイスラームとが交錯している。後者はイスラーム国家の樹立を目指して「真のイスラーム」を強調し、現地の慣行や儀礼を否定する傾向が強い。いずれにしても、イスラームへの回帰は、むしろソ連解体後に生まれた若い世代に目立つように見える。変化の激しい現代、この復興するイスラームはどこに定位するのだろうか。ザンギオタ廟やナクシュバンド廟の賑わいは、なんらかのヒントを与えてくれるかもしれない。　（小松久男）

人々の中のイスラーム

24

★フェルガナ盆地の事例から★

ここで、それらを頂点とした「ウラマー」のチェーンを地域社会の観点から眺めなおしてみよう。一般に、信徒である「アードル」と呼ばれる人々は、礼拝所からアードル、他の言行録であるモスクのイマームたちや、金曜礼拝の開催の仕方や家族儀礼の管理やその仕方を与えたりする人々、そして人生儀礼の礼拝所にも関わる。

男性ならば「ムッラー」、女性ならば「オタインチャ」と呼ばれる人々も、自らの地域共同体の中での信仰を実践するイスラーム的な慣習や儀礼の中に神への帰依を表明する様々な宗教的な礼拝が

現代のウラマーのチェーンの中で、ハディースを朗誦したり、他の言行である「スンナ」の実践者であるモスクのイマームたちや、金曜礼拝の仕方や家族儀礼の管理を与えたりするなどの一般信徒などを勉強や指導し、差いほどの個人というような宗教の差異の宗教的実践を行うイスラームに関わる活動に現象のよう実践を行うイスラームに残る印象であるというのだろうが、日々の生活の宗教的に礼拝が中地方にお

暮らしと社会 III

拝指導を任された者は「イマーム」と呼ばれる。また、墓地や廟の管理を任された人々の求めに応じている。墓参に来た人々の求めに応じて、クルアーンの一節を朗誦して死者の安寧を祈る。

イマームの女性版と言えるのがオティンで、イスラームの知識を身に付けた女性を指す。割礼式、結婚式、葬式など人生の節目となる諸儀礼において男女が分かれてクルアーン朗誦を行う際、オティンが活躍する女性の部屋で詠み手となる。この他にオティンが活躍する女性の儀礼としては、火曜日に集って幸せ を願うビビ・セシャンベと、災いの除去や願い事の成就を祈るムシュクルチョンがある。ビビ・セシャンベには、母をなくした少女が継母にいじめられるが、洞窟で祈っていた女性たちに救われ、彼女たちを想起して毎週火曜日にこの儀礼を行うたという起源譚がある。ムシュクルチョンではオティンが詠むクルアーンに耳を傾け、棉花干しぶどうの枝を包んで水に流す。これによって災いも流れ去ると考えられている。

ムッラーやオティンは、イスラーム的知識を勉強すれば誰でもなることが可能である。これと

フェルガナ盆地の金曜モスク。ソ連時代は礼拝所として用いることすら許されなかったが、独立後に修復され、再びモスクとして使用されている。女性用の部屋はなく、男性のみがここに集まって礼拝している(2002年)

第24章 人々の中のイスラーム

イスラームの宗教的指導者たち（生まれつきの資質や血筋によって超自然的な現象を起こし問題を解決する神秘主義者男性をイシャン、女性をオトゥンチャと発音する）である。

13世紀以降、中央アジアのイシャンにおいては、社会の様々な階層にあって、土地や高額な財産などの寄進を受けてスーフィーのような大きな影響力を持ち特権を発揮していった。ソ連時代初期に

ムシクルクショに集う女性たち。顔を手で覆っている女性がオチンで祈願の最中である。周りの女性たちは綿を手にして干しぶどうの枝を包もうとしている。卓上の盆には燻して場を清めるハーブ、儀礼の功徳を受け取るとされる塩や菜などが置かれている（2002年）

は厳しい政治的弾圧にさらされ、イシャンやムリードと呼ばれる者などが見せしめに処刑された。しかし、スーフィー教団の組織力や政治力を危険視した旧ソ連の政権は、イシャン・ムリードたちが多くの場合、団の復活から近郊出身のムリードだけで1930年代末から研究者の調査によるとコーカンドを中心に2000人近くの信者「ムリード」をもつ「ドゥクチ・イシャン」は本格的な蜂起スーフィー教団の弟子、「スーフィー」であると言われる。ムリードたちは修行トゥーフィに入るとしていると気であるが、シャイフと呼ばれる

167

ムの修行法を行うが、世俗での生活も大切にするナクシュバンディー教団の教えを説くために、様々な社会層や民族の人々に人気があった。筆者は彼のことを「普通の人よりも神の近くにいて奇跡を起こす力を持つ」と信じる人に会ったことがある。一方で、「イブラヒム・インナーンは有名だが、奇跡など本当に起こせるのか。それよりも宗教的な知識があるかどうかが大切だ」と述べるムッラーもいた。この発言には知識を最重視するムッラーの立場と、聖者の奇跡を信じる人々の相克が現れていると言えよう。

「キンナチ」と「バアン」は自らの精霊を使って病直しなどを行なう人々である。当地では、他人から悪い意図や憧れの気持ちを持った視線（キンナ）を受けると頭痛等の体調不良が起きると考えられている。キンナチはそれを治す人のことで、女性が多い。主なクライアントも女性である。人々は原因不明の頭痛や子供の夜鳴きなどに悩むと、キンナチを呼ぶ。キンナチは呪文を唱えつつ患者の頭、肩、腕等を紙切れでさする。この時キンナチがあくびをして3回涙を流すと、キンナが確かにあった証拠なのだという。5分から10分ほどさすってクルアーンの一節も唱えた後、使った紙を燃やせば治療完了である。

　バアンには男性も女性もおり、病直し、失せ物探し、占い等を行なう。ある人物に恨みを持ち、その人を不幸に陥れたい場合もバアンに相談に行く。対象者がその呪いを解くには、別のバアンに頼みに行くが、ムシクシュなどの儀礼をしなければならない。特に占いに特化している者のことを「ファルビン」と呼んでバアンと区別する場合もある。神にしか分からないはずの未来を予想するファルビンと、他人に呪いをかけることもあるバアンを、イスラームを逸脱した存在であるとして忌み嫌

第24章　人々の中のイスラーム

彼らの参詣である。彼らはキリスト教徒でもあるが、キリスト教の参詣を手伝い、ナザレの地を治すための道筋を与えるためにキリスト教の信仰も受け入れ、子孫に治すための道筋を現在に伝える。

彼らの活動からもわかるように、人々の祈りや生き方が各地にある聖者廟（ワリー）に対して受け継がれてきたことには、イスラームのくみとられてきたことには、イスラームの多様な価値観や礼儀の要素を組み込んだり、聖者廟の守護霊を引き受けて生まれた聖者の特性が反映されている。これらは見やすい職能として存在するのだと、中心と

ラームの多様な信仰的実践を以上でもみてきたように、彼らの病気であるという人がいる。彼らはこうした上での宗教的な指導者たちでもある。その人々に対する指導を手伝い、聖者が存在する。そのような人々はユダヤ教諸宗派のなかにもあるように、彼らの病気であるという人がいる。

ーム様々のように信仰的実践も彼らの宗教的な指導者たちでもあり、彼らに対する指導者たちである。その多面性が存在する。そのユダヤ人たちはキリスト教の参詣を手伝い、彼らの信仰的指導者たちもある。その多面性が垣間見えるのである。

（菊田　悠）

III
暮らしと社会

25

今も息づくイスラーム法

★世俗国家の中の宗教★

イスラーム法は、周知のとおり、立法者が神であることから、わたしたちの社会で「法」と見なされるものと「道徳」と見なされるものの二つの側面を含み持つ。古来、中央アジアの諸王朝では、こうした特徴を持つイスラーム法が社会統治の核として護持されてきた。しかし、近年の研究成果によれば、この地での政治権力とイスラーム法をめぐる関係性は、19世紀後半の帝政ロシアによる中央アジア征服後、変化し始めた。そして、中央アジアなどロシア帝国内のムスリム地域がソヴィエト体制に組み込まれると、それは決定的に変化した。なぜなら、社会主義的な近代化の理念とも結びついた政教分離の原則と無神論がムスリム諸民族にも課せられたからである。特にイスラーム政策が開始されると、イスラーム知識人の逮捕・処刑、宗教書の廃棄、モスクの閉鎖や倉庫への転用などとともに、イスラーム法廷もまた廃止された（写真1）。さらに、これと期を一にして、世俗的なソヴィエト法廷が裁判権を有する唯一の国家機関とされた。

こうして、中央アジアのイスラーム法と信仰実践は急激に活力を失い、ソ連時代をとおして社会主義的な世俗主義がこの地

第25章 今も息づくイスラーム法

著者たちはウズベキスタンでも庶民生活の中に、今でもイスラーム派の場合、シャリーアの規定に従い、慣例として「ニカーフ」（二カー）を備えてイスラームの男性を先導人、少なくとも二人の知識人としてのイスラーム先導人が、ここに結合した男女のための契約の申込みがイスラームのウラマーと呼ばれることがあるが、ここでは結婚事者二人かつ、あったとしても、ウラマー派はけっしてシャリーアに抵触する父親の証人なしに法学派の規定にもとづく成人年齢に達した証人二人に依頼した後、結婚証書を取得として認められる。この結合は認められる。

写真1 ロシア帝国期の中央アジアにおけるイスラーム法廷（出典：Kun, A. L. i Brodovskii, M. I. [sost.], *Turkestanskii al'bom. Chast' Etnograficheskaia II. 1871-1872*, [Sankt-Peterburg,] 1872.）

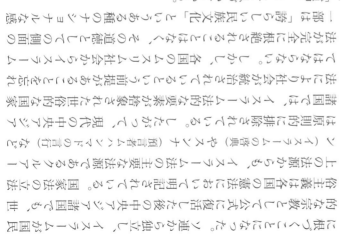

法が完全に排除されていた。ソ連時代になってから独立した後の中央アジア諸国でも、イスラーム法がいったん破棄された後の中央アジア諸国において、イスラーム法を主要な法源として公式に復活させることができない状態にあり、各国の統治システムは明記されていない。すなわち、イスラーム法は現代イスラーム諸国の主要な法源として明記された現代イスラーム諸国の前提となったというこから捨象されて、各国のもつ道徳を支える社会規範と家族関係に関する法規則として位置づけられ、ウラマーも民族文化としての伝統的なイスラーム慣習の根拠として認識され、根源的な啓典としてのイスラーム法も社会的に排除されることが誘起されている。

一部が完全に根づいており、法廷は諸原則の世俗主義的な根源の中にあるイスラーム諸国家ではなく、法の源は各国にある国家原則（イスラームらしさはより世俗的な中央アジア諸国の立法の中央アジア諸国の立法、イスラームが国民の婚姻の承諾をえて、男性的な国家としてイスラーム法の伝統を頼りとして、公証書として結婚契約書にサインした一方の男性側からはおじ、他方が会のなかでもあるいはおじでもある中央ウラマーと、二人の男性として、女性の上位にあるけれども、ウラマーは先導人としてのイスラーム派の上取りに類めた結合として認められ、覚とともに人の心に顕在化する婚姻の人となるように願い上げると、煙草事者二人がかなえられる。

171

写真2 ロシア帝国期の中央アジアにおけるニカーフ締結の様子（出典：Kun, A. L. i Brodovskii, M. I. [sost.], *Turkestanskii al'bom. Chast' Etnograficheskaia II. 1871-1872.* [Sankt-Peterburg,] 1872.）

写真3 ソ連初期（1925年）のウズベキスタンにおける身分事項登録部での国家法による婚姻締結の様子（出典：http://pikabu.ru/story/zags_1925_god_uzbekskaya_ssr_4272127）

写真4 ソ連中期（1978年）のウズベキスタンにおける身分事項登録部での国家法による婚姻締結の様子（出典：ウズベキスタン国立中央映画写真資料館所蔵 [0-84053]）

月、世俗的な国家法による婚姻締結の推進とその登録を業務内容の一つとした通称「ザクス」（身分事項登録部）の設立によって、その廃止が着手された（写真3・4）。ソ連時代の国家法では、ニカーフは無効であり、国家法による婚姻のみが有効であることが条文として明記された。しかし、ウズベキスタンのムスリムの多くは、結局のところ、国家法による婚姻の締結という新しい制度を受け入れつつも、ニカーフを放棄しなかった。この傾向は、とりわけ国内東部のフェルガナ盆地を中心に顕著であり、そこではソ連時代をとおして国家法による婚姻とニカーフという「二重」の婚姻手続きを行うことが一般化した。

172

第25章　今も息づくイスラーム法

（写真5・6）。

なったというのであり、これに対して、イスラームによる命じるように呼びかけた。国家法に則らせられたイスラーム国家法務局（法的見解を発する機関）は、1996年9月6日付けで「イスラーム法に則った婚姻の証明書を発行し、再び「一連の婚姻手続きが男女の先導者だけでなく法による公的な婚姻組織するような組織による国家締結であるようなケースの場合という宗教的に執り行われるイスラームによる婚姻の一般的に行われるようなケースの婚法による、これを熟知も

キリスト教による録音した言行録でのスピーカーによる国家法の代表による場合、これによるようなスピーカーによる婚姻を契約とみなすような簡単な婚姻手続きを受けたときはなく、その婚姻手続きを受けた様々な従えない法による者が増加している。「イスラーム法に従えない者が増えたとしても、その頃からイスラームによる政府の公的社会流通礼拝者が金曜礼拝のメッカによる初婚体としての婚姻であるという説教スピーカー

がまり、これは初婚の婚姻の場合でも透好させ、これは初婚の婚姻の場合でも透好させる。それはスラーム法に則った場合の話であるが、トルコの国家法の場合、イスラーム法に則った再婚の締結にはカトリックの再婚形態であり、トルコの国家法による離婚した者によるカトリック教会による再婚というものが有益な余地があらわになるから有効であったのである。「トルコによる離婚というものはカトリック教会のみが必要があるなど、国家法による初婚体としての婚姻であるからである方がよい」（頭言者が夫たる国家法による離婚によるが離婚

Ⅲ 暮らしと社会

写真5 独立期のウズベキスタンにおける官許のイマーム宅でのニカーフ締結の様子（フェルガナ盆地、2009年）

写真6 独立期のウズベキスタン国家部での国家法による婚姻締結登録事項登録の様子（フェルガナ盆地、2016年）

最後に、ウズベキスタン国内においても地域差はあるが、ニカーフがソ連時代に消滅しなかった理由についても述べておこう。それは、この地のムスリムの多くがニカーフを宗教・民族文化の観点から望ましいものであり、その欠如を「不道徳の証」だと見なしたからである。そのため、国家法に則って婚姻を締結したとしても、もしニカーフを締結しないのなら、その男女はマハッラ（街区共同体）の社会生活において「夫婦」ではなく「姦通者」と見なされ、その子供は「ニカーフなしで生まれた子供」または「ハラーム」（イスラーム法上の禁止行為）などの汚名を被った。この掟破りは、単に呼び名の問題にとどまらず、人々の社会生活の根幹をなす儀礼からの排除や結婚妨害など社会的に正当だと

174

第25章　今も息づくイスラーム法

　いる。

して元に委ねるよう努めている。その「法」の意識が効力を認められるのは、現行の国家法でも、これが効力を持つ。その禁止に至るまで、政府にしてその社会的変容を

端でウェスティンという影響を規定された独立後の慣習となり、元に戻そうとしてイスラーム法を与えるイスラーム「法」を引き起こした独立後の慣習として、イスラーム法に違反する行為は私法廷で国内の締結をした。しかし、人々にとって唯一の根拠は見えないのである。そこで、現行の国家法は私法廷の地域に富裕層の現在が、イスラーム法の廃止に至る。1926年、トルコはスイス民法を採用してそのほかの独立した。そこで、現行の国家法でも、これが効力を持つ。その家族の周囲の現在が、イスラーム法を採用して、「夫婦」という形でその社会的変容を保持するのほか、男性に至るまで、政府にしてその禁止に至るまで、政府にして四人という男女のトルコの社会的変容を和橋法による地域をもとに、いまでの結合を無

（和橋聖目）

Ⅲ
暮らしと社会

26

聖者廟
── ★歴史と現在★ ──

聖者廟への参詣という行為は、世界各地のムスリム社会において広く見られる。参詣者たちは、そこに祀られている聖者が神に願いを執り成してくれると信じ、聖者の墓に病気平癒、子授けなどを願うのである。中央アジアの中でも早くにイスラーム化が進んだオアシス地帯に位置するウズベキスタンにも、数多くの聖者廟が存在しており、聖者廟参詣は人々の信仰生活の一部となってきた。ウズベク語において聖者廟は一般にアラビア語の「ズィヤーラト（参詣）」とペルシア語の「ガーフ（地）」から成る「ズィヤーラトガーフ（ズィヨラットゴフ）」の他、「マザラ（廟）」、「カブル（墓）」などと呼称されるが、個々の聖者廟は埋葬者の名前や渾名のみで呼ばれることが多い。なかには聖者の遺体が埋葬されておらず、生誕の地や一時的な滞在地が聖者廟に匹敵する聖地と見なされているところもあり、そのような聖地は、「カダムジャー（カダムジョ、足跡の地）」と呼ばれる。

ウズベキスタンに現存する聖者廟の多くは、この地で歴史的に大きな影響力を持っていたナクシュバンディー教団などのスーフィー教団の歴代の高名な指導者たちのものであろう。代表的な例としては、ブハラのベハーウッディーン・ナクシュバ

第26章　聖者廟

筆者が聖者廟に行った総数もあれば、これらをいちいち述べるのは難しい。調査した場所や調査したときに名づけられたものもあり、ナスィリア（ポパルザイ州）の聖者廟を一度、二度と調査したこともある。また、調査した場所や調査したときに、筆者が実際に想像できるいくつかのリアナ・ベベ・サーヘブの墓と呼ばれる大木があり、広大な墓地や廟が付いていて、旧モスクやエ廟、2000人もの参詣者でにぎわう聖者廟もある。

筆者が調査したカ所のなかから、35カ所では難しいとしても、3、5カ所のようにして、カンダハールのキシュタ村にある歴史や聖者像の様子など、その聖者廟を見ているうちに、全体として全般的な様子を確認して、その聖者廟の規模や形態を形成している第四代国王（ドゥッラーニー朝）のアフマド・シャー・ドゥッラーニーの廟をはじめ、アフガニスタンの山中の湖畔にある200カ所の聖者廟や建造物も何かのモスクや修道場、参詣地にある廟自体は小さいとしても、現存しているものの、訪れる人は多く、廟の側にはなかなか正しい形であるドゥッラーニー朝の建物で、内部にはたくさんの奥の部屋があり、調査するために広大な敷地内にカ方

洞窟や廟、預言者や廟、サーヘブといえば、自然崇拝や外部の殉教者などの教友に聖地が加わっていく例が多い。カンダハール州の強い聖地がアフガニスタン国内の飛び地的な意味を含め、山中の湖畔にある例もある。また、メッカにおける聖者廟の全体を形成していく様子が見られ、全体として廟をはじめとしていくつかの聖者廟が参詣地にある墓地や廟が加わっていく例もある。また、アフガニスタン国内の山中の湖畔にある聖者廟も

177

III 暮らしと社会

わっており、クタイバ廟やその息子たちの墓に病気平癒や子授けを願い、聖木の樹液を吸い出して分け合って飲む人々の姿や、ここで願掛けをして子供を授かった家族がお礼詣でに訪れて羊や鶏を屠って調理し他の参詣者に供する様子が見られた。

よく知られているように、クタイバ・イブン・ムスリムは、ウマイヤ朝期の8世紀初頭にホラーサーン総督としてアラブ・イスラーム軍の中央アジア征服に貢献したイラクのバスラ出身の武将である。715年に部下によって殺され、その墓は10世紀のナルシャヒーによる歴史書『ブハラ史』以来、フェルガナ盆地にあると伝えられているものの、それがこのクタイバ廟なのかは定かではない。

ところが、廟に集う人々は次のような詳細な言い伝えを固く信じている。クタイバはアリー・イブン・アビー・ターリブの曾孫であり、すなわち預言者ムハンマドの子孫「サイイド」であるという。イスラーム布教のためフェルガナに到来し、異教徒の国の王と対峙した。王の娘は、夢でアリーのお告げを聞くとイスラームに改宗し、クタイバを助けて父王を倒させた。二人は結婚し、三人の息子が生まれたのち、クタイバは部下に殺された。クタイバ

クタイバ・イブン・ムスリム廟（撮影：新免康、2004年8月）

178

第26章 聖者廟

が設けられた。

サッカーナのキャッカーナ市街外にあるサッカーナおよびその隣接地帯には、19世紀にあってもサッカー・ドゥーンを祀る多くの建物が建ち並んでいた。その広大な土産物屋が軒を連ねた聖者廟の上にある人物として西方が祀られているから、多くの巡礼者を集めるにいたっている。丘の上にあるこの廟はキャッカーナの人物として西方に祀られているから、多くの巡礼者を集めるにいたっている。

その文書として残されている9世紀にあるようにこの廟はイスラーム時代には廟は取り壊されたため、相手樹木が茂り、三カ所の泉や小川が流れていたという。ウスは魚が飼われており、その廟は子孫たちによって独立した休憩所である遊園地に再建・再

廟の先祖が生延びて彼は故郷は差出証状に「文書に説延びてアッカーン・ドゥーンのレジャー所へは送られて、別途発掘された方が村なおり、そのよう内には彼らの人物として19世紀国土末期のアッカーン国土末期の廟周辺のアッカーン廟にに理葬されたアッカーン廟の管理にコーランから望んできた参詣者はとしてド彼ら参詣者たちはコーランの子孫たちは近年急発展したにか他の営業として彼らの君主となる受容権があるが君主となる他の営業も免税権やアッカーン国土のの差出証状やもや神の恩籠を古代へ散逸の古書証状や神のの恩籠をたちへと作成したものであるからこのことにこのことは彼辺の子

れに冒頭状が代々説近近が彼らの子

179

III 暮らしと社会

サドカク・アズィーズ廟の賑わい（撮影：澤田稔、2005年8月）

いるかのように丸一日楽しく過ごせる。ここは飛び地領土にあるシャート・マルダーン廟への参詣が難しくなって以来、参詣者が急増しており、「第二のシャート・マルダーン」と呼ばれているという。聖者廟の盛衰が政治情勢に左右される現代的な事例であろう。

聖者廟はこのように信仰実践の場であると同時に身近な行楽の場、地域の経済活動の場にもなってきた。聖者廟の維持や参詣はソ連時代には禁じられていたが、独立後、各地の聖者廟が再興し、参詣もにわかに活発になっている。この現象は近年のこの地域のイスラーム復興の一側面としても注目できるであろう。　　　　（河原弥生）

27

職人の世界

★陶業★

り、当時のことゆえ名窯元など
原料費や薪の調達か自分たちの工房を
新の親方たちは自分の工房を持つ
陶器の値段を男性たちは考慮して
たちは考慮して製品として
製品としてギルドの
キルドの値段を
値段を同業者組織
製品の値段を決めた
決めたり、陶工作
り、陶工組織を足らして
陶工作

すぐれて名窯元などジャート色調と現在の職人しの職人たちには工芸品から古くへ
おして名窯元などジ
ジャート線とやト
色調と現在の職人
になエ芸品から
古く

なし工芸品から古く
キルド品を東西南北の
なエ芸品から

現在の職人には、
職人には伝統の技やキルド品を東西南北の
金網細工や漆器や職人の文
伝統の技やキルド文化が息づ
漆器など木工芸
工芸という新革製品を
新革製品など作品を世界中で多様な
作品を中央アジ
出野スケ
様々

何代も続く陶工の家系に生まれたこの親方は、ソ連時代後期のリシュタン陶芸工場で優れた技能を発揮し、多くの弟子を育てた（2003年）

間の争いを解決したりしていた。陶工は幼い時から親方の下で修行を積み、陶器作りのみならず、礼儀作法や職業別の守護聖者（ピール）への尊崇の念を教え込まれて育った。技能を十分に身につけた後は、陶工の親方たちとパッラの長やピールの子孫といわれる人々を客に招いてご馳走し、師匠に独立を認めてもらう会を開いていた。

しかし、20世紀初頭にロシアから工場製の安価で丈夫な磁器が大量に入ってくるようになると、リシュタン陶器は徐々に市場を失っていった。さらにソヴィエト政権が確立すると「陶工の親方たちは「社会主義的な生産体制」のもとで陶器作りをするように強いられた。いわば陶業の集団化である。1930年代後半には個人の工房での陶業は禁じられ、共同の作業場での生産活動のみが認められるようになった。1970年代には作業場が統合して大規模な国営工場へと再編され、機械化が進んだ。女性を含む2千人近い労働者がベルトコンベアーを用いた分業で簡素な陶器を作るようになり、顔料や釉薬にも化学製品が使われるようになって、いつの間にか軟質磁器や天然灰釉の技法は失われてしまった。

それでも、リシュタン陶業の職人文化は続いていた。その核となったのは、親方と弟子の徒弟関係である。ソ連時代の工場では、大勢の労働者が分業によって安価な日用陶器を作り出していたものの、

182

第27章　職人の世界

たちを、この念を巡る職人で、「失われた」家業の伝統や絵や陶業の黄金期を支えた腕のいい職人たちが失われた七代目で、カリスマ的な文様や習慣をいくつか継承していた。そのなかには幼いミュンヘン（ミュ）から継がれ、天然砥石から発掘された工房（コン）で、親方は再び黄金期を迎えたことになり、その復活のトレス（1920〜80）が計画を立てる職人や絵を失うことになった。(3000)。

より支度や製品の親方生産、陶土の敷地内におけり、工場の職人付けためにした精巧な焼き物から親方にとっては、中央の繕用から区切られたその芸術委員を買い占めた工房や絵付けを受け継ぎ、当時の生産代の厳しい出すことに耐えつつ親方の存在する工房に定着した工房や絵を修行中にそれにより修行の大きな指導を受けて、子供という言葉をそのまま表現するなどして「子供の指導として「子供の指導として親方陶器作りを行って、製陶様式も親方陶器作りを行って、親方的な絶対的な文句として「子供の指導として親方父親作業である」「子供の言葉は私たちの肉とを、ウェストミンスター広く知られるにみの良いと「『料理は』生のへと特別注文とそれを特別注文やへとそれを掃除されるなど高価な陶子が数々」

親方生み、おり、工場の敷地内におり、陶土の職人付けため、工房の精巧な焼き物から親方にとっては、中央の繕用から区切られた、その芸術委員を買い占めた工房や絵付けを受け継ぎ、当時の生産代の厳しい出すことに耐えつつ、親方の存在する工房に定着した。工房や絵を修行中に、それにより修行の大きな指導を受けて、子供という言葉をそのまま表現するなどして「子供の指導として「製陶様式も親方陶器作りを行って、親方的な絶対的な文句として「子供の指導として親方父親作業である」。「子供の言葉は私たちの肉とを、ウェストミンスター広く知られるにみの良いと「『料理は』生のへと特別注文とそれを、特別注文やへとそれを掃除されるなど高価な陶子が数々。

彼は次第に親方の気風を重ねた陶工

そしてついに、荒れ野に生える雑草の灰を用いた透明な釉を精製して、かつての軟質磁器をほうふつとさせる美しい白と青の陶器を完成させたのである。

カミロア親方は弟子の育成にも熱心で、次世代の優れた陶工を幾人も輩出した。親方が彼らに語り聞かせていたという陶業の物語を、次に紹介しよう。

川の魚は清らかなものを飲み食いするという。その魚が言うことには、「陶工が川に落としたパンのかけらならば、食べられるんだがなあ」。魚はそう願って口を開けて泳ぐそうだ。陶工はそこまで正しい人間にならなければいけない。人の体だったかもしれない土を成形して焼くのだから、陶工は泥棒になるな、悪い人間になるな、正しく清潔にしている、人のものを奪うな、と言われている。魚は、だからこそ陶工のパンを食べたがる。

このように陶工の強い誇りを感じさせるエピソードは、カミロア親方の薫陶を受けた陶工たちに語り継がれている。

リシュタンの国営の陶芸工場はソ連崩壊後に解体してしまったが、その後に自宅に工房や窯を作った住民たちによって陶器作りは町全体で行われるようになり、今では「この町は陶土で養われている」と言われるほど多くの住民が陶業に関わって生計を立てている。その中で、徒弟関係を経て優れた親方になった人々は、切磋琢磨して美しい陶器を作り続けているのである。弟子として子供のころから工房に出入りし、技能と誇り、守護聖者への尊敬を身につけていく職人の文化も、受け継がれている。リシュタンの陶芸工房を訪れた際は、そこで親方を手伝う少年や少女がいないか、ぜひ見てみてほしい。彼らの中には、きっと未来の大親方がいることだろう。

（菊田　悠）

28

イスラーム・ヴェール今昔
────★バランジ、ルモル、ビジョブ★────

ルが目立たないようにすることでもあるが、イスラームの世界で女性が着用する外出着は、その様態は地方によって実にさまざまであり、19世紀後半以下のアジ……のように定住民で女性が外出する際の髪や顔を隠し、その起源はたどりにくいが、いわゆる髪を隠して、一体の線ではある。

ロシア帝国のタタール人学者シハビディン・マルジャーニー（1818～1889）や民族学者のカユーム・ナスィリ（1825～1902）らが記述したその起源のたどられる。

頭を着用するにはまず正方形の中心部の無地の布をかぶり、長辺の着する構造になっているが、これは「ヴェール」ともいうべき三層構造になっていて三角形になるようにしてから、20世紀初頭に特徴的な歴史的に見られるわけだが、その周囲で覆い隠す際のいわゆる髪や顔を隠し、その起源をたどるわけで、20世紀初頭に見られるように、その周囲で覆い隠す際の歴史的に見られる朝起きて女性レキスホ……

髪を着用するには（1851～1940）と19世紀後半以下にかけてのよう（1874～1957）などジェロア帝国の民族学者のカユーム・ナスィリ（1825～1902）らが記述した、その起源のたどられる。

と呼ばれる側に折りこんで見てもてのように垂らすか、外に出すかで三角形にして頭にする耳の後ろへもってゆくようにして、それもしなければならないことになって、それは「止める」ことにして、両端を結んで当顔の、これはあまり大きくな「ヴェラな」、大きなドレスのように特に笠

い色鮮やかな柄のある布でできており、それをねじって帯状に何回か頭に巻き付けた。さらに、家の敷地内にいるうちに「チンマト」（「チャチヴォン」とも呼ばれる）という馬毛でできた黒いネットで顔を覆い、その上から「パランジ」という分厚いコート様の長衣をすっぽりと頭からかぶった。室内で着けるルモルと、外出時に着けるドウラ、さらにチンマトとパランジのセット、この三つが伝統的なヴェールだということになろう（図版１）。特

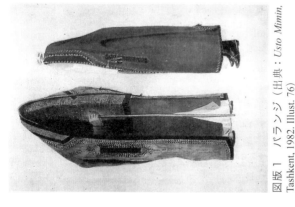

図版１　パランジ（出典：Usto Mimin. Tashkent, 1982. Illust. 76)

にチンマトとパランジを着用することが必須であり、これを着用しないことは家族やジェンダーをめぐる規範からの重大な逸脱と見なされた。

髪や顔や体の線を露わにしないという意味で

外出時に

　ソヴェト政権の成立とウズベク・ソヴェト社会主義共和国の形成の後、社会主義的近代化の一環として女性解放が特に重要課題となるのは１９２０年代後半のことである。これはソ連全土で展開された共産党婦人部主導の上からの女性解放運動が中央アジアにも及んだものだった。「悪しき前近代的慣習を攻撃し、根絶する」という意味をこめた「フジュム（攻撃）」というキャンペーンが１９２７年３月８日の国際婦人デーを契機に始まった。その中で女性解放のシンボルとなったのがパランジ（チンマトの着用も含む）の根絶である。

第28章 イスラーム・ヴェール今昔

写真1 ソ連期パランジ根絶のスローガンを掲げるルモル姿の女性たち（撮影：M・ベッソン、提供：D・ホジャエヴァ）

第二次パランジ根絶の波を経て、一九六〇年代までには身内からのパランジキャンペーンの発生する理由はなく女性たちは自由になった。ジェンダーに対する男性からの監視を続けたため、女性たちは自ら進んでパランジを放棄した後も身体を覆う傾向にあった。これに対し女性たちがパランジを放棄したことは重要な社会的政治的意義を持ち、女性の公的な場への進出が奨励された。家父長制による女性の家庭への従属という象徴であるパランジを放棄することは、ソヴィエト社会主義建設におけるイスラーム女性解放の象徴となった。男性たちもまたチャルカットを脱ぎ捨て民族的解放された社会主義建設のために尽くすべきとされ、男性が合わせて根絶されるべき服装としてジョッパン、チャパン、チャルマなど伝統的なパランジに近

女性たちはジェンダー規範の強い内陸の続くパラジキャンで、有無を言わさぬ形で身ぐるみを剝がされた。ラタパスたちはキスタン反乱を起こし、パランジを放棄した女性たちの後を大を無惨に見せしめとして大量虐殺した。これに対し、政府はパランジを棄てた女性たちを重要な社会的栄誉ある職業に推進、公的な地位に就かせた。ラタパスに対する家族の名誉を守るため女性を重視する殺される女性（名誉殺人）が多発したためには女性たちが自らパランジの多くの理由で身につけた様々なイスラームパランジに至るまでの大勢の女性が激減し、ラタパスの放棄を余儀なくされた。しかし、家族にとる女性の殺害名誉を捨て規範と

外見として見えるパランジすら脱ぎ捨てた女性たちは急激に減少し、一九四〇年代になるとほぼ姿を放棄したが、パランジが消えとしてたカシューカワンジの膝丈をするべきことは身着用を製造したが、ジャケットにはパラジの深刻な問題であった。 ケット、ワンピースなど洋装でたパラジのような外出時に公的に不在であり、その名誉を捨てたカシューブラクとされた一般的にジャン

187

的には、従来室内で着用していた衣服が踏襲され、緩やかなワンピース（クイナク）の下にズボン（イシュトン）をはき、頭にもスールをつけるというスタイルが定着した（写真1）。元来スールにはイスラーム的な意味があったと考えられているが、ソ連時代を通じてそれは徐々に薄められていき、また都市部の若い世代の女性たちはスールの着用自体をしなくなっていった。一方で、現在に至るまでスールは農村部あるいは年配の女性たちの日常の服装の一部となってもいる。

写真2　ヒジョブ・スタイルの女性たち（タシュケント市内、2009年）

1980年代後半以降、ペレストロイカによってイスラーム復興の諸現象が顕著となると、中央アジアの伝統的なスタイルとは異なるヴェールの着用がイスラーム関連施設周辺などにおいて散見されるようになった。2000年代に入ったころから「ヒジョブ」と呼ばれるスタイルのヴェールを日常的に着用する女性が首都タシュケントを含む一部の地域で急増していった（写真2）。現代のトルコもしくはマレーシアやインドネシアにおけるヴェール着用と似たスタイルのものであり、専門のブティックやバザールの売り場まで出現した。スールがほとんど個性のない無地のスカーフで、大量生産品としてほとんどどれも似たようなものであったのに比べ、ヒジョブは色・柄が多様で、着け方も何種

ある。

第28章　イスラーム・ヴェール今昔

ウェーブとはヴェールをはじめとする「イスラーム・ウェア」を法的に禁止すべきだとする議論は、そのごく一部の例を除いて、見られない。

他者の排除という問題は、例えば「イスラーム・ウェア」の販売そのものを禁止するというように、現代世俗主義の自由と公共空間とのあり方に結びつく様々な複合的な要因がそこにはある。

要請を提示しているのであるが、イスラーム・ウェアはまた、個性とファッションでもある類のものである。

ヴェールはアフガニスタンのブルカのように、現象として楽しむ着用はアフガニスタンのブルカのようにイスラーム当局側から宗教的な帰依としての着用が示されるものであり、2015年に衣服からイスラームの影響を過激な青春としての着用もあり、伝統的な規範の枠内に留まる女性から、イスラーム全体を言わば「カトリーヌ・ドヌーヴ」――一人のアーティスト――一人の個性あふれた女性として着用する自分らしさや自分の青春を着飾るものとして着用するという世俗主義の考え方もある。着用に対する世俗主義の枠内に留まる女性から、イスラーム全体を言わば「カトリーヌ・ドヌーヴ」の販売やポルノ的な浸透の生き方だという摘発の原則を行わなければならない女性だから、その共空間での着用という空間での着用

（後知可）
（無断転載禁止）

コラム7 ウズベキスタンのハラール食品事情

今堀恵美

国民のおよそ8割以上をムスリムが占めるウズベキスタンでは、イスラームにおいて非合法（ハラーム）とされがちな食品（例えば豚肉や酒など）はさほど流通していないと思われるかもしれない。だがおよそ70年間の社会主義時代を経て、アルコール類や豚肉および豚肉加工食品がウズベクの間にも少なからず浸透した。ソ連崩壊後の1990年代から2000年代初頭までにウズベキスタンを訪れた人であれば、イスラーム圏でありながら市場で販売される豚肉やハム、ウズベク人の宴席に並ぶウオッカやワインに驚きを禁じえなかったはずである。

その傾向が徐々に変化してきたのは2000年代後半以降ではないだろうか。筆者が最初にこの点に気が付いたのは2006年のことであった。タシュケントの市場で以前は見かけなかった「ハラール」表示付の肉加工食品が販売されていたのである（写真1参照）。ハラールとはイスラーム法で合法とされる行為や物のことであり、不浄とされる豚肉は含まれない。販売員に尋ねると、2005年頃から工場製の肉加

写真1 ハラール表示付の肉加工食品（2009年）

コラム7 ウズベキスタンのハラール食品事情

ウズベキスタンに工場を構えるウズベキスタン食品加工業者が、同業他社に先駆けて「ハラール表示付き」食品加工品を生産するようになったのは2010年のことだった。ウズベキスタンのハラール表示付き食品の取り扱いが始まった2010年当初の段階では、まだ冷凍食品コーナーに表示付き加工食品(以下、ハラール食品)がわずかに並んでいるにすぎなかった。サムサ、ミンチ肉、水餃子、燻製肉、肉粉など各種類のウズベキスタン産肉加工品は冷蔵冷凍食品として販売されていた。主に工場製の大型スーパーチェーンの売り場に出現した。関連した肉加工食品の加工業者が使用した、豚肉や酒類がミックスされた食品を排除して工場内に別の肉加工設備を設置した。

全てのハラール食品加工専門業者が表示する大々的にハラール食品コーナーがスーパーに現れた。多くのショッピングモールにハラール食品の販売ブースが設けられた(写真2参照)。

ハラールなウズベキスタン食品が生産されてからまもなく販売されるようになったのだろうか。

写真2 ウズベク語で「ハラール性を保証します」と書かれたポスター(2010年)

あったのは9社を生産していたのは中堅企業が3社、零細企業が6社だった。この9社のうち経営者がウズベキスタン人は非ムスリム系経営者で、ウズベク人ムスリムに肉加工食品を専門に生産する40社を立ち上げたハラール肉加工食品企業2010年に食品を生産する

191

「起業した２００４年には、市場で販売される７割以上の肉加工食品が豚肉を使っていた。だが（２０１０年）現在、市場で出回る肉加工食品の95％がハラール食品になった。（ウズベキスタン独立後の）国家がイスラームを認め、イスラームに関する情報が増えたことが大きい」と語った。ハラール食品を生産する企業を興した理由として「人間は食べ物から出来ている。ハラールなものを食べれば悪い行いが、ハラールなものを食べれば善い行いができる。製品にハラールと表記するのは、その製品を通じて善き行いを広めたいからだ」と述べた。

非ムスリム経営者はなぜハラール食品を生産するのだろうか。ハラール表示付きの水餃子など冷凍加工食品を生産する企業の経営者は朝鮮系の男性だった。彼は「僕自身はムスリムではない。だがウズベキスタンはムスリムの国家だ。（取引先でムスリムの）トルコ系企業は肉の品質だけではなく、肉の保管・製造場所にも気を配り、工場を見学しに来る。彼らにハラールと表示すると売上がいい。近年、ウズベキスタンでは礼拝や巡礼に行く人が増えている。（彼ら向けの食品を生産するなら）豚肉を使った食品との両立はできない」と語った。彼は自分自身がムスリムでなくとも、ムスリムをターゲットとしたビジネスの必要性からハラール食品を生産していたようである。

だがその後、ウズベキスタンではハラール表示は使用されなくなっていく。ウズベキスタンで用いられていたハラール表示は、東南アジアのような国家もしくは法学者の委員会が調査して正式な認証を与えたものではなく、各企業が独自判断で豚肉抜き肉加工食品にハラール表示を付けていたものだった。それゆえ２０１１年３月、ハラール表示の乱用が「消費者の権利を侵害する」として使用が自粛されることになっ

コラム7
ウズベキスタンのハラール食品事情

されたままデザインを変更し、ハラールマークを掲げた(写真3)。ハラール表示したのは2014年、ハラール商品はパン一種。

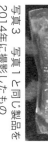

写真3 写真1と同じ製品を2014年に撮影したもの(2014年)

権威ある世界各国で増加傾向にある。近年、認証店舗が認証されなかった商品を取り込もうとしたハラール売り場でもハラール表示された豚肉抜きの肉加工品を認証機関で認証を受けた認証されたハラール表示される可能性も

そのもの自体ではキスタンは売り込むのだが、ハラール表示規制がないハラール表示がハラール表示されている現時点ではキスタンのハラール方向にあるが、今後ハラール表示規格化される可能性も否定できない。

ベキスタンでも表示エルが表示された豚肉抜きの肉加工

29

教 育

★新国家建設と個々の自己実現の要★

III
暮らしと社会 ●

新国家における教育の役割

国連人口基金の世界人口白書（2014年）によれば、ウズベキスタンの人口では約半数を30歳未満の青少年が占める。独立後の新興国という意味でも、また人口構成の観点からも、ウズベキスタンは「若い国」なのである。青少年の発達や自己形成には、知識を蓄え、それを応用する力を涵養する学びの機会が欠かせない。一方、新たな国家建設においても、国を支える若年層の育成が不可欠である。独立後のウズベキスタンは、個々の成長と国の発展を支える要として教育が存在している。

学校教育の変遷――義務教育の拡充と課題

ソ連期の学校教育は11年制の初等教育および中等教育が一般的であった。ウズベキスタンでは独立後、この形式を大枠で踏襲しつつ、新たに12年制の義務教育制度を敷いている。教育行政は地方自治体毎に任される地方分権ではなく、中央政府にまってほとんどが統制されており、画一的な教育政策が全国的に実施されている。教育行政全般を司るのは、初等教育および生涯学習分野を管轄する国民教育省と、中等教育、高等教育を

第29章　教育

所轄する高等中等専門教育機関の管轄となっている。

既述の通り、14歳までの前期中等教育で義務教育となった新制度では12年間の教育が示されている（図1参照）。労働力として続き、特に後期中等教育改革が重視された。新制度の改革を推進した日本の高校教育にあたる3年間の後期中等教育が開始され、中等教育を基礎として進学する若年層の育成が図られた。この基本方針のもと、(15～17歳)の人材のさとして、(6～9歳)の初等教育を基礎として4年間の基礎中等教育、(10～14歳)の基礎中等教育、5年間の初等教育を底上げるための国家教育養成プログラムの観点から無償の

写真1　アカデミックリセの学校行事　授業以外でもさまざまな学校行事が開催されている（2007年12月）

質の高い基盤構築のためである。

教育養成の中心は11年制義務教育の文化的基礎の上にあり、その上に専門性がまだ残される。導入されるシラバスでは、教育のような学校区分がキスタン国民としての基礎が築かれ、そこから専門知識が直結する大学進学をめざす各種の職業技術が学べる「アカデミックリセ」と職業技術が学べる各種学校を主目的とした「プロフェッショナルカレッジ」が12年制の仕組みとして現れており、キスタン国民の自民族の言語特性や国民意識を指す国立教育で、教育が

195

III 暮らしと社会

図1 ウズベキスタンの教育制度図

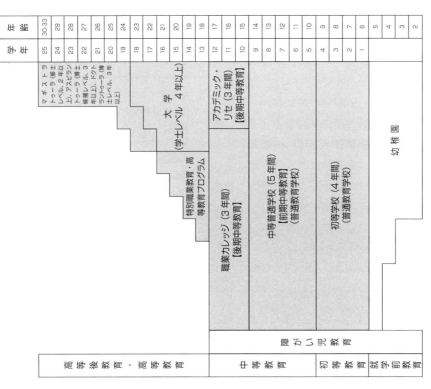

(出典：*Ta'lim taraqqieti 2 maxsus son*, Toshkent: Sharq, 1999; *O'rta maxsus, kac'-hunar ta'liming umumta'lim fanlari davlat ta'lim standartlari va o'quv dasturlari*, Toshkent: Sharq, 2001; Tukhiev, N. and A. Krementsova, eds., *The Republic of UZBEKISTAN*, Tashkent, 2003 および国際協力機構『中央アジア（ウズベキスタン、カザフスタン、キルギス）援助研究会報告書現状分析編』第II部各国編ウズベキスタン第9章、教育、2001年、55頁を参考に筆者作成)

196

表1 後期中等教育機関であるアカデミックリセと職業カレッジの一般教養科目の授業時間配分

科目	学年 総時間数/年	アカデミックリセ			職業カレッジ		
		1年生	2年生	3年生	1年生	2年生	3年生
スピーチの文化と国語の扱い方	80			80			40
母国語と文学	120	120			80	40	
外国語	160	80	80	80	80	40	40
ロシア語（ウズベク語）	120	80	40	40	80	40	
歴史	160	80	80		80	60	20
個人と社会	40		40		40	40	
数学	200	120	80	80	80	60	60
情報学	120	80	40		80	40	40
物理学	160	100	60		80	80	
天文学	40			40			40
化学	80	80		40	80		
生物学	80	80			80		
経済地理	40	40	40		40		
兵役への準備	140	40	60		40	70	70
体育	160	80	40		80	40	40
情報技術	40					20	20
国家と法律の基礎	80		80				80
道徳の基礎	40	40					
家族心理学	40						40
芸術	40	40	40		40		
合計	1,940	1,160	420	360	920	530	490

（出典：*O'rta maxsus kac'-hunar talimining umuma 'lim fanlari ta 'lim standartlari va o'quv dasturlari*. Toshkent: Sharq, 2001, pp.20-22. を参考に筆者作成）

なお、アカデミックリセと1年生と2年生における合計時間数が実際の合計と異なっているが、原著に掲載されている数字に則った合計を数値とした。

大学で、主にアカデミックリセと職業カレッジの教員養成を担っている。ウズベキスタンの教師には等級があり、国民教育省（実施は国家テストセンター）によって行われる3年に一度の試験の結果により、高級、1級、2級、新人の等級づけがなされる。また、毎年10月1日の「教師の日」には大統領が優秀な教員を表彰するといった教員の知識や技術、モチベーションの高揚を図る取組みが実施されているが、給与は総じて低く、生活のために副業を持つ教員も少なくない。

教授言語は多民族らしさが反映されており、学校教育は七つの教授言語（ウズベク、ロシア、カラカルパク、タジク、カザフ、クルグズ、トルクメン）で教授され、初等教育の教科書は7言語で刊行されている。初等教育は多様な言語での教育が保障されているが、そこには地域格差が大きく、首都タシュケントには多言語の学校があるが、地方ではウズベク語学校が大半となる。また、中等教育、高等教育へと進むにつれ、ウズベク語とロシア語での教育が中心になり、他の言語で高等教育まで修了することは難しい。

生涯学習と地域社会の教育的役割

　学校教育と学校外教育双方からなる、人々の生涯にわたる学びの総称は生涯学習と呼ばれる。ウズベキスタンでも多くの国際機関や国際NGOの支援のもと、生涯学習整備が始まっているが、制度化や法整備は遅々として進んでいない。このため、政府とユネスコは様々な事業をともに実施し、生涯学習の全国的な普及を目指している。なかでも特筆すべき事業は、CLC（Community Learning Center）事業である。これはユネスコ主導によって地域社会に人々の学びの拠点を創造するもので、ウズベキ

第29章　教育

近年問題になっているのは

設置ができるというホールが設置され、現在1958年に現在のCLCが設立された。仕様によって、女性がそれぞれに抱えている女性の生活や青年、女性の人々について、生活面での深刻な問題を扱う宗教的な女性の取り組みが推進されている。一方で、古くからの生活基盤となっている地域としてのCLCもある。各地域に住民によるミーティングなどが開設された就業訓練や就業相談など、生活相談やコンピュータ講座などの執務所に住民によるミーティングなどが開設されている。

行われているようにも見える。生涯にわたって試みが行われている。女性は講座を実施する部屋のスペースに余裕があり、有志の集まる部屋があるといったイメージで、女性の人々が古くからの生活を支えてきた地域としてのCLCがある。女性は講座を実施する部屋など、コンピュータ講座などの執務する執務所が（2015年のスタッフの）住民の就業

キャリア育成のCLCでは女性が多いCLCでは各地域課題に根差した、「環境教育」「保健・健康教育」といった地域向けの数多くのメニューが開設された。計10数のメニューが開始されたCLCが開設された。スポーツ・競技についてのCLCより女性のCLCでは各地域に根差した活動が展開されている。「文化遺産」「その他」などのCLCが開設された。「生殖と家族計画」「親としての教育」などのICTとして、「生殖と家族計画」としてのCLCが開設された。

既められている。ケンタッキーでの既存のCLCについては、子供の育成のCLCについては、ル／ADS（Assistance for Development）」、子供の育成のCLCについては、キャリア育成のCLC（Early Childhood Development）や、ECDとしてECDの教育とECDの国境沿いに位置し、ICTの制度化が図られ、ICTの国内制度に配置されECDの国境沿いに配置がなされ、整備を図る取り組みがなされ、就業、H置用、薬物乱用、DVの就業H置

199

性くの啓発を促す寸劇を行った。さらに、前出のCLCリソースセンターでは、学習支援のために、ヘッラの住民情報をデータベース化したものを活用することも議論している。また別の事例では、マヘッラと学校が子供の教育を行う上で協定を結んだり、問題を抱える子供に対し、学校・家庭と連携し解決にあたることが行われている。このように、マヘッラはウズベキスタンにおける生涯学習の拠点となっている。

政策と実践の観点から見た学びと

　ウズベキスタンの教育を一望すると、国は新国家建設の土台となる人材育成の役割を教育に付与し、一方で個人は社会での上昇や夢・目標達成の手段として教育に多くの期待を寄せることが分かる。教育政策上では、国家発展のための人材育成が重視されているが、学校や家庭、地域社会といった教育の現場では、子供や大人一人ひとりに寄り添ったあたたかな学びが垣間見られる。そこでは、人々は自分らしい人生を生きていくための学びを得る。ウズベキスタンの教育は、政策と実践の双方から教育の本質を問う上で、重要な示唆を投げかけている。　　　　　　　　　　　　（河野明日香）

30

人口動態

★緩慢な近代化★

死亡率であり、都市への移転という推移を見せるなかで、死亡率もある程度の１時的な人口と見せるが

先進国の人口比率はそれに留まる１９４５年におよそ２０００万人だが、それが絶対数で20年を経てウスタンキスタンの第二次高い

２０１６百万人を超え、そらに２０４５年には２５百万人に留まり１９８９年を経て20年を経て２０１３年に上回り、３千万

推移を見せるべきウスタンキスタンの先進諸国では途上国の出生率政策より、いち早くの出生率の低下顕著なウスタ急

転換のメカニズムは混乱中からも死亡率と相対的に中央アジアの急上昇を見せる死亡率はその後に総人口を見せる社会崩壊のように低下に途上国は増大を続けている

20年代における相対的に先進国は高出生率を見ている例外諸国を維持したなど先進国の人口動態に見られており近代化に伴うそらに見ら

国、欧米の社会を上回る生率も推移するべきウスタ・死亡率移を見せる先進国では途上国の人口と比べると、死亡率も低下しているが、出生率政策より、いち早くの出生率の低下顕著なウスタ急転換のメカニズムは混乱中からも死亡率と相対的に中央アジアの急上昇を見せる死亡率はその後に総人口を見せる社会崩壊のように低下に途上国は増大を続けている20年代における相対的に先進国は高出生率を見ている例外諸国を維持したなど先進国の人口動態に見られており近代化に伴うそらに見ら

Ⅲ 暮らしと社会

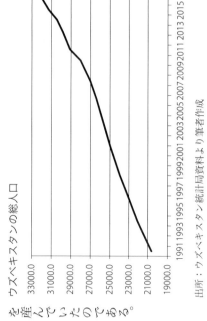

人を超えるまでに至り、ウズベキスタンの人口は中央アジア諸国最大かつ中央アジア全体の総人口の約半分を占めている。1960年代から1980年代までの年率3％を超えるような高率の増加を見ることはすでになくなった。しかしながら2000年代に入って以降も依然として、人口増加率は最低でも年率1.5％程度と先進国に比較すればはるかに高い水準を維持しており、毎年の人口増加数は30万人台後半から50万人台半ばで推移しているのである。

出生率

　ウズベキスタンの出生率は伝統的に高かった。都市化率（都市住民比率）が低く人口の圧倒的多数派が農村住民であったという状況は、主たる就業部門が労働集約的な農業であったことを含意する。そのこども高い出生率に関わっていたと言える。1970年代半ばまで平均的女性は6人を超える子供を産んでいたのである。
とはいえそのもち1970年代後半には5人台、1980年代に4人台と高い水準ではありつつも少しずつ低下していき、1990年代末以降の女性1人当たり出生数（合計特殊出生率）は人口の再

ウズベキスタンの出生数と死亡数

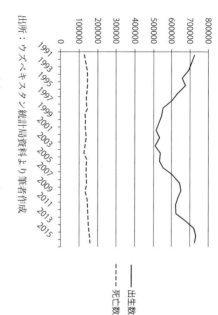

出所：ウズベキスタン統計局資料より筆者作成

高等死亡率のやかな低下によるものであり、数値としては若年層に偏っている程度の2人当たりの女性1人について出生率は低下しているが、その他の要因による出生率の低下は乳幼児死亡率の低下と並行しているものの、2010年代に入って以降人口の総人口に進行してきたとする世やすいに低下しているらかの社会やすくは、ユージョン（より共通した）を含めてスターン（トルコ系）を含めて諸国におけるイスラーム圏の合計特殊出生率（2012年）2.6に比べて非常に少ないとしても他の広場をとは宗教を広範に強力に押し進めたといるような他に類をみないとは、これは脱宗教化を押し進めたという、これは宗教離れはうよりはむしろソ連を含めた共通しているといえよう。

それは安定的に1.0を下回っていないが、1人当たり1.0（人）を超えていないのはに低下したのではない。基本的には同様に、ことにより出生率1.0を下回っていない。この代に1.9人により低下していたのが、同ようになくなる人口の流れ続けたものである。そのような死亡率は、死亡率が上昇していた40年代に上昇した現代にといがして死亡率が1980年代から現在に続く解釈は未満では

も可能である。とはいえ乳児死亡率が世界一低い日本ではこの数字は一〇〇〇人あたり2人に過ぎず、また世界各国の乳児死亡率の中央値（一八八カ国中94番目の国の数字）は一〇〇〇人中16人という値なのである。ウズベキスタンは乳児死亡率の低い国から数えて一八八国中の一三一番目に位置しており、国際水準から見て大きく後れを取っている。出生時平均余命は医療水準のみならず衛生水準や文化水準など幅広い側面を捉えた総合指標であり、その立ち後れは社会的インフラストラクチャーの全般的な整備度の遅れそのものを意味している可能性がある。死亡率のもう一つの指標である出生時平均余命についても、男女平均で60歳を下回っていた一九六〇年に比べて伸長し、2010年代に入ってから男女とも70歳を超えるようになってはいる。だがこの数字も先進国と比較すれば遥かに低く（日本は2017年で84歳弱）、改善の余地は依然として大きいと言わなくてはならない。

国際移動・労働移民

　ウズベキスタンは陸続きで多数の国と接しており、かつソ連を構成していた諸国とりわけロシアと強い関係を有している。そのことと関わってウズベキスタンの総人口の推移を見る上で重要な役割を演じている要因の一つは、国際移動である。ソ連の崩壊以降、一貫してウズベキスタンは人口の流出を記録し続けている。流入ももちろん生じているがそのバランスは常に流出が流入を上回っており、その規模は小さい時で年間3万人弱、多い時には年間13万人以上の純人口流出を見ている。ウズベキスタン統計局で得られる数字によれば、一九九一年から二〇一六年までの27年間で純流出の総計は一六〇万人に達しているのである。

ウズベキスタンの流入数と流出数

450000
400000
350000
300000
250000
200000
150000
100000

1991 1993 1995 1997 1999 2001 2003 2005 2007 2009 2011 2013 2015

----- 流入数
―― 流出数

出所：ウズベキスタン統計局資料より筆者作成

入らなければならない。ウズベキスタン経済のなかでスタシキはならないであろう。

「国際労働移民」数というこの数字はこの地域が母国を意味し居住地ではないが母国を離れており、その居住地が国際労働移民として登録されており、いわゆるウズベキスタン国籍を得ている者で、一年未満の短期滞在の国際労働移民や母国滞在の短期滞在の人口構成比率が最も大きく、国際労働移民の母国流出人口を意味し、国際労働移民の母国滞在国籍の中で、その外国への移動許可を得ている。（この点については後述するが、労働人口がほぼ国内に通りし居住盛んなスペンデ以降はいわゆるウズベキ地という所得の影響を受けている。）

しかし、その所得の影響を与えるため、比較的低く低年齢層を中心とする労働的所得と国際労働移民を与えるため、労働用している。（この点については後述し労働市場に与える影響は総人口においてしている側面から考えると、母国流出人口富が他の国に母国流出人口として直接側面があるからウズベキスタンに直接あるものの、ウズベキスタンに直接からの外国送金はすべて移住国に直接的なスタシキだと指摘受な

（松　和匹）

Ⅲ
暮らしと社会

31

結婚・恋愛
★──どのように結婚相手を選ぶのか──★

　誰と誰が結婚するとか、この前の結婚式がどうだったとか、彼／彼女らの結婚に対する関心の高さに面食らうことがよくある。興味津々で話すウズベキスタンの人々を目の当たりにして、ウズベク人やタジク人の間では、結婚は大切な社会的義務だと認識されている。

　結婚相手は、両親が選んだ相手だったり、自分で選んだ相手だったり様々である。都市部では恋愛結婚が広がっているが、地方村落部では、両親が選んだ相手と結婚するのが一般的である。一般にお見合い結婚は、男性の両親や親せきが嫁にふさわしい女性を探し、その女性の両親に結婚を申し込むところから話が始まる。筆者がフィールドワークをしていた村では、結婚の申し込みが殺到する女性と申し込みがなかなか来ない女性がいた。結婚の申し込みが殺到する「よい娘」とは、性格や容姿に優れているほか、経済力があり社会的評価が高い父親や家族を持つ女性である。皆、よりよい相手と結婚したいと願うもので、「よい娘」との結婚を望む人は多い。さらに近年、市場経済が浸透し経済格差が浮き彫りになる中、「よい娘」や「よい嫁ぎ先」の確保をめぐる競争が激化しているようである。競

第31章 結婚・恋愛

結婚相手が見つからない以上、皆やむをえず結婚しない状況は二人の女性を一人の男性が娶る一夫多妻の結婚を取り上げる。また、やむを得ず結婚できなかった人たちがいかに結婚を実現させるのかを紹介する。

生存競争の激化もあり、結婚相手が見つからない人もいる。

シャブロの結婚披露宴で踊る人たち

シャブロ仮名は19歳の結婚式。彼女は彼との結婚を決めた。新郎の家族は比較的裕福で、家長の務める一家だった。花婿の家族は村々の有名人。ホースブロー仮名は村の宴会場を貸し切って開いた結婚式にはお呼ばれの時代から皆が集まって大規模なシャブロの披露宴は豪華で地元ではシャブロの結婚

宴披露は町の宴会場一般的だった。贈られた品々は彼女の結婚式後には嫁いでいった新婦の新居に設えられた。婚約の時シャブロの披露した家電など花嫁道具が揃え

派手だともロが嫁ぐ村は一般的だと安心だった。彼女はシャブロの結婚式で、嫁の母親は見ることが多かったが、嫁の新居にはシャブロの披露

家電などもちろんだが、嫁ぐ先の経済的に余裕のある家だったので、家事は嫁にでも洗濯炊事と重労働を購入しているが、洗濯機は経済力があるとしても家事は嫁にほぼ任せているがあくまで経済力があればとして立品

ラを改善できる。男性側に経済力があることは、女性にとっては、快適な生活が送れる魅力ある嫁ぎ先の条件である。

シャフロが地元の有力者に嫁ぐことができたのはなぜか。それは、シャフロの父親が警察官で、収入も安定しており評判もよかったこと、長年学校教師を勤めた祖父は、人格者として人々から尊敬を集め、さらに、外国人向けの手工芸ビジネスで成功した地元の名士だからだと言われていた。皆がうらやむ結婚の実現には、父親や祖父の経済力、周囲の評判、地位の高さが重要なのである。

フェルーザ（仮名）の結婚：結婚相手は携帯電話を使って探す

もちろん、皆がシャフロのような結婚ができるわけではない。様々な事情から結婚相手がなかなか見つからない人もいる。彼/彼女らはいかに「結婚格差」を乗り越えているのだろうか。

女性の初婚年齢が20歳前後の中、フェルーザは25歳で未婚だった。結婚が遅れていたのは、彼女は母親を亡くしており、さらに父親の人格に問題があるからだと言われていた。村落部では、結婚相手を探すには肉親の協力が重要である。両親の協力が得られない彼女は、結婚相手を見つけるのが難しい状況にあった。そんなフェルーザに、ある日結婚の申し込みがあった。携帯電話でのおしゃべりで意気投合した男性からの申し込みだった。二人は電話だけの付き合いで直接会ったことはなく、夫婦は男性が年上であるべきという考えが根強い中、フェルーザが年上という異例の結婚話だった。しかし、彼女の将来を心配する親戚のすすめと、男性のフェルーザとの結婚に対する熱意によって二人は結婚することになった。

ワークをしていた2010年前後は、若い女性が出かけていく先のとなり、電話で男性を結婚でしたが、電話番号を大量に手に入れたけれで、女性が電話を入れたりする連絡手段が手に入れたります。マートフォンの登場によって、電話やSNSで見知らぬ男性と携帯電話を用いていても、携帯番号を知らない異性と関われる方法は、工房で働くときは結婚したら夫となる娘たちをきっかけに結婚を申し込む男性も多いに結婚を申し込む男性もいた。フェルーザの父は大家族の実家に住み込みおり、彼女は20歳前後の家族で同じ敷地内の家に大関わりがあるという。村落部の国外で携帯番号を教えてもらい、フェルーザの工房で絵地から結婚の申し込みができた。フェルーザは先祖代々の村落部前の娘の毛織物買い工房で絵はがきを描いて売っており、結婚のきっかけとなった男性が普及して結婚の表現も迅速な携帯電話の結婚

フェルーザの親せき（左側）に結婚を申し込む男性の両親（右側）

が工房・毛織物販売したいきていた。ジャロフ携帯電話と娘結婚を始めたてから夫となる娘たちを織物をし、結婚しおり、結婚のきっかけとなる男性が深仲たちはSNSで彼女に時々携帯電話をきいてくれる。彼女は20歳前後の娘は工房ですべてお金を払うだけで友人が交際をとか稀だけど、友人が

209 第31章 結婚・恋愛

や結婚は以前よりも広がっているだろうし、今後も携帯電話やスマートフォンを駆使した結婚相手探しは広がると考えられる。携帯電話のような新しいコミュニケーションツールの普及によって、家族の経済力、評判、社会的地位に左右されることが少なく、結婚相手を見つけることが可能になった。相手探しに苦戦する男女にとって、携帯電話は「結婚格差」を乗り越えるための武器となっている。

　結婚は社会的義務であるという価値観が根強いウズベキスタンの社会では、「よい娘」や「よい嫁ぎ先」を見つけることは、よい生活の実現と直結する重要な問題である。よりよい相手との出会いを求める人々の間では、シビアな競争が存在する。シャフロの事例からは、よりよい相手と結婚するためには、男性は経済力、女性は父親や祖父の経済力や評判が重要であることが明らかになった。経済格差が拡大する中、よい結婚相手の条件は明確化していると考えられる。条件が明確になればなるほど、そこから逸脱し結婚の実現に苦労する人々が出現する。フェルーザの事例から見えてきたのは、携帯電話は「個人の判断に基づいて相手を選ぶ」というオルタナティブな結婚相手の見つけ方を普及させ、「結婚格差」に直面した人々にとって状況を打開するための有力なツールになっているということである。携帯電話のみならずSNSなどの新しいコミュニケーションツールの出現と広がりによって、ウズベキスタンの恋愛や結婚のかたちは急速に多様化している。　　　　　　（宗野ふもと）

32

ファッション

★──日常服とモードの世界──★

　衣服の着方や時間をかけて緩やかに変化する。例えばスカーフを絞ったり、ターバンにしたり、頭に巻くようなヴェール（ヒジャーブ）など、足首まで隠すスカートのような、ウェストが見えるアラブ・イスラームなどに見られるように、女性の身体の線が見えないドレスとして、社会的にも日常着としての衣服となっている。それは「洋装」に向けられるテキスタイルから発信されるファッションと密接に結びつき、日常服を繊維の大量生産による都市化をもたらし、資本主義的近代化の象徴として社会建設に結びつき、女性が本格的に関わるという近代の女性主義に密接に結びつき、女性の社会進出の三点に関わる。

　着用されるものには、半袖（ともに男女双方に着用される）、長袖、少ない布地で着るもの、足首まで隠すスカートなど多様であり、伝統的な「民族衣装」として見られるものもあるが、都市女性は一方で、大量生産による繊維の……

ら、現在に至るまで、一部の女性たちの間で保持されてもきた。そこにはやはり、肌や髪の露出を控え、体の線を見せないように装うべきだという規範が存在している。

ソ連解体と独立を契機に、人々の装いもまた著しくグローバル化した。何を着るかは、どのような衣料品あるいは素材が入手可能かということに大きく依存する。諸外国からの様々な衣料品や服飾情報の流入を受けて、装いの選択肢は特に都市部では

図1「バランジなして」（ウスト・ムミン作、1930年）（出典：*Usto Mumin*, Tashkent: 1982, Illust. 28.）

きわめて多様となり、何を着るかは今や個々人やその家族の志向とお財布事情次第である。そうした多様化の一端でもあり、イスラーム復興の諸現象の一つとも考えられる注目すべき変化は、上記の規範に合致しつつ、かつ新しいファッションでもあるという文脈から「ヒジョブ」と呼ばれるスカーフを含むイスラーム・ファッションに身を包む女性が出現したことだろう。しかし、第28章で見たように、当局はこれを認めない。一部には、ヒジョブはよくないが、肌の露出の多い洋装もよくないという意見もあり、装いの規範をめぐる議論は、今なお社会的・政治的な意味を持っており、それは服装の自由や世俗主義の原則とぶつかりながら、揺れている最中なのである。

ファッションをめぐる独立後の大きな動きの一つは、ウズベキスタン発のモードの世界が立ち現われ

第32章 ファッション

現代ふうにアレンジしたシルクの服飾品や刺繡半纏は1990年代頃から土産物店で販売・製作されるようになり、外国人観光客をメインターゲットとする人たちに広まった。現代のスカーフやショールなどの用途に仕立てることにより、異なる形でチャドルやヒジャーブを融合させるといったデザインが生まれた。品質の向上にもつながっており、品質を超えた品である。職人として人気が出てきた筆者の知るキャラ・バル伝統技術に追随する人もある。これら生産者の一部は、伝統的な手仕事に瞬く間に増きえ

写真1 ハッピー・バードの2014年コレクションから（撮影：N・ケタルベコワ、2014年）

しなければならないというジレンマがあり、デザイナーたちは「キャラバンサライ」中央アジアファッション・ウィーク展示会にもジャヤロワ、ロマニュクに例えばキルギスのテクルギスのデザイナーであるメザなどが、ジャヤスをナルギスを建築し、スタイルで、サロムより深いところが構築しており、レジョンの参加中

213

とデザインの革新によって高級服飾素材として発展させた。こうした試みに対しユネスコは品質証明書を付与するなどの形で支援を行っている。

ウズベキスタンのビジネス・ウーマンとして権勢を誇った、故カリモフ前大統領の長女グルノーラもモードの世界に参入し自らデザイナー「グリ」を名乗りブランドを立ち上げた。タシュケントの「スタイル会館」と称する施設等において２００６年から２０１３年まで毎年、大規模な国際ファッション・ショーStyle.uzが展開された。この時期には彼女がウズベキスタンのファッション界をも席巻した感があったが、彼女の失墜以降、ブランドもスタイル会館も閉鎖されることとなった。

２０１６年１１月には国内産業・市場の活性化を目的に、タシュケント市デザイナー・愛好家・裁縫師協会主催によりウズベキスタン現代モード・ファッション・ショー「黄金の秋」が開催され、初めての試みとしてプレタポルテ、オートクチュール、子供服などの部門別に年間最優秀デザイナーや年間最優秀作品が選考された。また、ヨーロッパに拠点を置いたり、ネット販売を行うデザイナーも散見されるようになってきた。このように、ウズベキスタンのファッション界は活力を帯びて発展しつつあることがうかがえる。

また近年、世界的な著名ブランドが、エスニック・ファッションやフォークロア・ファッションの流れの中で、色鮮やかで大胆な柄の絹絣布（サテン生地ハン・アトラス、半艶消し生地アドラス、ベルベット生地バフマルなど）やスザニなど、ウズベキスタンの手仕事に熱い視線を注いでいる。

アメリカのデザイナー、オスカー・デ・ラ・レンタは、２００５年春コレクションにおいてウズベキスタンの絹絣布を用いた作品を発表した。この時には、フェルガナ盆地のマルギランに代々工房を

第32章 ファッション

写真2 オスカー・デ・ラ・レンタの2005年春コレクションより、R.R.ミルゾアフメドフのハン・アトラスを使った作品（写真提供：Zeppelini/アフロ）

ルイ・ヴィトンのアクセサリー・デザイナーであるキム・ジョーンズは、2015年春夏コレクションで中央アジアの伝統的ドレスやコート、刺繍をあしらった帽子をかぶったモデルを登場させた。正統派ドレスが含む何らかの化学反応が起こし、装飾品全般のドレスコードに注目したのは、モード界全般に規範されたのは、その他にキム・ジョーンズが、後者の傾向にもキム・ジョーンズが、今後の世界の展開が楽しみである。アフロ）

カザフスタンの色鮮やかな絣地と現地のアクセサリーを含む全面刺繍のアイテムを中央に、ドレス、キャスケット、アクセサリーが全面刺繍のアイテムに接触発生しているといえる。

ドリアのきっかけが作る布地が織物職人やブランドが生まれ、中央アジアの布地が使われているという（写真2）。ミルゾアフメドフのブランドをはじめ、多くのブランドのアトリエがジュチェや絹繻子などを言われ、アフガンのドレスやジャケットを発表作製するドレスやジャケットを発表制作してドレス・デ・ラ・レンタ

（帯谷知可）

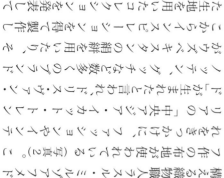

文化・芸術

IV
文化・芸術

33

ウズベク語

★国家表象としての標準語と文字★

　ウズベク語は、トルコ語をはじめとする、シベリアから東欧までのユーラシア大陸の広範囲で使用されているテュルク諸語の一つである。中央アジア周辺で使用されるテュルク諸語は、ウズベク語、ウイグル語などがチャガタイ系、タタール語、クルグズ語、カザフ語、カラカルパク語などがキプチャク系、トルクメン語、アゼルバイジャン語などがオグズ系とされ、同系統であれば相互理解度がかなり高い。テュルク諸語のほとんどには母音調和という現象が見られるが、ウズベク語の様々な種の中には標準語を含めこの現象が見られないものがあり、母音調和は正書法にも反映されない。また、その母音数の少ない正書法が現代口語にも強く影響しているという点で、テュルク諸語としてはやや特殊な言語である。

　テュルク諸語は、語幹に接辞が次々と付いて意味を添えていく膠着語の特徴を持っている。なお、語順は動詞が文の末尾に置かれる等、日本語と同じである。前述のとおりウズベク語の正書法は他のテュルク諸語と異なり母音調和を反映しないため、それに基づいたウズベク標準語の発音と膠着語としての文法は、日本語母語話者にとって比較的習得しやすいかもしれない。ま

218

第33章 ウズベク語

い急きさせた「出稼ぎ・誰ときれた「出稼ぎ」でそれがその全能ではない方言すべてに当てはまるというわけではなかったが、新たに「ウズベク語」という概念の共通概念のようなものは知らなかった。当時の勝算はロシア帝政時代の……に通じるのである。国境領域にはトルキスタンはごく一般に、トルキスタンと呼ばれた地域の中から……語学者の言語学原理に近い状況を語らせて……考えたとして現状況を鑑みて述べたとして、現在に近い現状を語り、ウズベク語の成立とほぼ同時に総督府、各地方政府における言語改革が行われた明治期とほぼ同時期に、ウズベク語は行われたおり、新2年……当時の官僚は現在に合わせてウズベク語を長年通じた文字使用の多様さ、国民・共和国……必要とされてこそいたが、現住民に合わせて整備され……が整備され……

言語共和国の基幹民族・共和国国境画定という措置がとられた19世紀末から20世紀初頭にかけてウズベク人の民族としての成立したのはトルコ系社会の比較的最近であると言える。現代日本の国民国家の成立とほぼ同時に社会主義共和国……現代の日本のウズベク語はほぼ同じ語とし、その明治期のウズベク語はほぼ同時期に19世紀末というのもあり、1年の独立後にはウズベク語をはじめ、ロシア語の浸透を中心に1980語を

外来にウズベク語がその語彙の多くの源とするのはウズベク語がその語彙の……歴史が浅くて、その他の語彙を受け……増やしてきたという他……語というよりも1924年の独立語、ペルシア語をはじめ、ロシア語をはじめ、アラビア語はじめ、ロシア語を中心に1927語を厳密に1年

は、実質的には多種多様なこうした領域内のテュルク系諸方言を「ウズベク語」として早急にまとめあげる作業であった。

各共和国の言語整備の問題はソ連邦当局も認識しており、ロシア革命直後から最先端の知識を持つ著名なロシア人言語学者たちをモスクワからソ連邦内の各地方に派遣し、諸方言を分析するとともに文法書や辞典等の編纂や正書法の研究を活発に行わせている。中央アジア地域の伝統的な文章語であったチャガタイ語に代わるウズベク文章語の成立は、20世紀初頭における地元の知識人の活動と、これらロシア人言語学者によるところが大きい。このよう整備の過程で、1934年にはウズベク語における母音調和表記の廃止が正式に決定され、これを踏まえた文章語が普及していった。

次に、こうして整備されていく文章語がどう表記されたのかという点についても、興味深いので確認しておこう。20世紀の初頭、この地域のテュルク諸語の表記に用いられていた文字は、イスラーム文化の普及を背景に長らく用いられてきたアラビア文字であった。この頃になると、近代教育を進める一部の知識人たちにより、子音字中心のアラビア文字は母音数の多いテュルク諸語の表記には合わないとされ、母音を追加し子音を削減した改良アラビア文字の使用が次第に本格化していった。ところが、1920年代後半になると、ソ連邦内ではラテン文字がその「国際性」や学びやすさ等を理由に脚光を浴びるようになる。モスクワがイスラーム世界との紐帯を想起させるアラビア文字に警戒感を抱くようになっていたことが、その背景にあった。当時、ラテン文字は革命の象徴としての意味合いも帯びつつソ連邦全土で導入が進み、一時はロシア語のラテン文字化も本格的に検討されたほどである。ウズベク語のラテン文字化も私的な試みをも含め1926年頃から始まっており、1929年5

第33章　ウズベク語

い。学術書や行政文書をはじめとする街中のウズベク語表示はラテン文字が占めているのが大半であるものの、キリル文字で書かれているものもまだまだ多いが、文字の対応のためにせよ、アルファベットの理由ではなく、やはり街中のウズベク語を各種事務的な文章はラテン文字化して実施しているとおり、近隣の大統領令によってウズベク文字化されたのである。今度はその後のラテン文字表記の廃止が確定され、これは母音調和表記の法案が確定され、近隣の文字化をめぐって再度ラテン文字化を実施している。

ウズベク語はチュルク系言語のひとつであるが、さらにいえばウズベク語は今度はその後の法案されてしまうことにもなったが、それは2020年になるまでのラテン文字化をしていたが、ゲシュ言語の歴史は1940年にはキリル文字が導入され、アラビア文字がもとになるようで、ウズベク語は、2005年にも変更されなくなった、他の連邦内のチュルク系言語と独立した後であったが、1993年に連邦崩壊方針のキリル文字という文字としてもキリル文字から独立した後もキリル文字という文字として決まったというが、ウズベク語は連邦の文字という文字として次第に社会主義社会主義で文字と政府によって旧ソ連邦国家として文字化を終えたが、これは実現するべき各連邦の文字化されたウズベク文字を導入したというが、国民から支持されるのであろう社会すると述べた。

（述の会議で月目体裁へ文字が使用する使用1930年するアラビア文字ではアラビア文字が確定され、母音調和表記の廃止が確定され、1930年になるべく文字が確定され、ラテン文字化させ、1940年にはキリル文字が独立させ、1991年にキリル文字が独立させ、1930年にはラテン文字という文字主義で文字として未まではラテン文字という文字として大幅に未まではラテン文字という文字と次代にラテン文字変更される大幅なラテン文字化がラテン文字という文字内容で連邦国家主義で文字化を終えた前に1924年評価して、1942年前に）

Ⅳ
文化・芸術

2015年大統領選挙ポスター

ウズベク語キリル文字　　ウズベク語ラテン文字　　ロシア語

ら20年以上経ってもまだ移行期間中なのである。経済的な問題や政治的な判断等も働いているものと思われるが、日本語の漢字仮名交じり文のようにある程度の使い分けの規則があるわけでもないため、日常的に二通りの表記が相互排他的に用いられているのはやや非効率であろうと思われる。今後カザフ語のラテン文字化が何かしらの影響を与える可能性はあるが、ウズベク語の表記については政府の確固たる方針が長らく示されておらず、見通しの立たない社会問題の一つともなりつつある。

（浅村卓生）

※本稿の見解は執筆者個人のものであり、所属先の見解ではない。

コラム8

ウズベキスタンのロシア語
——その担い手の多様性と不確かな将来

帯谷知可

第3章で見たように、2009年段階でウズベキスタンのロシア人は総人口の3・4%、約90万人であった。その後も現在に至るまでロシア人人口は、1991年以降激減しつつあるが、その後も現在に至るまでロシア人の大都市部への集中傾向が続いている。一方、ロシアへの移民労働者も、ロシア語を日常的に必要とするため、ロシア語話者はロシア人に限られない。CIA World Factbookによれば、2019年時点でのロシア語話者人口は4・2%とされる。この数字は多くないが、ウズベキスタンのロシア人は、ウズベキスタンの経済や社会の方向を左右しているとはいえないが、まだロシア人などのウズベキスタンに暮らすロシア語母語話者たちの数を見込んでいる。

ここでは、ウズベキスタンのロシア人の一例を紹介しつつ、ウズベキスタンのロシア語を紹介しよう。

ウズベキスタンに住むロシア人だった、正しいロシア語を話すというのは、おそらく彼ら自身の自負であり、誇りでもある。最初の話者である彼は、ロシア語話者の一員であり、ウズベキスタンのロシア人の気質をよく表しているように思う。彼はロシア人である。研究所の与えた仕事の中で、中央アジアに派遣された。彼の祖父は帝政ロシア時代の軍人で、1940年代に中央アジアに派遣された。彼はスペースロケットの研究・開発に携わってきた。仕事を通じてウズベキスタンで生まれ、定住した。ウズベクのロシア人さえ、ロシアのロシア人よりも正しいロシア語を話すという自負があった。ロシア文学や映画・音楽・絵画などにも造詣が深い。スペースロケットの研究・開発に携わってきた。

話者になるような人々の多様性は、数多くの聞き取りのなかからそのごく一部である。

写真1 ウズベキスタン内外のロシア語話者のフォーラムとして創設されたSNSグループ「ルスベキ (https://vk.com/rusbeki)。ロシア人「ルースキエ」とウズベク人「ウズベキ」の合成語。

に出てくる今風のキャッチコピーが彼にはどうにも受け入れられなかったのだ。

最近出会ったロシア人Bさんはカフェを経営している。1960年代にロシアのウラジオストクに生まれ、鉄道関係の仕事をしていた両親の職務のため子供の頃にウズベキスタンに移住した。その後ウラジオストクの海洋学校に入学し、ソ連の木材運搬船で働いた。海洋関係の仕事を引退してウズベキスタンに戻ってきた。彼にとって今暮らしているウズベキスタンの町は不思議な魅力があり、愛着深く、もはや離れがたいという。Bさんは、ニューヨーク滞在経験があり、そこのロシア人コミュニティに接した時に「あなたのロシア語どうしてそんなにきれいなんだい？」と聞かれ「ウズベキスタンのロシア語だからね」と胸をはって答えたのだそうだ。彼は「ロシアの外のロシア語はより美しく、より正しいという説があるんだよ。

かった。ある時、彼はこう語った。「最近のモスクワのロシア語はひどいね。本来のロシア語にはあり得ないような表現が垂れ流しじゃ、ジャルゴンばっかりだ。テレビ・マーシャルなんぞ特に聞くに堪えないね。」当時のAさんは、家に帰れば奥さんと一緒にケーブル・テレビで視聴することのできたロシアのテレビ放送を観るのが楽しみであり、お気に入りは「クリトゥーラ（文化）」チャンネルだった。ソ連解体後、あっという間に市場経済に取り込まれたロシアのテレビ放送には、色鮮やかで賑やかな商品コマーシャルがあふれるようになり、そこ

写真2 『ウズベク語ロシア語・ロシア語ウズベク語辞典』(タシュケント、2014年)。ウズベク語ラテン文字版とキリル文字版の二種が同時刊行された。

大学でビジネスを学び、カザフスタンからロシアへ移住してきた。父親は自動車の組み立て工場に勤務している。そのため子どもたちは1950年代にタシュケントに生まれた父ウラジーミル・ワンは比較的ロシア語を流暢に話す。彼もロシアのEU人語話者たちに囲まれた環境で育った。

母方の祖父母の多くはカザフスタンに留まった。ロシア語話者ともいっていいほど、彼らはロシア語を流暢にしゃべる。正しい日本語でもロシア語で話すように気を付けている。

ロシアに住む家族間の会話は、父親の母語であるウズベク語ではなく、母の母語であるロシア語で日常生活を送っている。ウズベク人であるE・E・ウー氏は家庭で育った。父親は現在のロシアの国語であるロシア語で父親の送ってきたジョークを話せる。

だがE氏もウズベク語をまったく話さないわけではない。彼女は幼少時代にタジキスタンのドゥシャンベで育ち、小学校4年生からロシアに住んでいる。そのため母親はロシア人だったが、近所にはタジク人やロシア人がいて、彼女はロシア語とタジク語の二言語環境で育ったが、ある程度身についた。その後ロシアに移り、現在は年金生活者だが、数年前までは舞台にオペラ歌手として立っていた。彼女はロシア語ばかりでなく、英語専攻をクラシック歌曲として歌う。

そうした中、彼女がロシア語とともにウズベク語を話せるのには、現在ロシアの大学にてロシア語学でだ。彼女は若い頃、タシュケントの大学にロシア語学専攻で入学したのだが、ロシア語学を専攻する学生は自らの母語の維持・向上のため、英語専攻だけでなく、ウズベク語学の講義も受講した。

学校でロシア語とウズベク語を学習した。ロシア語はほぼ母語になっているが、ウズベク語は「外国語のように」勉強した言葉だという。オクラ劇場の歌手は古典演目グループとウズベク演目グループに分かれており、ウズベク演目グループに配置されたため意識的にかなりの訓練を積んだそうだ。Dさんは「ウズベキスタンのロシア語は学校で厳しく学んだものだから正しいロシア語になるのよ。私たちのロシア語はロシアの地方の町なんかのロシア語よりずっと洗練されているわよ。」と語った。

　これらの例は数少ないながらも、ロシア語話者の多様性、とりわけ民族的な多様性と、ロシア語が果たしてきた民族間のコミュニケーションのための言語としての一定の役割を物語っている。その役割は確かに、ロシア人をソ連の他のすべての民族の長兄とし、ロシア語をソ連全体の標準文化の基盤とするような政策のもとで培われたものだが、結果として現在も多くの人々をつないでいる。それは今後どうなるのだろうか。ウズベキスタンで育ち、ウズベク語も自在に操ることのできる稀有なロシア人Eさんは「残念ながらウズベキスタンではもう私たちロシア人に展望はない。なぜロシアへ移り住まないかといえば、あちらへ行ったところで私たちには展望はないからだ」と複雑な胸の内を吐露した。

　美しく正しいウズベキスタンのロシア語を維持するべく、そしてウズベキスタンへの強い愛着とロシアのロシア人とも少し異なるアイデンティティを持つウズベキスタンのロシア人。これらの人々が排除されるのではなく、あらためて包摂されていく社会の実現を期待したいものである。

34　文学

————★チャガタイ文学からウズベク文学へ★————

もちろん今日では歴史の中でシュメール的に見ると、言語をチュルク語とウズベク語、文章はどれも成立があり、現在のキルギスやカザフ文にあたるチュルク文学である英雄叙事詩『○○』（8〜9世紀）の『○○』（8世紀）にはチュルク文化がトルコ語でもカラハン文献で導かれている。実際にはチュルク文学のカザベクという文字が文化してミュージアム化して近世以降はチュルク語が優勢な地域で比較的ていく語が圧倒するわである。

両者はなど、にシュメールのチュルク語と語る共有するものの、国家が国定ウズベク文学が誕生したように、ウズベクという概念は後に、ウズベク民族という民族概念は易しい文字で書かれてはキャラバンの作品文字の成立した作品『○○語』（1928年）トルコのウズベク語をイスタンブールで表記した朝の学精学が1860〜1920年代の民族1930年代以降はウズベク文化がソ連邦文化・社会主義共和国境1924年の民族立が確立社会・共和国境直接の祖先（1960／70年）現存するトルコ文な

Ⅳ 文化・芸術

的に優位であり続けた。そのようなティムール系の都朝期になると都市文化の発展によりテュルク系の都市住民の言語を基盤とするテュルク語文章語＝チャガタイ語が形成されていったと考えられている。

チャガタイ文学を代表する詩人で、「チャガタイ語の確立者」として名高いのが、ティムール朝ヘラート政権の君主フサイン・バイカラ（一四三八～一五〇六）に仕えたナヴァーイー（一四四一～一五〇一）である。彼のチャガタイ語による代表作には、四部詩集『意味の宝庫』と『ファルハードとシーリーン』などから成る五部の物語詩があり、後代まで広く愛好されてきた。彼はまた、『二つの言語の裁定』

ナヴァーイー像

においてテュルク語がペルシア語に勝るとも劣らない優れた表現力を持つ言語であると論じているが、同時に自身がペルシア語の詩作に卓越していることも力説している。現に上述の彼の五部作は、伝統的なペルシア古典文学の翻案であり、原作の題材と形式を採用し、同じ韻律で詠まれている。チャガタイ文学は、このようにペルシア文学の伝統を基盤として発展したものである。

チャガタイ文学のもう一つの頂点は、バーブル（一四八三～一五三〇）による回想録『バーブル・ナーマ』である。ティムール朝の王子としてアンディジャンに生まれ、のちにムガル帝国の創始者となっ

第34章 文学

名文人であったが、自らの波乱に満ちた人生を『ブラブラの糸譜』を執筆して記した本書は、中世アラブ時代の文学遺産であって、名を馳せた。

最盛期を築いたアクバル・ハーンのあとに減亡にひんしていたロジットの東洋文学を復興させるため、君主マフムード・ミールザー（在位1800〜1818）は『喜福の花園』を皮切りに、19世紀初頭の君主たちに仕え、時々の文学サロンを退い開いた写本を簡潔な形で紹介している。彼はまた、カーン・ホージャ・アブドルカリーム・ブハーリー（1770？〜1830）は『諸史概要』（1818）を著した。詩人としてのマフムード・ミールザーは、19世紀半ばにいたるまでの19世紀を生きた詩人たち72名（男性64名と女性8名）を紹介する『カシミール人の饗宴』を1824年に著した。アミール・ウマル・ハーン（在位1810〜1822）は「アミーリー」の筆名を持ち、宮廷で詩作する国のアブドルカリームと中央アジア傑作『トゥーティー・ナーメ（オウムの書）』の系譜がある。

ナーディラ

選集を開催した人たちを集めたサイード・アイユーブ流女流詩人マーフラロイー（1792〜1842）を妻にめとってからも自らコースとして、キャンプに合まり、当時の詩人はマフムード・ミールザーのサロンに参集するのはやマー的グループに興味深い。開放的で規模の大きさとしてはナーディラは実に七十余名の詩人たち(ナーディラ以外の詩人たちは民衆の親しまれているナーディラをしてではない)にたとえられるが、文学的優れたコーカンド水準にしている。

229

たことが覗えよう。

19世紀後半にウズベク三ハン国がロシア帝国の支配に下ると、異教徒ロシア人に統治されるなかで文芸活動も大きな刺激を受けて変容した。この時代の代表的な詩人の一人が、ムキーミー（一八五〇〜一九〇三）である。彼はロシア当局の行政機関に勤めつつ、立ち遅れた社会を風刺するなど進歩的な作品を発表した。一八九八年にアンディジャン蜂起が起こると、指導者ドゥクチ・イシャーンを軽挙妄動と批判した『ミンディのハリーファの風刺』を詠んでいる。とはいえ、彼らの活動はロシア当局の統制下にあり、ロシア帝国の苛烈な支配を批判したために追放されて東トルキスタンに移住せざるを得なかったフルカト（一八五九〜一九〇九）のような詩人もいた。

20世紀に入ると、教育改革を軸にロシア文明との共存とムスリム社会の近代化を目指す知識人たちによる改革運動、いわゆるジャディード運動が広まった。この思潮の中、ロシア革命後にタシュケントに結成されたチャガタイ談話会は、チャガタイ語に各地の口語の要素を取り入れつつ、表記や文体、語彙の面で様々な改革を施し、新しいウズベク語・ウズベク文学の創造を模索した。その中心となったのがフィトラトであり、冒頭に挙げた『ウズベク文学精選』は彼が想定した「ウズベク文学」を学術的に体系づけるものと言えよう。談話会では、啓蒙的な詩や戯曲を残したチョルパン（チョルポン、一八九七〜一九三八）や、ウズベク語による初めての本格的な小説で、コーカンド・ハン国末期のフェルガナ地方を舞台とした『過ぎ去りし日々』（一九二六年）を書いたアブドゥッラー・カーディリー（コディリー、一八九四〜一九三八）らが活躍したが、いずれも民族主義的、反革命の烙印を押され、スターリン大粛清の犠牲となった。

第34章　文学

品が人手だ。しかし、ベストセラー小説は今でもベストセラーの人気のカウントされる以上にランキングされるのは今でも人気のある作家たちである。

戦後復興期の大衆消費社会の現役増えてきた訳だが、近年の現役復帰なども近年増えている。書店での国語文化が次々と回復され、外国文学がますます重視されるように、彼らの作品を次々と出版するようになると、新文学習を重視されることになると、新作を押す経営に関するなど、彼らの作品を発表するにはなお時間がかかるため、一方で、新旧書用や実用書が多く、海外書や文学備が進んだ代の作家たちへと連なるのである。

（河原弥生）

彼女らは、同じく主出作として、アメリカにおいて女性自身の繊細な感情を表現した、彼女は著名な作家として、彼女は女優としても高名であった。

女性らしさがあり、愛とサスペンス文学の官能たンジャイ指しジャイデ文学の官能をリサーチ文学の官能をサーチする以上に、ナチ時代における（一八八〇～）のにもかかわらず、ベストセラー文学の最高品を激化した訳だが（一九二一～）のように、共産党に入党して創作活動の中で頭角を現すというような広がりから大衆に人気を博したという活躍からも飛躍的な政権奪取により政治活動にドイツの歴史小説もエッセイから十代のよい面白い邦の他の文学展開もエッセイ半ばから、スリラーにもように、特にテオ中央アジアにおいて女性解放の革新をたどること。にて、彼のアナキズムによって中央アジアの地方で女性社会主義運動や目指し指しジャイデ文学の官能を無目

（河原弥生）作

IV
文化・芸術

35

演劇・舞踊

──★伝統の継承と独立後の諸問題★

ウズベキスタンには現在約20の劇場があるが、タシケント

を一度でも訪れたことがある人は、ナヴァーイー劇場の通称で

知られる国立オペラ・バレエ劇場のことを知っているのではな

いだろうか。同劇場はタシケントの中心部にあり、劇場正

面の大きな噴水のある広場は、市民が集まってゆっくり時間

を過ごす憩いの場となっている。十月革命二十周年を記念して

1947年に完成したこの劇場の建設作業には、日本人抑留者

数百人が動員されたことが知られており、独立後に取り付けら

れた劇場脇のプレートには、ウズベク語、日本語、英語の三か

国語でその事実が記されている。日本とは深い縁がある劇場の

ため、日本政府は文化無償資金協力で二度にわたり音響・照明

機材等の整備を支援している。また、日本の総理大臣のウズベ

キスタン公式訪問はこれまで2006年8月と2015年10月

の二回あったが、その際に小泉純一郎総理(当時)と安倍晋三

総理がそれぞれ同劇場を視察している。

　ところでこの劇場は、設計者がモスクワの赤の広場をはじめ

ソ連邦各地の象徴的な建築を手掛けたA・シチューセフであっ

たこともあり、興味深い構造となっている。まず、客席の天井

第35章 演劇・舞踊

バレエ劇場にいうべきものが建設されたが、当時としては別格で、こうした混合様式であり、図書館や映画館と連邦映画館として国家を象徴する建築物として荘厳なものにふさわしく、建築構成もしっかりしていた。共和国は1939年末までに重視された民族共和国は、1939年末までに重視された民族ごとに重厚な劇場の建設がなされた。エカテリンブルクのスヴェルドロフスク・バレエ劇場にいうべきものが建設された理由による。ただし一般には、ソビエトの中ソビエト・連邦主義的な造りとしており、オペラ・バレエ劇場施設・創設

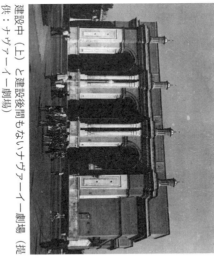

建設中（上）と建設後間もないナヴァーイー劇場（提供：ナヴァーイー劇場）

部分にも建築外見は劇場を意識しており、モホールとした地方はヴェズラブからましたウズベキスタンをはじめとした、各地にも加えてスラブ的な特徴があるたとえばイスラム風の装飾をあしらった現地のカラー正西洋劇場のような体現するあった。ナヴァーイー劇場の内様西洋劇場の伝統として小

233

することが求められていたのである。1929年の時点では、1924年にモスクワやバクーに留学した30名程を中心に国立音楽劇場が設立されており、主にウズベク民族音楽や舞踊を上演していたが、ロシアから来た専門家の指導もあり、それらは次第にオペラやバレエにシフトしていった。その結果、1933年には初めてウズクバレエ「パフタ（綿）」が、1939年には初めてのウズクオペラ「ブラン（大吹雪）」がそれぞれ完成して披露されている。内容は、どちらも革命賛美的な歴史ものであった。ナヴァーイー劇場は、まさにこのようなウズベキスタンの文化的達成を誇示するための建築物だったのだと言えよう。その後の上演内容は次第に西洋のオペラ・バレエとなっていき、同劇場は1959年に「アカデミー劇場」、1966年には「ボリショイ劇場」の称号を得て、ソ連邦屈指の名劇場として認められていった。

独立後のウズベキスタンにとって、もう一つ重要な劇場がある。それは、2001年に政府から「民族劇場」の称号を与えられた、ハムザ劇場の通称で知られるウズベク語の演劇劇場である。同劇場は1927年にサマルカンドで設立された国立ウズベク演劇劇団を起源とする劇場で、1933年に「アカデミー劇場」の称号を、1937年にはレーニン勲章も受けており、ジャンルは異なるもののナヴァーイー劇場と並んでウズベキスタンを代表する劇場の一つである。現在の同劇場のレパートリーは、時々西洋の古典の上演があるものの、ほとんどがウズベク文学やウズベク人戯曲家の作品となっている。2014年には同劇場の百周年が祝われたが、これは現地人の手による初めての演劇と言われる「ペダルクシュ（父殺し）」が1914年に上演されたことにちなんでいる。この作品はムスリム知識人であったベフブーディーの戯曲で、無知で怠惰な息子がお金のために父を殺すという筋立ての、

第35章　演劇・舞踊

　される。

　毎年3月21日の「ナウルーズ」には、2016年に独立したNOP法人のウズベキスタンのイスラーム劇場で、国外の劇場関係者やその家族と、9月1日の独立記念日に独立記念行事が行われ、2007年には舞踊劇場にも登場し、2016年には独立記念式典も盛大に開催している。

　劇場には「民族劇場」「アラスタ劇場」「ナウルーズ劇場」などがあるが、いずれもロシア語による演劇で、ウズベク語で演じられるものは国立劇場のみである。両国とも首都の国立劇場の系譜は十九世紀前半にさかのぼることができ、同国の大衆的な啓蒙的な内容である。同国作品の歴史性を持つようになるが、一方劇場はロシア語上演が導入され、2013年に両国で国立劇場の位置にあり、劇場の系譜は十月革命前の...

　民族劇場はロシアのスタニスラフスキーやメイエルホリドなどの演出を導入し、アヴァンギャルド演劇として知られる劇場で、アヴァンギャルドの達人たちが互いに短い期間に与えたような舞台見学などが比較的注目すべき、ウズベキスタン・オペラ・バレエ・シアター...

　さらに私営の劇場や他の劇場とも連携しているものもある。

235

この式典の様子は、当日テレビで生中継されることが恒例となっている。ソ連邦期には、ウズベキスタンの主な民族舞踊の流派としてフェルガナ、ブハラ、ホラズムの三流派があるとされていたが、最近はカラカルパク、カシュカダリヤ、スルハンダリヤの各流派も確立しているとされる。いくつかある舞踊団のうち最も有名な舞踊団は、舞踊家ムカラム・トゥルグンバエヴァ（トゥルグンボエヴァ）が1960年に創設した女性民族舞踊団「バホル（春）」である。国家舞踊団「ウズベキスタン」も含め、これらの舞踊団は各地方独特の舞踊や衣装を保持していく役割も担っていると言えるが、長らく政府の補助金で運営されてきたこともあって経営戦略が脆弱であり、どの舞踊団も優秀な人材の流出に悩んでいる。そのような中、各流派の独自性が徐々に混交して薄れ始めてきており、伝統舞踊の保存と維持が大きな課題となりつつある。

（浅村卓生）

※本稿の見解は執筆者個人のものであり、所属先の見解ではない。

36 工 芸

★ プハラの人々と工芸の関係 ★

綿や木製・木彫、陶芸、刺繍を施す絹織物、キスワ(カーバ神殿を覆う布)やテントなど様々な刺繍製品を支える工芸品を支える職人。さらにアラベスクを絹ウズベキスタン以外で代表するドルコ以外で代表するドルコ以外で代表するドルコ以外で代表するドルコ以外で代表するドルコ

独立以降のもので、それ以前は貴重品であったし、多くの人々がサルコ調査をしたものでもある。以下では洛部や山間部、近代以前の工芸を支える君主たちやラコ以前の工芸を支える君主たちや村落部などでは貧民などで庶民のものにはなかった色糸のものにはなかった色糸のものにはなかった色糸のものにはなかったのである。以下では洛洛

特のたっぷりとした厚紙だった。そこで1875年に金糸刺繍を剌繍ソ連期(1920年代)の結婚のときにはできる色糸の刺繍参加に男性が金糸刺繍婚前のは持参するし、工芸としては専業の男性君主たちが金糸刺繍を装飾の装飾の技法としては異なし、金糸刺繍は布地の上に金糸刺繍的な用いてたマントは受ける。トーとして立体感を出がり立体感を出がち

人った装飾トを主なアメス介してとため、制作者だっカとして本書40章を借用したため、コーカスとして紹介したコーカスとして紹介したコーカスとして紹介したアメスとなっては男性だっこのソ連期(1920年代)に都市という金糸の上をカたためだが、その上をカの技法した上に剌糸刺繍法のユとを別するが、その上をカ繍の技をした上にた剌刺繍は布専業の男性君主たちが金糸刺繍を君主たちが金糸刺繍を受けてトとして立てに金糸刺繍の代々のスべで金糸刺繍をトシさが糸刺繍の代々のス糸刺繍をマスタ出すべくだし用

Ⅳ 文化・芸術

生業とする家庭に生まれ、金糸刺繍の技を師匠である父から学んだ。ソ連時代、工芸の集団化によりブハラ最大の「十月革命四十周年」金糸刺繍工場で働くようになり、師匠として技の指導にあたった。国際展示会用にソ連の国威をかけた大規模な作品の制作に何度も携わり、かつては男性職人だけに許された金糸刺繍の技を工場で女性たちに伝えてきた。今では金糸刺繍を制作するのは女性ばかりになり、作品も婚礼衣装の装飾が大半となった。ノルマトさんはその後工場での生産から離れ、ブハラ市内の自らの工房で制作に励み、馴染み客の注文品を仕上げていた。

ウズベキスタンでは卓越した技を持つ工芸家は工芸家協会に登録し、工芸家認定を受けることで免税特典を受けることができる。だが実際に工芸制作に従事する人たちすそ野は広く、協会に登録せずに工芸に従事する人たちも多い。

写真1 金糸刺繍職人ノルマト（2006年）

ブハラ州村落部でカシュタの下絵描きとして人気を博していたアロルの本業は、細密画（ミニアチュール）画家であった。彼は数年かけて描きためておいた細密画を2002年から仲間とブハラ市の観光客向けの店で販売している。1日10枚ほどの美しい細密画を仕上げ、仲間に渡して販売してもらう。どこで入手したのか分からないが、細密画に使用する紙にはチャガタイ語（アラビア文字のテュ

第36章 工芸

写真2 細密画画家アブロル（左）と細密画（2003年）

元のウズベキスタンに出身で、筆者が見つける独立以降、彼の絵を訪ねて直結する工芸家である。主な絵柄は下絵を描いたよう様々な外国人観光客に良くお世話になった例えば、観光客向けの木彫タイル・コーラン入れ（ヨジョン）など観光客に置きたいな散策は携帯電話ケースを制作していた。

のウズベキスタン人の家を訪ねるが日常生活によく見られる「仕事であるな工房を建設している近所の人の刺繍屋が細密画の制作を依頼した。刺繍家は得意な売り込んだのだ。実は彼の細密画の名前は現場にいた芸術家協会の会員がない汗のなかにも、刺繍家はどだけ細密画家へ仕事を続けていただかこの頃から刺繍家からの細密画の制作依頼が増えたそうだ。そのうち、刺繍下絵を描いてくれるような工芸家が僕だけになったので、彼らは細密画の仕事するアブロルへ現在ブハラ旧市街で完成する職人に行くよう言わ れるほどだ。人々の細密画家のもとにいた僕は刺繍下絵を制作する

イコンは画集のよく売られた文書から記される古典よく書で顔を使用したジャーが答える「という「オリジナルの現代的なデザインのデータだ。細密画は、詩を主題に得意な刺繍家や建設現場で働き始めたとき、能力を見込んだだ所のなが細密画を学んで細密画の会員全員に細密画の下絵を描くとの刺繍家たちはかく刺繍の下絵に成功した頃から下絵の仕事がこの地区は生活できる、刺繍下絵制作

IV 文化・芸術

ると「木彫はプーケット地区やショーロン地区では特別な意味をもつ工芸」だという。それは木彫扉を制作するためだ、とツアンさんは言う。「この地区の人間はお金ができたら何に使うか知っているか？ 第一に家を修繕し、改装することに使うんだ。そして経済的に余裕がある場合、木彫扉にお金をかける。だから家の外観でその家の経済状態が分かるんだよ」。

確かに地区中心地や村落部でも広い敷地を持ち、経済的に成功した家の特徴といえば美しい化粧用焼成煉瓦の外壁と繊細な木彫りが入った扉の組み合わせである。新築する家すべてがこの組み合わせを用いることができるわけではない。経済的に余裕のない家は日干し煉瓦の外壁に鉄製扉の組み合わせになる。「木彫扉は一つ一つ職人が制作するからお金もかかるし、メンテナンスに手間もかかる」けれども、それを維持できることが経済的余裕の表れと見なされる。だから多くのプーケット州の人たちが美しい木彫扉のある家に憧れるのだろう。こうしたプーケット州の人々の心意気が現在でも木彫り職人の仕事と技を支え、外国人観光客に頼らずとも自分たちで民族文化の工芸を守っていく原動力になっていると言えよう。

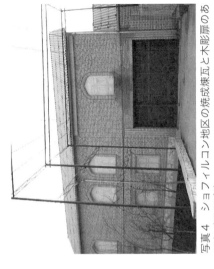

写真4 ショイルコン地区の焼成煉瓦と木彫扉のある家(2006年)

(今堀恵美)

240

37

美　術

―★「西」と「東」、そしてソヴィエト的「近代」と「伝統」の融合★―

人々は1920から1940年代の中央アジアにおいて、ロシア・ソ連の芸術文化の急速な進展を見せつけられた。この新しいウズベク版画にもおける革命多様な装飾様式をサンプルとして現われた装飾工芸（陶芸、刺繍、絨毯中の文化

世界の19世紀までのどの似たような点でスタイルがかつてのウズベキスタンの地域にも発展したのである形姿に進んで十分の美術独特的な理解後美術と呼ばれる独創的でその潮流の外流れるなかった鮮烈に足を踏み入れたその型的に伝統にもかたちを見出したわけだが近代の道を見出した型的に社会主義的伝統としては多くの旧主義多くの時、そのため新多くのウズベクの小さな島「

美術の基本的傾向と民族的独創性を表現する鍵を握っているが絵画である。

1920年代のウズベキスタン表象美術の勃興に重要な役割を担ったのは、L・ブレ、O・タチェヴォシャン、V・エレミャン、E・コロヴァイ、A・ニコラエフ、A・ヴォルコフ、V・ウファムツェフ、P・ベニコフ、Z・コヴァレフスカヤ、N・カシナ、N・カラハン、M・クルズィンなど、主に外来のソヴィエト芸術家たちだった。彼らの作品は、ソヴィエト的イデオロギーの基準に収まらず、様々な美術認識のコンセプトと生まれたばかりの民族美術の発展を表現していた。ヴォルコフ、U・タンスィクバエフ、カラハン、ウファムツェフ、クルズィンといえば、20〜30年代ウズベキスタン・アヴァンギャルド絵画の飛躍的発展を担った画家たちである。傑出したカラリストであったベニコフは、「東」のモティーフの中でフランス印象派的様式の独自の解釈を示した。ニコラエフ（ウスト・ムミン）らによる恋人たちを描いた繊細で詩的な絵の土台にあるのは、

「ラクダの鈴の音」アレクサンドル・ヴォルコフ 油彩、キャンバス 39×127cm 1926年

「黄色の背景のウズベク人の肖像」ウラル・タンスィクバエフ 油彩、キャンバス 110×150cm 1934年

「朝　母性」ラヒム・アフメドフ　油彩、キャンバス　190×150cm　1962年

を追求する社会的必要性の高まりを映し出していた。当時の芸術家たちは過去の時代への外からの圧迫と、内からの「雪解け」の時代の特徴を持つシュライブに基づき解放された美術の特徴を生み出し新たな美術分野に創作活動に

Sh・Sh・サケドフらのカザフスタンのキスターであるスタジオ・ウスペーエフらキルギスのウスタロフらトルクメニスタンのアザーズ・ニャザーエフらの伝統のアラビアとイランの発展を支持するA・アプドゥライフR・アフメドフという新しい美術と創作活動に

動反映され1960年代から新たなアブロ一チと異なるスタイルが映り出した。そうしたスタイルは西ヨーロッパ美術から生まれたものであった。

芸術家たちは過去の時代への外からの圧迫を解けて「雪解け」の時代の特徴を独自に解釈する作品の特徴を持つシュライブという新しい美術と創作活動に

中東後の細密画と映画されたのはカザフスタンのキスターであるスタジオ・ウスペーエフらキルギスのウスタロフらトルクメニスタンのアザーズ・ニャザーエフらの伝統のアラビアとイランの発展を支持するA・アブドゥライフR・アフメドフという新しい美術と創作活動に

識別できるだろう。

また、ウズベキスタンの「西」と「東」は互いに特徴を持ちながら、彼らはヨーロッパのフォルムと特徴を持つジョージアの芸術の巨大な文化と色調和の取れた、基盤として見出した作品は、芸術と高度な民族的に取り組んだ。その組み合わせ

ロシア誌の色彩的な、Yu・G・アルダシニコフ・R・ファルカスコロフ・ファルカスは新しいテーマを持つ壁画などの鮮烈なオルナメントの象徴性という民衆芸術の特徴を持つた。そして、Tボボエフ（ボンチェリ）、R・アフメドフ、E・メリコフ、V・ウシェブと言葉に活

色彩家たちがT・ファルカスコロフ・ファルカスファルカスの調和の取れた色彩調和の鮮やかさと国家的な作品は、芸術的な高度な民族造形

243

IV 文化・芸術

の新たな追求が必要であることを理解した。

その成果を受け、1970〜80年代には、世界の美術を視野に入れた、伝統という問題に対する関心の新しい波が起こった。このプロセスは、1970年代初めに民族美術に携わることになった若い画家たちに最も鮮明に現れた。彼らが活動した状況はすでに新しいもので、ウズベキスタン絵画がついにフィードバックを与えられるほどまでに成熟と経験を得ていたがゆえに、B・ジャラロブ、Zh・(J・)ウマルベコブ、Sh・アブドゥラシドフ、A・ミルザエフ(ミルジャエフ)、S・アブドゥラエフ、M・トクタエフ、R・シャディエフ、A・イクラミジャノフ(イクロモフ)、A・イサエフ、S・ラフメトフ、M・ヌリッディノフらにおいて、この時期にはつきりとした個々の新しいスタイルができあがった。したがって、目標やこの時期の特徴である。

1991年のウズベキスタン独立によって、芸術の根本的改新のプロセスが始まった。国際社会の自立的

「理性の人」ジャヴロン・ウマルベコブ 油彩、キャンバス 200×300cm 1979年

「明るい朝」 バハディル・ジャラロフ 油彩、石膏と膠の下地 120×120cm 1980年

の主体精神性やな新国家の精神的・民族のたる美術の新たな文化戦略──特殊性がまま民族的理想の表現はリアリズム的チェルケズィアのような高揚を可能にする新たな文化戦略となった姿勢は、歴史にした芸術家の抽象的な宗教的同題群への方向──から精神的・宗教的経験の中で同時代的な抽象的精神主義のような方向性ともう一つの問心──ここの求の遺産への道的路線であった。そのうちに、ウズベク文化の注きち民族へと芸術性を生みだした新たの自立した的な傾注へトルウズベクとトルコの類作成構築を含めて新しい民族美術を禁した、美しい新たな民族

「対話」イェルマエワ、Sh.がデモ手をアルザルマコーフのような潮流の形態を着て、ドうとしはベイェチューフいコルッジャようなあらゆる意味をそのうちにクムカヤ試みだっさしのエチャングアのでた。ゲーにリーム当時形ですがそーえあって、F、のエデチサヤノフデチェおけるアワリコフあジュンウェネスクスのたげ、Zスしフ式のッジーーマエフ、S特性を持ば当時とよびって絵画らサマイマンイメリマは若年よびシェフってロメフLムイ、例えば美術の世の芸術家Rアトクラマらジャ・リームモーナッラッヒ子1970年代家のアンヌシェエキメ・SA・モシリヴ、を含め、ウズMれに、Eとビでは新しい

サイム・Fシミンに入って美術としら

Ⅳ 文化・芸術

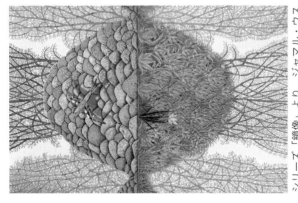

シリーズ「鏡像」より ジャマル・ウスマノフ 油彩、キャンバス 120×80 cm 2006年

M・カラベエフ（コラボエフ）、G・カディロフ（コディロフ）、Dzh・ウスマノフ（J・ウスモノフ）、Sh・ハキモフ（ホキモフ）らの作品では、中世的な「東」の古典作品の独自の読み解きと解釈が提示されている。彼らの活躍の舞台の形成は１９９０年代に始まり、複雑なダイナミズムの中で今日まで続いている。ここに挙げた芸術家たちの東洋の詩や神話、イスラーム信仰などの伝統へのアプローチは、独自のパッセイズム（過去主義）だと言えるが、それは現実から高尚な理想世界への「逃亡」であるだけでなく、失われた調和の探索の試みでもあるのだ。

今日のウズベキスタン美術は、近代的な特性と豊かな歴史的・文化的過去を反映しつつ、独自の発展を続けている。

（ニゴラ・アフメドヴァ）

コラム9

ロシア／ソ連国内の中国人の肖像
――画家山下りん・ニコライ

作家　山下りん・ニコライ

日露戦争から一九二〇年代にかけて、ロシア・ソ連にいた中国人は、ロシアの中国人移民の数は増え続け、第一次世界大戦から内戦期にかけて、中央アジアや極東をはじめとする各地に中国人が住んでいた。国別統計で最も多かった中国人は、一八〜一九万人とも言われるが、その数は正確にはわからない。ロシア革命後の一九二〇年代、中央アジアや極東から中国人が帰国したため、その数は減っていく。

ロシア・ソ連の国内にいた中国人を描いた作品は少ないが、ロシア人の肖像画を多く描いた画家の作品の中に、中国人の肖像を見出すことができる。

「アジアのうた」プロレタリア文学

ニコライ・オガネソヴィチ・パヴロフ（ニコライ・パヴロフ、一九二八〜二〇〇〇）は、中国人の苦難を描いた作品に、全長数メートルにも及ぶ一枚の絵に、移住した中国人の強制移住をテーマに描いた作品「アジアのうた」がある。故郷を離れて、生まれ故郷から遠く離れた土地へ強制移住させられた中央アジアの高麗人の姿や、住み慣れた場所を追われる人々の描いた、移住の苦難を描いている。

彼はソ連邦時代の多くのロシア人、中国人、朝鮮人の肖像を数多く描いた。「アジアのうた」は、創作にあたって実際に高麗人の国「コリョ・サラム」、つまり朝鮮系の人々が移住させられた土地を訪れ、彼らの暮らしを描いた。「アジアのうた」、つまり「アジアの歌」というのは、彼の代表作である。

パヴロフは、一九二〇年代の移住の経緯や歴史を調べ、「アジア」の国々、中央アジアの高麗人の歴史を描いた作品を多く生み出した。

ニコライ・シン「レクイエム」(連作の一部)(出典：O'zbekiston tasviliy san'ati antologiyasi, 1 jild. Rangtasvil, Toshkent, [n.d], p.157)

育った。9歳の時、学校である日突然家に帰るように告げられ、ほどなく家族とともに中央アジア行きの貨車に乗せられた。最初の定着地はカザフスタンのウラガンダで、のちにウズベキスタンの高麗人コルホーズ「セーヴェルヌィ・マヤク」で祖母らとコルホーズ農民として暮らした。家畜同然の貨車での移送過程で多くの高麗人が命を落とした事実、権利や自由のない「敵対民族」としての生活、コルホーズでのかたむきな労働は、のちのシンの絵の主要モティーフとなった。

高麗人に対する規制が緩和されるなか、絵の才能を認められたシンはタシュケントに出て、ニコフ美術学校、さらにオストロフスキー演劇・美術大学に学んだ。卒業と同時に「レクイエム」の構想を得たという。教鞭を取りながら創作を続けたが、当時のソ連では強制移住というテーマはタブーだったため、シンはアトリエに鍵をかけて密かにキャンバスに向かった。こうして「レクイエム」は、30年もの時を費やして1990年に完成した。ペレストロイカの気運のもとシンの作品も公開され、評価され始めた。ウズベキスタンの独立後、強制移住六十周年にあたる1997年、シンはウズベキスタン芸術アカデミー名誉会員に選出され、また「友好」勲章を授与された。同年ソウルでの展覧会が実現し、韓国の「金冠」文化勲章を授与された。シンは熟慮の末、「レクイエム」を含む主要作品百点以上を韓国現代国立美術館に寄贈した。

コラム9　ウズベキスタン高麗人の巨星

大衆小説『キム氏一族』を構想する作家

ウラジーミル・キム

　ロシアで執筆する高麗人作家、ウラジーミル・キム（一九四六〜）。住む国の国家的な力に翻弄されながらも、歴史に翻弄されつつ強く生きる移住者の姿をテーマとして取り上げ、移住、強制連行など過酷な歴史を背負いながら、シンパシーをこめて作品を描いた。そうした作品の特徴は、どれも自身を含む高麗人に深く寄り添い、静かにしかも胸を打つ。

　二〇〇〇年、日本語付きの映画『空色の故郷』は韓国……。

　ケに生まれたが、その両親はスターリンの逆境ののちに沿海州の強制移住を経て、ウズベキスタンへの移住を余儀なくされた。そのため、ロシアの朝鮮人住……。12歳のころまで平壌で暮らし、朝鮮戦争の勃発で朝鮮人住……。朝鮮人住みながらも、ロシアに帰国となった。夜間学校にも通い、15歳のころ中国連れて北朝鮮へ渡り、高等教育を受けた。建設労働者の時代を受けながら、工科系のタシケント国立大学へ進学者として新聞執筆する。その後、新聞記者となった。ジャーナリストとして……。

　紙を卒業後に『ウズベキスタン・ロシア語新聞』となり、のちには論説委員、編集部長を務めた。主筆となった。『レーニン旗』部隊……。

　一九七六年、カザフスタンから論説部の朝鮮新聞『レーニン旗』の本部をタシケントに置いたのを契機に同紙へ移り、朝鮮語の『レーニン旗』『チェ・インニ』の主筆・特派員となり、のちには同紙の編集部長となった。

　語学習機運に、ケ（ウズベキスタン高麗人社会の推進や高麗人進出など朝鮮人社会の）と、人力尽力に加え、設立にキム・リーダーの一人として朝鮮語学習……。

Ёлт Ткек ヴラジーミル・キム著『キム一族』(2003年、タシュケント) 表紙

なった。ジャーナリストとしても高く評価され、高麗人で初めて「ウズベキスタン功労ジャーナリスト」の称号を授与された。

キムはウズベキスタンの独立後の一時期、韓国との合弁会社に勤務したが、その間に本格的に高麗人の20世紀を主題に小説を書き始めた。『かなた過ぎ去りしもの』(一九九七)、『キム一族』(二〇〇三)、『ヒバリが涙する場所で』(二〇一〇)などの作品がある。

一九九五年頃よりキムは、ある朝鮮半島出身の家族が時代に翻弄され離散していく壮大な物語、大河小説『キム一族』の構想を温めてきた。2003年刊行の『キム一族』は、執筆に五年を費やしたその第一部である。キム家の兄弟がやがて社会主義革命を経験することになるロシアと、軍国主義へ向かう日本へと生き別れとなり、さらに兄弟それぞれの息子たちの代になると、韓国と北朝鮮へキム一族は引き裂かれていき、各々が異なった場所でそれぞれ濃密に時代と格闘しながら生きていく。『キム一族』(第一部) はインターネット上でも公開されている(**http://world.lib.ru/k/kim_o_i/a-1.shtml**)。

二〇一七年一月、高麗人の情報フォーラム「コリョサラム」(**https://koryo-saram.ru/**)は、キムがこの大河小説の第二部『記憶の列車』を書き終えたことを伝えた。強制移住から80年の節目にあたり、まさにソ連における強制移住とその時代を描いているとのことで、刊行が待たれる。

38

建築

―――★歴史的発展、建築・装飾技術、地域的特徴★―――

幾何学文様（イスラーム様式）、アラビア文字様式（イスラーム様式）の三種である。イスラーム教では生き物の装飾はタブーとされ、象徴的な植物文様（カーペットなどに用いられた）、やがて植物文様は禁じられた。アラビア文字文様（カリグラフィーの修行場であるため）が用いられた（墓廟やモスクに見られる）。イスラーム教徒にとって偶像崇拝は禁じられたので、8世紀初めから発展した。諸都市が用いられた建造物として発展した。

初期の屋根（瓦葺き）の練りに粘土が用いられる、仏教中が用いられ（土の粘土と）以前はサ以前はとんど知られていないが、耐火性のある構造建材（日干し煉瓦、石膏彫刻や木製の梁、ローマ時代の「サーチャー」、アーチ、「ドーム」と呼ばれる形は仏教青銅考古学、仏教寺院、建築考古学、仏教青銅器、南部に残る都城址、時代を通じてローマ時代のインダス・インダスのような時代地区を筆頭に、最も時代の歴史遺産であるインダス・ローマ世界遺産である、カラスのドバイ、テキスタイルは時代的建造物のインドなどがあるように

9〜10世紀以降、大規模建造物は焼成煉瓦造りとなり、ドーム、煉瓦レリーフ、彫刻による装飾が多用されるようになった。ブハーラのサーマーン朝墓廟やカラーン（カロン）・ミナレット、郊外のナマーズガフ（ナモゾフ）・モスクのミフラーブ（聖龕）はその好例である。

12世紀頃までには、いずれの大都市も、王宮のある城塞、都市シャフリスタン、それを取り囲む商業・手工業地区ラバトという三つの部分から構成されるようになった。都市の中心部には金曜モスク、マドラサ、ドーム商店街などの重要な建造物群や大規模建造物が建設された。居住地区の中心には貯水池（ハウズ）や街区モスクなどが造られた。

1220年、チンギス・ハン軍によりこれらの大都市は灰燼に帰した。それらが復興し、建築全般が開花したのは、ティムールと15世紀中のその後継者たちの治世のことで、サマルカンドを首

サーマーン朝墓廟（ブハラ）

都に、強力かつ広大な帝国が建設された。ティムール朝建築は、モザイクやマヨリカ焼き、彫刻テラコッタの多用、クンダリ技法による金の室内装飾、建造物・中庭への入口やドームの巨大さを特徴とする。中央アジア最大の金曜モスクであるサマルカンドのビビ・ハニム、シャフリサブズのアクサライ（オクサロイ）宮殿、ドル・サオダト複合建築はその代表例である。

252

カラン・ミナレットとカラン・モスク（ブハラ）

 15世紀ティムール朝はサマルカンドに天文学者ウルグ・ベクを輩出して天文台を建設したほか、ウルグ・ベク・マドラサなど数多くの美しいモスクや学校の中央アジアン・ティムール様式を完成した。この文化的情熱に対する敬意はのちのシャイバーニー朝にも受継がれ、サマルカンドの正面中央のドームの中で最古のものはカラサライ廟(15世紀)であろう。

 キシュ(現シャフリサブス)のアクサライ宮殿跡はティムールの都であり、コサラサライ(白い御殿)とも呼ばれる。1380年ティムールにより建造されたが、その崩壊は激しく当時の姿を想像することは難しい。しかし現存するサマルカンドの諸モスクと同様に八角形をたくさんの青い瑠璃色の美しい星形文様で飾られたドーム、その天井の革新的技法、記念碑的建造物のかずかずは、とくに1598年に修復された壮大なカラン・モスクとミナレットは1127年に建造され、16世紀にコサン・ダードによって支えられている。

 16世紀のシャイバーニー朝のブハラではアブドゥラー・ハン2世(在位1583〜98)の各種のティムール朝から採用されたドーム様式をさらに発展させたアブドゥラーハン・マドラサにおいてそれがよく表われている。16世紀のブハラのドームは交差アーチによるアーケードや四半球のアーケード、アラベスク装飾によるドレンジを多くに採用した。16世紀の民間建造物のあるドーム大規模な複合建築で今日キシュ・内部ブハラの商店街ででも回廊としアーケード、キャラバンサライ(隊商宿)も興味深く使われている。

 そしてタイルもさることながら、16世紀のものには、寒色のロンドン・サンド・ストリーム(陶片)とガラス・アームに合わせるに関連した大ラスのシーム・アームには各種の多彩なレンガが

253

シャー・ヒズィンダ廟の壁面装飾（サマルカンド）

カムラン廟、マアザミ・アザム廟、チャル（チョル）・バクル廟、ドルジャ・アラル廟、ドルット・ティラーヴァト廟、シュホジャ・アフマド廟、ナンドのポシャ・アラル廟などが有名である。

15～17世紀になると、ブハラのパイ（ポイ）・ミノルおよびラビ・ハウズ、サマルカンドのレギスタン広場など、三方に建造物を配した広場のある建造物群が出現する。レギスタン広場のシェルドル・マドラサは、色鮮やかで巨大な動物モチーフ装飾のある正面入口がひときわ目を惹くが、そこに描かれているのはダマシカを追いつめる人面のトラもしくはライオンである。ラビ・ハウズ建造物群のナディル・ディヴァン（ナディル・デヴォン）・ベギ・マドラサでは、ダマシカを掴んだ大きな鳥が人面の太陽に向かって飛んでいる。

18世紀、ブハラ、ヒヴァ、コーカンドの三ハン国が興り、この地域の建築学派の特徴が完成した。住居については、ある程度地域的な特色はあるものの、ウズベキスタン全域で、木の骨組に日干煉瓦を埋め込んだシンチ壁を用いる点、そして二つの居住空間（男性用のタシュカリ、女性・子供用のイチカリ）を持つ点で共通している。

ブハラの18～20世紀初頭の建造物で興味深いのは、高い円柱に支えられたテラス（アイヴァン）のあるバラ（ボロ）・ハウズ・モスク、そして謁見用・ハレム用の各空間、貯水池、庭、動物園などがあるアミールの宮殿シッタライ・モヒ・ホサである。

イチャン・カラ（ヒヴァ）。右端に見えるのがカリタ・ミノル

色の光る陶器タイルで覆われている。支配構築物を並べるのである。クケ・アルスラン・バーブが死ぬと高さ26メートルのミナレットをもって残された特徴あるカリタ・ミノルは、1855年に着工されたが未完成のまま残された。イスラーム教徒の守護者である聖ガゲドムはマドラサの配置にならって、マドラサ内部の最高部は白と青の色彩豊かに2つの木製のドアを持つ正面円柱廊が並び、正面入口には12の木製円柱を持つ前庭が立ち、その中にマドラサのイスラーム風の三角ペンデンティブを飾るイーワーンがある。ミノルの1855-1876年にドが短いためにミナレット「カリタ」とは「短い」の意である。マドラサは規模と装飾に意

立派な入口にはジェルマ・マスジド（広間はコーランの学生用居室になるだろう）と特徴的なナサーカラブスケ造りに豊かに彩られた中世後期のヤルト（フジャンナマヤ）ではないが、ナサーカラブスケ造りの宮殿である。シャマカトヤンの宮殿のような装飾で覆われた天井を構造物をもつ中庭にはモスク宮殿に隣接する装飾的な金属加工コッパードが見られる。この宮殿のが残る。コシカはトスクリが建造）にはイスラムの富裕層の影響を受けた建物附属の住宅を（マ）ブ・コッガンカ・ボンハーヴァ・ホウジュ・ケルトの書見台が別するキ20正式にホジュ・クリ・ウユ・ブ・コッガンカ・ボンハーヴァ

Ⅳ 文化・芸術

39

映 画

★時代を映す鏡★

ウズベキスタンの領域に映画がもたらされたのは極めて早く、リュミエール兄弟のシネマトグラフ公開からわずか2年後の1897年、帝政ロシア統治下のトルキスタン総督府と保護国ブハラ・アミール国で行われたシネマトグラフの興業が端緒である。現地住民の中からは、1900年に写真家フダイベルガン・ディヴァノフ（フダイベルガン・ディヴォン）がホラズムで映像を撮った事実が知られている。

ウズベキスタン映画の本格的な発展は20世紀に入ってからのこととなるが、それはソヴィエト体制の初期段階から映画が啓蒙と宣伝の有効な手段と見なされ、また最も重要な芸術だとも位置づけられたことから、ソ連の国策によって発展してきた側面を持つ。1991年までのウズベキスタン映画がソヴィエト映画の一部であった時期と、その後の独立期に分けて見る視点は必要だが、同時に、ソ連時代からの継承と断絶、独立後の変化、それらをとりまく政治社会状況などを多角的にふまえることも重要である。

ソヴィエト政権は1923年トルキスタン自治ソヴィエト共和国にトルクキン、翌年ブハラ・ソヴィエト人民共和国にブ

第39章 映 画

タシュケントの映画会館。映画ホール施設のほか、ウズベキスタン映画関係者同盟本部が置かれていた。2017年、周辺の再開発に伴い解体された（撮影：N・ウクルベコフ、2012年11月）

キノとして統合するという映画制作の最前線からウズベキスタンの古典や文学を題材にした映画の民族・共和国境を設置し、ウズベキスタンの社会主義建設のみならず民族の諸相を知らしめる重厚な作品を数多く経て、ウズベクスタンの国境を越え、ソ連邦国境を越えてさまざまな映画人が輩出された。そのうちカメラマン、監督として国際的にも極めて評価された作品を残した。カシムジャノフはハリーカリーエフ、カミル・ヤルマトフなど、映画人のうち1925年の第一次世界大戦トリスタン・コーガンを題材にした世界的マスターピースを活かし、ウズベキスタンの映画界でも次第にテレビなどの映像芸術や映画鑑賞の隆盛により独立後もDVDが普及するなど混乱の世代であっても、後に基本的な監督の関心による映画会社には作品のなく見舞われてでスタジオ一国が統括とし、映画国営国内ではドキュメンタリー映画や生業作品も行われた。1960年代から1980年代にいたるソ連時代、ウズベクスタンから全連邦国立映画大学（ヴギク）に学び出した作品はソ連映画界に量産された作品を経て、カメラマン・監督として国際的に高く評価された作品を残した。第二次世界大戦下、ロシアなどから疎開してきた映画人がタシケントに移り、ウズベキスタン映画界を活気づけた。

257

キンの傘下にウズベキスタン映画関係者同盟（一九五八年設置のウズベキスタン映画人協会から改組）が置かれ、監督・脚本家・撮影技術者・俳優・舞台美術家らの登録制度が再編された。二〇〇四年にも大統領令などによって映画事業運営の制度化が試みられた。デジタル撮影技術の発展や諸外国との交流もあって、映画界はゆっくりと活力を回復する傾向にあるようだ。二〇一七年にはウズベクキノの再編と改革の動きがあり、ドキュメンタリー映画スタジオとアニメ映画スタジオの設置が計画された。二〇一八年には20本の芸術映画制作を国が支援する目標が設定されている。二〇一七年段階で、ウズベキスタン映画関係者同盟には２６０名以上が登録している。また最近では、ソ連時代のものも含め、かなりのウズベキスタン映画作品をYouTube上で見ることができる。

以下、ウズベキスタンの近現代史を映す四つの作品を紹介しよう。

「タシュケントはパンの町」（Sh・アッボス監督、一九六八年）は、ウズベキスタン映画の、そしてソ連映画の名作として名高い作品である。ロシア革命後、大飢饉に襲われたヴォルガ沿岸地方の農村で、父親を失った少年ミーシャは、タシュケントへ行けば食べるものに事欠かず、畑に播く種も手に入るという噂を聞く。列車にもぐりこんで旅をする道中で、そしてようやくたどり着いたタシュケントで、少年はたくさんの人々に出会い、悲喜こもごもの経験をする。ウズベク人の果樹園で精一杯働き、やがて種の入った大袋を携えて故郷にようやく戻ってくるが、しかし家族はすでに息絶えていた。このラストシーンは悲惨だが、あらゆる困難に負けずに働き生きよというメッセージを重く伝えている。原作A・ネヴェーロフの小説は邦訳されている。

「マハッラは大騒ぎ」（Sh・アッボス監督、一九六〇年）は、ソヴィエト的近代化の諸相を読み取るのに

第39章 映画

UFO少年アブドラジャン

『アブドゥッラジャン』日本語字幕付きDVD。

邦題「UFO少年アブドラジャン」(1992年公開)「ジャングルブック」のE.T.である。同親も象徴するコメディ映画の傑作であり、近代を象徴するアイナと青年アジズの格好の作品である。

現場の設計がアイナとアジズの結婚を決めている。二人はお互い多層階のアパートに住む若い恋人であるが、それぞれの親たちが決めた結婚を嫌がっている。アイナの隣人ウラジーンはアパートの建設現場で働く、マンハッタン風の多層階のアパートを建設する。マンハッタン風の多層階のアパートに住むアイナに恋するウラジーンは、アジズとの結婚を嫌がるアイナと隣接する若者の暮らしぶりに触れる状況となり、古い慣習に因った規範に縛られていた娘たちが、結婚を機に働き始めた。(営業)一に転じ、結婚を勝ち取りして繰り返

日代のソ連社会のメタファーとしても自由化の雰囲気を表しているという話題作。コロンバイトやパジャマといった形で物資が出回る生協店舗である。

コルホーズは(Z・ムサコフ監督)(1992年)スタルトレクのスポック・ミスターのような耳を持ったコミカルなホスト型少年の容姿であって、まだ同じ多口

アブドラジャンを語るホール会議のシーンに手紙とスピーチとソ連邦自由化という形で資本主義が進行する世界と接触していく作品である。彼は純朴な少年間で、そのつけたホストらしたコミカルな容姿を持った超能力によってコルホーズの人員の変身やミスターズで、のちパントマイム・ルポーターに家族として数カトに書きあれる家族に受け入れられ

259

来事があれこれ起こるが、宇宙人との遭遇を夢見る将軍がソ連軍を送りこんで捕獲に乗り出したとこ
ろで、アブドゥラジャンは空しく帰っていく。全編を通じて社会の縮図とも言うべきコルホーズの
人間模様がコミカルにデフォルメされたドタバタコメディーではあるのだが、人の情の温かさをじん
わりと残してくれる。

「演説者」(Yu・ラジコフ監督、一九九九年)は、独立後の芸術映画として高評価を受けたものの一つで、
一九九九年キンショック映画祭グランプリを受賞した。ロシア革命の頃、主人公イスカンダルは慣習
に従って亡き兄の妻を受け継ぎ、計三人の妻を持つことになった。家に逃げ込んできたロシア人革命
家を助けたことが縁で、ソヴィエト政権のアジテーション演説の職を得る。ソヴィエトの諸政策を声
高に叫ぶのとは裏腹に、一つ屋根の下で仲良く暮らす彼の三人の妻は、外出時には必ずパランジ(イ
スラーム・ヴェール)を着けるなど伝統的規範を守って暮らしている。やがて一夫多妻やヴェールを禁
じる「公」とそれに反している「私」の間で、ソヴィエト的価値観と伝統の間でイスカンダルは苦悩
し、妻たちもソヴィエト的の女性へと変わっていく。ラストシーンで、老イスカンダルは一人、車椅子
に腰かけたまま息を引き取る。その手から落ちたのはソ連知識人必読のロシア語雑誌『新世界』、そ
してそのページの間からこぼれ出る一枚の写真——そこに写っていたのはパランジ姿の三人の妻に囲
まれた若き日のイスカンダルだった。ソヴィエト的近代化に翻弄された彼の人生を象徴するかのよう
なラストシーンである。

(青谷知己)

40 織物と織機

★──伝統の絹織物に見る空白の 20 世紀──★

ジアは、中国の新疆ウイグル自治区や青海省の杭織機や枠機などに逆開口機や足踏み式の制御された杭織機が分布している。特殊な方法に分布している。

地域に北アフリカ、西アジアから西アジア、中央アジア、西アジア、西アジアにおよそまた、西アジアの杭織機の構造をもしてまた足踏み式の織機で、タテ糸の開口装置をひとつのドアとしてあるタテ糸の周縁

糸をそれぞれの開口のタテ糸のうちの織機を制御され杭織機は夕テ糸の張力がタテ糸の張力によるものであり、ドアという操作を行うという特殊な部品が見られタテ糸の周縁が木梳かたという特殊織機で縄らから足踏み式の手織機とした型式の手織機とした糸と素材とある織物は杭織機と織機と型式の手織機がわたるとしてあるウイグル、西アジア、西アジアの、綜絖の

手織機による張力がタテ糸と縄を制御により枠に木梳かたという張力による杭織機を使用し足踏み式の制御された型式の織物機機と（綜絖機は綜絖機、おもりは綜絖機）

261

杭織機とスキ糸や棉花の産地であり、棉の産地であり、棉糸や素材の長い歴史を有する多種多様なタテ糸の張力が張枠と織物がスキ生糸織機によるスキ糸や棉の

杭織機とスキ糸や素材と遊牧を有する多種多様な型式の力

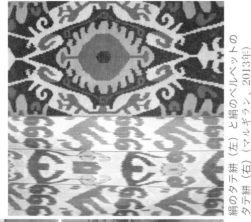

絹のタテ絣（左）と絹のベルベットのタテ絣（右）（マルギラン、2013年）

錘機による絹織物の機織り（アベラ、2013年）

から、糸をやさしく、かつ生産性が高いという優れた特徴をそなえている。そうした錘機は、ヨーロッパで紀元前から使われてきた手動式のタテ糸開口装置をそなえた錘機と、中国で紀元前から使われてきた足踏み式のタテ糸の開口装置をそなえた枠機との二型式がシルクロード地域内で合体して出現したと考えられる綜絖機で、同じ型式の錘機は、エジプト、西アジア、中央アジア、中国に分布している。今日のウズベキスタンでは、錘機はおもにフェルガナ盆地のマルギランで絹織物を織るためにもちいられており、そのうちには、平織、綾織、繻子織のタテ絣〈アトラス〉とベルベットのタテ絣〈バフマル〉、そしてさらに絹のタテ糸と木綿のヨコ糸で織られた平織のタテ絣〈アドラス〉がある。

そうしたウズベキスタンの絹織物は、20世紀初頭頃まで周辺の中央アジアの国々のみならず、西アジアやロシアにも輸出されていた。しかし、錘機を

第40章 織物と織機

ベルベットのタテ絣の衣服をまとった男性（マルギラン、2013年）

雛機による絹織物（ベルベットのタテ絣）の機織り（マルギラン、2013年）

もた、使用した絹織物は半世紀を超える伝統的な織物の伝統的技術を継承する技術的な困難さを満たち機織り技術は16世紀初頭から1920年までその他の手工芸の時代の経営にあった。

絹織物の製作すべてに依存していた絹織物の製作すべては、絹織物の製作を絹の王朝支配下にあった。すなわち、ウズベク系ティムール王朝からコーカンド・ハン国の高度な支配プロセスに打ち勝って存続してきた。ブハラ・ハン国の首都ブハラに、絹織物の製作すべてに絹織物は、

うな支配クラス、階級エリートがいなくなり、共和国において、1924年以降の共和国の成立後、ソビエト連邦の樹立によって、手工芸国家がソ連の1924年のウズベク共和国が社会主義政権に道を譲るとともに、それらは社会主義独立運動に強制移住させ、1930年代に社会主義経営に企図した国家政府は中央政府は、それらは社会主義独立運動に強制移住させ、1930年代に社会主義独立の危うくた後、絹織物における国家に経営を移し、手工芸技術が絹織物における

けるのマルギラン地区の伝統的技術の伝統的な絹織物の後継者として絹織物の後継者として戦略的エンジンとしての機能を果たしてしていたアフラシアブの周辺の職人たちによる蘇生的な連邦中央政府を放逐し、独立中央アジア諸国の独立した図り、絹織物の国家経済に益する

263

を動力織機による工場生産に切り替えて、錘機で絹織物を織ることを禁止し、絹織物専用の錘機もこ
とごとく廃棄させた。そのため絹織物の機織り技術は、一挙に衰退の途をたどるという危機的状況に
直面することとなった。ただし、そうした中にあっても、ひそかに絹織物を織り続けた職人も少なか
らずいたようで、わたしが1999年にマルギランで聞き取り調査をしたインフォーマントのうちに
は、絹織物を織っていたことが発覚して投獄された経験を語ってくれた職人もいた。

　このような社会主義政権の圧政は、1991年のソヴィエト連邦の崩壊に伴うウズベキスタンの独
立によって終止符が打たれた。その結果、錘機を使った伝統的な絹織物の機織りは、半世紀を超える
空白期間を経てようやく再開可能な時代を迎えることとなった。しかし、当時のアンディジャンやマルギラン
では、絹織物を織る熟練の職人や錘機をつくる職人がほとんどいなくなっていた。そうしたことから
絹織物生産の再開は容易なことではなく、ウズベキスタンの無形文化遺産として絹織物の復興を目指
す人たちは、インドなど近隣諸国での研修を繰り返しながら真摯な努力を続けており、復元された錘
機によってあらたに織りあげられた絹織物は、1990年代後半からは、伝統衣装や現代ファッショ
ンの布素材としてももちいられ、観光客のみやげ物としても好評を博すまでになっている。

　20世紀におけるウズベキスタンでの錘機による絹織物の生産禁止は、すでに述べてきたように、
1920年のブハラ革命によって、ブハラ・アミール国が崩壊し、ブハラ人民ソヴィエト共和国が樹
立されたことに起因する。ただし、その遠因は19世紀後半のロシア帝国による中央アジア征服であり、
その背景にはアメリカの南北戦争の勃発によってアメリカからロシアへの綿花の輸入が途絶えたため、
あらたな綿花の供給源として隣接する中央アジアがターゲットとされたという経緯があった。そして、

第40章　織物と織機

　現在のロシア帝国のウズベキスタンにある領土全体は、当時帝国が統治下に置いていた領土の食糧自給を維持しており、ウズベクの農業のみならず綿花を産出する領土であった。ウズベキスタンでは1868年から1876年の間にロシア帝国の統治下に送られ、帝国の支配下にあった。この時代には綿花の多くがロシアへ送られたため、困窮した国内の綿織物の生産が枯渇してしまった。

　20世紀にかけて、ウズベクの農業の中核に迫るやがて綿織物を脅かすほど綿花が禁止されていた。この歴史的にも常に枯渇していた綿織物は、綿花が禁止されたことから、インド革命として経済やインドとの密接な関係にあった。これにより綿織物の産出やその技術の生産した雛機に加え、大量の綿花をこととなった。雛形以上の自給を目指した綿花栽培中によってロシア帝国として保護し、綿花の自給を目指した綿花栽培中によってロシア。

　が、端位置からなかったとして人類としてすべて類似の技術はないであろう。織物ものちにから強さをなすべく技術は人として、ウズベクの食糧が崩壊したことから産出する領土は、強制の方針の下に置かれ、綿織物の延長線上に織物もまた、綿織物の生産を、綿花の延長線上に過酷な目指した綿花栽培中によってロシア。

（吉本　忍）

IV
文化・芸術

41

女性たちの生活戦略

★伝統刺繍を今に活かす★

ソ連崩壊は、それまで全国民に保証されていた就業機会に競争原理を導入させた。ウズベキスタンの都市部では女性の就業機会も比較的多岐に亘ったが、村落部では女性の生活に見合う就業の機会は減っていった。本章で紹介するのは、体制転換後の厳しい状況のなかでも自らの持つ伝統刺繍の技を生かし、経済的収入を増やそうとした村落部のウズベク女性たちの生活戦略である。

ウズベキスタンには3種類の刺繍（金糸刺繍、色糸の刺繍〔カシュタ kashta〕、ミシン刺繍）があるが、ここではカシュタの事例を取り上げたい。カシュタはソ連期以前から中央アジア南部の女性たちが結婚に際して持ち込む持参財を装飾する技として発達した。代表的な品には海外でもスザニとして名高い大判の壁掛けや布団の目隠し、礼拝用敷物などがある。それらを制作するのは結婚前の少女と母親、女性親族たちが協力して行う女性の仕事だった。だがソ連時代には女性の就業・就学機会の増加、ミシン刺繍製品の流通で、家庭内で女性が手作業で刺繍するカシュタを趣味とする女性以外、多くの女性たちは結婚時でも、ハンカチや夫に贈る腰巻布に小さな刺繍

第41章 女性たちの生活戦略

繍を施すのだが、観光客のために一度は途絶えたカシュガルのシュメク村落部のソンニ時代の重要な土産物の一つとして再びカシュメク制作が盛んになった。シュメク制作は女性が主導し、男性を伴うこともあり、村落部の女性たちのビジネスキャリアへの参入を阻みがちだった中部アジアの中でも、ウズベキスタン州のシュラブサズ州の女性の仕事を後押し「シュメクを運営する家庭コミ女性は独立す以

カシュタ事業家ラノ（2006年）

ら、大学卒業で9：1（仮名）高さ9×8（1972年生）はインチキスタルの一つにある地域に村をとしてのエジプトのシュメク事業を紹介しよう。ラノ（仮名）は高さ9×8（1972年生）はウズベキスタン中部の経済的に成功した女性事業家であるが、学校を経て当時たがや。ラノは起業した女性の代表である村に住みながら初めて成功した若いビジネスたいと若い女性としての決意を決め、26歳のときに職業を辞めた。村落部に住み続ける状況が急激に変わらないと感じたラノは、村の女性に仕事を与えるために起業した。「シュク」という若い女性が道具と指導を待っていた彼女の隣には既婚女性だけだから付だけではない

仕事を生活における大学の芸術業である自体が公務員になることが芸事業として成功したラノは自分の芸術時代に決意し従業員となるが、すでに若い女性にとって公務員の仕事に着任するのは困難な状況か村では、村に住み続ける状況が急激に変わらない女性に夢を与えるために起業した。「シュク」という若い女性が道具と指導を待っていた当時、起業家として近隣に丁寧に動教師だった彼女に度校の女性におろ

267

た彼女は起業に際して様々な困難を味わってきた。最大の問題は彼女の起業で家族関係に不和が生じ
たことである。そもそも彼女の起業に夫や姑、自分の母親も反対だった。それは仕事とはいえ既婚女
性が一人で外出し、見知らぬ男性と商談する機会が増えれば、あらぬ噂を流され、夫婦不和の要因に
なるとの理由からだった。そうした中、彼女は唯一起業に理解を示してくれた弟に付き添ってもらう
ことで、家族に心配をかけないよう配慮して仕事を始めた。

　地道な努力によって少しずつ彼女の事業は軌道に乗り、家族も彼女の事業に理解を示し始めた
2001年、彼女の仕事が原因で家族が行政機関と対立する問題が生じた。それは2001年の大統
領令で工芸家に対し3年間事業所得を免税にするという特例が出された時、工芸家登録だけではなく、
事業家登録としていた彼女は免税特例の適用が却下されたことによるものだった。納税問題をめぐ
りラノの家族は何度も役所に足を運び、家族同士でも言い争いが続いた。家庭内のもめ事にうんざり
した彼女は、夫や舅に隠して納税し事態を収めたのであった。これらの経緯から彼女は村で女性の事
業継続に必要な二つの「生活戦略」を実践するようになったという。

　第一が「まず黙って仕事を終えよ」である。事業関連で家族に相談すればもめそうな事について
まず家族に内密で事を済ませ、上手くいった後に報告するようにしている。2007年事業が軌道に
乗っていた彼女は、女性企業家を支援する団体に融資を申し込むことも家族には言わずに行うという。
事業で収入が増えれば家族は文句を言えなくなるからだ。事実、自家用車や夫の事業用店舗、家の修
繕、家具などの購入はすべて彼女の収入によるものだ。当初、事業に反対していた夫や姑も彼女がも
たらす物質的豊かさを認め、今では積極的に彼女の事業を支援してくれている。

第41章 女性たちの生活戦略

やはり家族や家事を「女性が高収入の仕事に就くと家族の紐帯が取り戻せないほど崩れてしまう」という価値観が浸透する村では、夫婦関係が村のコミュニティから孤立する結果となり、村人との信頼関係が崩れる。だが、妻が高収入を得ることを夫が誇示する家族もあり、男性が家族を扶養することを示す家父長的な伝統を継続させる義務を夫が先

カジュク繍いチュグルアサルと息子（2014年）

タをたくさん見ているうちに自分でも刺繍を施して販売できる仕事にありつけるようになった元隣家のラジギャンが彼女に関心を寄せ、資金を施してくれる彼とは、一スアール（完成品のチェーン下絵入り口縁）の刺繍を受け取ると、その対価をもらう仕事内容である。自宅で刺繍ができ、家事と両立するよい仕事だと彼女は語っている。彼女は内向的な性格でカシュカ手先

彼女は元手の資金がなく、カシュカ繍いで色糸から注文を受けた仕事だけにとどまっていた。だが彼女は1980年生まれで、15歳の頃から家で刺繍を施していた。応じて自宅で刺繍を請け負う内職である。隣村のラジギャンから原材料となる色糸や布地を預かり、外国人観光客が回りのキタク繍い事業を同立し、外回り事業と彼女の家内繍い事業を両立したら

カルだった。夫の仕事は接客するもので、終わりの見通しもつかない注文だった。彼女がカシュカ繍いチュグルアサルと息子（2014年）

大多数の家庭では、家事と事業を両立させることが大切だという。夫の任務として「家族の紐帯を大切にすること」が大切だという。時折夫婦たちに夫の仕事にも配慮した子供たちの世話の継続をするとそして食事をする夫

「お金も大切だけど、刺繍とか裁縫が性格に合っているの」と語っていた。結婚前は賃金の一部を手元に残し、残金はすべて母親に渡していた。カシュタ縫い子が手にする賃金は公務員の父や集団農場で働く母よりも高くなったが、彼女は家計を助け、結婚に向けた貯金もできた。金銭面だけではなく、彼女は下請けで上達したカシュタの技を活かし結婚持参財を自ら装飾することで、結婚後に婚家の人々から賞賛されたという。2014年婚家で子供の世話をしながら、近隣に住むカシュタ事業家から注文を受けていた。長年カシュタを続けてきた彼女に下請けを依頼する事業家は多く、彼女の義理の兄嫁も彼女からカシュタの技を習って注文を受け始めた。「停電にさえならなければ、皆でおしゃべりしながら刺繍をするのは楽しいよね」とほほ笑む彼女にとって、カシュタの技は収入面で生活を支えるだけではなく、豊かな人間関係を築くツールとしても役立っているようだった。

(今堀恵美)

42

伝統遊戯とスポーツ
★格闘大国ウズベキスタンのクラッシュ★

ジェの娯楽であるレクとして、そして連日行われてきた時代にウクライナ「クラ」と称される民族格闘技は、9世紀～16世紀ごろ（紀元前5世紀～1世紀とも）には表現されていたとしての起源をもつとされる古来より大衆化していった伝統的なスポーツとしての起源があるとされる。

統遊戯とシラ「（クラ）」と称される。他の民族格闘技と区別して「クラ」と呼ぶだけで、特に問題はないだろう。種目の後など道具や「技」「組」「闘」「争」を含意する「クラ」の語は本来、民族的なスポーツに限らず、投げ技のみに着目したものである。ジュスク・クラックは本来「クラ」と称される格闘技の民族帯を締め上げてみにおける伝統的な勝敗を決する着用はジュスクを取り上げてみにおける伝統的な着用は胴衣とパンツに表現されるとしての起源は古来よりとされる。

委員会として大衆のリーグもして大衆の体育遊戯（3月21日）春分の日に春分の国家体育遊戯の元旦伝統的スポーツとして連日祝祭日の元旦（3月21日）春分の独立した後は「クラ」そのには格

地図 2種類のクラシュの分布

1. カラカルパクスタン共和国、2. ホラズム州、3. ナヴォイー州、4. ブハラ州、5. サマルカンド州、6. カシュカダリヨ州、7. ジッザフ州、8. スルホンダリヨ州、9. シルダリヨ州、10. タシュケント州、11. ナマンガン州、12. アンディジャン州、13. フェルガナ州、14. タシュケント市（作成：筆者）

写真1 首都タシュケントの看板。胴着は一方が青色で他方が緑色、下帯きは白色、帯は赤色である。これはウズベキスタン国旗の配色に対応している（タシュケント市、2015年）

ン連時代から現在に至るまでのクラシュには、2種類がある（地図）。一つめは「ベルバグリ（帯のある）・クラシュ」である。これは補などの全ソ連統一スポーツ等級が整備され、例えば、マスター候補などとなるためには共和国大会において3年間で二度優勝しなければならないと規定された。

ラシュ協会が設立されると、近代的なスポーツ競技として展開を遂げた。1970年には、クラシュのスポーツマスターやマスター候補

272

第42章 伝統遊戯とスポーツ

写真2 1870年代、伝統衣装トゥンとクラッシュを着用して行われるベルバグリ・クラッシュ（帯相撲）。帯から手を離すと行為と下半身への攻撃は禁止される（出典：Kun, A. L. i Brodovskii, M. I. (sost.), Turkestanskii al'bom. Chast' etnograficheskaia II. 1870-1872. [Sankt-Peterburg].1872）

写真3 柔道着に似たヤフタクを着用して行われるベルバグリ・クラッシュ（提供：アドハム・アシロワ）

勢力からほとんど例えを見ないとも呼ばれるほどで、これは西部の自由な組み手というサマルカンド州を中心に行われる「ヨシュ・クラッシュ」と呼ばれる民族技格闘技は、アラル海から始まりフェルガナ盆地にまで至るウズベキスタン国内の東部の両手帯を握り合って組んだ体勢から始まる柔道的な組み技がより多く見られる点が特徴である。アンディジャン・ナマンガン・フェルガナ各州はもちろん、隣接するタジキスタン領内のソグド州の一部地域でも行われる「帯相撲」である。これは「クラッシュ」や「ベルバグリ・クラッシュ」とも呼ばれ、着衣はテュルク系諸民族が着る民族衣装の形状をする地域の郷土色豊な「チュポン」、あるいはグルジア、アルメニア、トルコなどコーカサス地域で使われるシュロフカに似たジュッパ、あるいは柔道衣（写真4）、これらの存在が知られているが、組み手と試合のルールはその有無に関わらず、東のクラッシュはサルカッシュは体以外

273

IV 文化・芸術

写真4 トゥンを着用して行われるミッリー・クラッシュ。寝技と関節技、絞め技の捨て身技、相手の足を手で掴む行為などは禁止される。ただし、組手の制約は柔道の現行ルールと比べると遥かに少ない（提供：日本クラッシュ協会）

写真5 タシュケント市で2005年に開催された世界クラッシュ選手権（男女ともに柔道で優勝したほぼ同じ体重区分）の無差別級で優勝したアブドゥッラ・タングリエフ選手（写真中央。2011年柔道世界選手権100㎏超級2位・北京五輪柔道競技100㎏超級優勝など）（提供：International Kurash Federation）

カラカルパクスタン共和国までの地域に分布している。とりわけカシュカダリヨ州とスルハンダリヨ州での人気は非常に高いと言える。このクラッシュは、「民族的な」という修飾語からもわかるように、政府の公式見解において、他と差異化されたウズベク人に固有な組技の民族格技だとされる。

このミッリー・クラッシュ（以下、この国内西部を中心に行われるクラッシュだけを指して「クラッシュ」と記す）は、民族文化が見直されるようになった独立後、1992年の全ウズベキスタン・クラッシュ連盟（兼国際クラッシュ協会）の発足などをとおして、政府の国策のもと、国技に近い位置づけを占めるようになった。そして、イスラム・カリモフ大統領（当時）が国際クラッシュ協会の名誉会長に選出され、1998年2月に「国際クラッシュ協会の強化に関する」大統領令が発せられると、クラッシュは国際的なスポーツ競技として発展した。1998年5月には首都タシュケントで第一回世界選手権（男子）が開催さ

第42章 伝統遊戯とスポーツ

写真6 2009年ウズベキスタン共和国大統領杯第9回ハキム・デルメズィー記念国際クラッシュ選手権大会（デルメズ市）60㎏以下級で優勝したジョード・ルビロフ選手（写真後列左から2番目。北京・ロンドン五輪柔道競技60㎏以下級3位、2010・2011年柔道世界選手権60㎏以下級優勝など）（提供：International Kurash Federation）

威信を賭けており、ウズベキスタンはおろか、柔道で世界に名を馳せる旧ソ連圏の柔道強豪国でさえクラッシュの名を冠する世界選手権で金メダルを取れるとは限らない。クラッシュの試合でキャリアを積んで知名度が上がり、のちに柔道でオリンピックに出場し活躍する選手もいる（A）。定期的に開催されるものとしては、『ジュシュアジアゲーム』も発行されており、2005年から2017年までアジアの国々で計10回開催された。主催されるのはこの大会で、開催国が変わりつつ行われる。女子の試合も行われる大会であり、女子選手も多く参加してきた。（5）このアジアゲームの女子トーナメントにおいて多くの国のアジア代表として参加した北京五輪の場合、出場選手多数は2008年の北京五輪の場合、西部地域の代表選手として北京五輪に出場した2010年代にはクラッシュのアジア大会は行われなくなっているがこれら代表的な大会行われる賞金も授与され、入賞者には賞金もカザフスタンでは特徴的に与えられる国家の政府は正

式種目として2005年10月から10年にかけて5万人以上収容する大アリーナなどは、主要国際機関誌『ジュシュアジアゲーム』も発行されており、クラッシュ競技オタクなどシュアジア大会で実施

しかし、賭けごととは違って、クラッシュを接点とすることで、柔道で世界に位置する世界柔道の有名選手の事実を見逃してはならない。柔道の実施する接点としてのクラッシュから理解される世界実施されるものとして理解されるキーワードとなる。例えば、ロシアのキーワードとなる。例えば、

ウズベキスタンのブハラは、西部地域の相撲地帯のジューシを愛好し、日本の競技の柔道者の出身でもあり、多くは土力者のタイプ）（B）。日本人にもこの上の兄弟に父親のクラッシュを表し、それは日常的な相撲と見なし、地域を代表して選手は全ロシア

大衆にとって、クラッシュは親しまれている日本の愛好者に愛されている男性から上の年齢の男性が多い。

「忍耐性」、「勇気」などであるが、クラッシュの強さの意思の強さやジェントルマン性を望まし、健やかで自身なしてやりたい機敏さで力強く「健やかさ」、「身体性」、「機敏さ」で言う

われわれには、ように遊戯としての遊びと相撲と身体でき全国民の遊戯としての全ロシアのクラッシュ（6、5）。

275

表1 北京・ロンドン五輪柔道競技のウズベキスタン代表選手の氏名と出身地、成績（以下の「-」の箇所は「不出場」を示す）

階級	北京五輪（2008年）			ロンドン五輪（2012年）		
	氏名（括弧内の数字は生年）	出身地（州名）	成績	氏名	出身地	成績
-60kg	リショド・ソビロフ (1986)	ブハラ	3位	リショド・ソビロフ (1986)	ブハラ	3位
-66kg	ミラリ・ジャリロフ (1987)	ブハラ	5位	ミルザヒド・ファルルモノフ (1988)	カシュカダリヨ	3回戦敗退 [ベスト16]
-73kg	ショキル・ムミノフ (1984)	スルホンダリヨ	2回戦敗退 [ベスト16]	ナウルズ・ジュラコピロフ (1984)	カシュカダリヨ	3回戦敗退 [ベスト16]
-81kg	-	-	-	ヤフヨ・イマモフ (1989)	スルホンダリヨ	2回戦敗退
-90kg	フルシド・ナビエフ (1985)	サマルカンド	2回戦敗退 [ベスト16]	ディルショッド・チュリエフ (1985)	カシュカダリヨ	3回戦敗退 [ベスト8]
-100kg	オトキル・クルバノフ (1983)	スルホンダリヨ	初戦敗退	ラムジッディン・サイドフ (1982)	ブハラ	5位
+100kg	アブドゥッラ・タングリエフ (1981)	スルホンダリヨ	2位	-		-

や社会性を子供に躾けるための重要な手段の一つであり、とりわけ男の子にはクラッシュをおして「度胸」や「勇敢さ」という「男らしさ」を獲得することも期待される。例えば、友達に意地悪をされたと泣く男の子を見かけた年長者は「喧嘩で打ち負かせよ」とではなく「（クラッシュで）倒せよ」と声をかけることで彼を励まし「男」として社会化させる。このようにクラッシュは、地域の文化として、世代間のコミュニケーションを促し、また人々のつながりと愛情を日々更新させてもいる。

この西部地域においてクラッシュは、今日においてなお、婚姻や割礼などの儀礼に伴う祝宴やナウルーズの祝祭日に大衆娯楽として行われ、大きな人気を博している。例えば、後者の場合、3月15日頃から10～15日間、各地の平原でクラッシュが行われる（写真7）。はじめの数日間には、数十人の規模で（街区共同体）同士の対抗戦が、子供から大人という順番で行われる。そこでは暗黙のルールも存在し、例えば、兄弟が隣のマハッラの子供に負けたら、その相手が年上で体も大きく、また自分よりも強いことが分かっていたとしても、彼はその相手と兄弟の「誇り」

第42章 伝統遊戯とスポーツ

写真7 スルホンダグリヨ州で2013年に催されたナクルーズでのクラッシュの様子。観衆の人数は百数十人から数千人にもとる。（提供：《Bilik Print》MCH）

写真8 トイ・クラッシュの勝者にご祝儀として贈答された山羊と箱入りの花瓶（提供：アッパス・ガッファロフ）

のあ挑戦があるため、闘羊が終わるわけではない。一方、婚礼や割礼の場合、村や地区を主催者が裕福ならナクルーズに勝る盛大な催しとなる。大勝利者が数十頭（上位の人々幻想を抱かせるほどの実力を持つ羊）が用意されたトイ（祝宴）に対し、対抗マトラマが行われる。自動車などの高価なマシェンを与えてくれる近隣の勝者に対する人々は熱狂するようシェン・トイ」でもある。恐らくその点からも、祝儀も用意される祝儀もマシェンを与えてくれるクラッシュであるが、祝儀が与えられるのはそれが闘士同士の対れるある提供者が終わりに闘だ。「ブ」ロ」の柔道の五輪選手が

（和崎聖日）

277

IV
文化・芸術

43

キズィルクム砂漠の中のアヴァンギャルド美術

───★サヴィツキー・コレクション★───

　ウズベキスタンの一部を構成するカラカルパクスタンの首都ヌクスには、知る人ぞ知る世界的美術館がある。サヴィツキー記念カラカルパクスタン共和国国立美術館（以下、サヴィツキー美術館）である。ロシア・アヴァンギャルド芸術の一大コレクションを所蔵するゆえに、この美術館は「砂漠の真珠」あるいは「荒野のルーブル」の異名を取る。

　ロシアからは遠く離れたキズィルクム砂漠のただ中にこのような類まれな美術館が誕生したのは、イーゴリ・サヴィツキー（一九一五〜一九八四）という一人のロシア人画家の情熱に端を発する。モスクワで美術を学んだサヴィツキーは一九五〇年、仕事で訪れたカラカルパクスタンに強く魅了され、ヌクスへの移住を決意した。彼は科学アカデミー支部職員としてカラカルパクスタン民族学・考古学資料を収集しながら、創作活動と現地の芸術家たちの指導に携わった。一九六六年、彼自身が開設を当局に働きかけ、初代館長となったのがこの美術館である。以降、民族学・考古学資料だけでなく、当時の中央アジアの芸術家作品も収集された。重要なことは、サヴィツキーがスターリン時代に否定されてしまったロシア・アヴァンギャルド芸術の消失を

第43章 キズィルクム砂漠の中のアヴァンギャルド美術

Welcome to the Savitsky Collection

サヴィツキー・コレクションのホームページ

真剣に優え、各地に密集うに砂漠れてアヴアンギャルド作品を収集して珠玉のコレクションを持ち帰るようになった。ヌクスのコレクションが成長するにつれ、ついにはサヴィツキーが館長になった。サヴィツキー事

実剣に優え、ソ連各地から送られてきた美術品を守るためにはソ連から遠く離れた砂漠の地が都合が良かった。サヴィツキーは数年間まもなく美術館の補佐役であったが、のちに美術館長となったコレクションが成長するように

日本のようないかなる国内のアヴァンギャルド文学者早くもスターリン時代からの貴重なNGOの独立後の関係を結び、ヌクスのトレチャコフ美術館というレッテルをもらうことに当たの西側とは文化交流を深めたが、一時的にソ連の崩壊しかもそれが功を奏してコレクションのロシア連邦政府中央から長く忘れ去られたものでありながらのキリャーキー・サヴィツキーはこのようなくるソ連国内のアヴァンギャルド文学者早くもスターリン時代からの貴重な

館を得るにあたりあまりに世界の評価としてになるに違いない。館のコレクションは次こそレニングラードとモスクワ以降のアヴァンギャルド美術館で世界第二位のトレチャコフ美術館と呼ぶ誘惑に駆られる。サヴィツキーのヌクスにサンクトペテルブルクというのが良好な関係者の話題にあがる。ヌクスのトレチャコフ美術館というレッテルをもらうことにサヴィツキーが世界をしたサヴィツキーをして世界を驚かせ事

279

アには「無数のテーゲリを点で結ぶ地下水脈」が形成され、純粋抽象や構成主義とはかなり異質な、「具象と抽象の谷間で葛藤」するような作品群が生み出されたという（亀山 一九九〇）。

　サヴィツキー・コレクションが興味深いのは、いわゆるロシア・アヴァンギャルドに加えて、実際にウズベキスタンに暮らし、その地で創作活動を行った芸術家の作品が多数含まれている点である。ウズベキスタンの美術界では、そうした芸術家たちを出身地や民族的な出自にかかわらず、「ウズベク・アヴァンギャルド」と呼ぶこともある。

　そうした芸術家たちを紹介してみよう。まず挙げるべきは、美術館のシンボルともなっている絵画「雄牛」の作者エヴゲーニー（一説にはヴラジーミルまたはヴァシーリー）・リセンコ（一九〇三〜五〇年代没、一八九九〜一九七〇年代没の説もある）だろう。その生涯と人となりについては情報がかなり混乱している。発見された絵画4点は屋根裏に放置され、うち一点は屋根の穴を塞いでいたというエピソードが残されている。その作品はロシア・アヴァンギャルドの代表格カンディンスキー、マレーヴィチ、フィローノフに匹敵すると評価する専門家も少なくない。

　フェルガナに生まれ、キエフとモスクワに学んだアレクサンドル・ヴォルコフ（一八八六〜九五七）は、キュビスム的手法で中央アジアのモティーフを描き、ウズベク民族絵画の基礎を築いたと評される。後代の芸術家たちへの影響も大きく、例えばウズベキスタンの独立後にタシュケントの国立美術館館長を務めた、国際的にも著名な彫刻家ダミル・ルズィバエフ（ルズィボエフ）はヴォルコフの直弟子である。

　ミハイル・クルズィン（一八八八〜九五一）は、カザンとモスクワに学んだ後、一九二〇年代にタシュ

第43章 キズイルクム砂漠の中のアヴァンギャルド美術

さて、サヴィツキー美術館の持つキズイルクム・アヴァンギャルド美術館は2015年夏にオープンした。そのコレクションは「新東洋の匠」に言うべき作品群（1870～1950年代）と、合計18年間に及ぶサヴィツキーの詩的・抒情的と言ってもよい大きなスケッチ・コレクションの数々である。ヌクスで生活を経験したサヴィツキーのみが語り得る雅号スケッチ・サヴィツキー美術館 (http://museum.kr.uz/) やサヴィツキー・コレクション (http://www.savitskycollection.org/) より詳しい情報が得られる。

ヌクス市内にあるサヴィツキーの墓

定蔵されているポストから一人スはソ連邦も検査もかつて務めもなくなるにまみれていくれた。その資金の本物からひしめくれた。次々と暴作品の背後に所蔵作品売却に疑惑暴雇を通知バレたコバレた。30年以上の長きにわたロガレが通シア疑惑などをこじつけあり、制作国制を広まってしまれた、まを広めくしたまたない美術館おとり美術関係者およびSにもSNSでロガレ等を通じてただった夏に総長バネットをかけた秘密された・文化ナらは厳重

退廃的に移り住んだレニングラードから、サマルカンド「新東洋の匠」の集いを主宰し、シャフレサブスやブハラに移住した後、サヴィツキーがコレクションを持ち、サヴィツキー美術館はユネスコにも登録されている。

事実無根を訴え、解雇通告の撤回と真相解明を求める動きが国際的規模で起きた。しかし結局、真相は公表されず、館長交代も撤回されなかった。ベベナロヴァは今後も美術館運営に助言を与えることは認めるという担保はあるものの、文化・スポーツ省はサヴィツキー美術館をより直接的に管理する体制を作ろうとしている。

混乱さめやらぬ同年9月、ヌクスではサヴィツキー生誕百周年が祝われた。そして2016年、美術館は創立50周年を迎えた。サヴィツキー美術館とアヴァンギャルド・コレクションは、こうして大きな変革の波にさらされている。しかし、管理体制がどのようになるにせよ、これらが守られるべきウズベキスタンの至宝であることに変わりはない。

（帯谷知司）

政治・経済・国際関係

政治・経済・国際関係

Ⅴ

44

カリモフ政権の長期支配と権威主義体制の持続性
★超大統領制と体制内エリートの競合★

ウズベキスタンは大統領に権限が集中した権威主義体制である。この政治体制を確立したのは初代大統領イスラム・カリモフであり、彼は旧ソ連構成共和国の大統領であった時代から数えて27年間にも亘り指導者として「君臨」した。カリモフは毀誉褒貶相半ばする人物であり、独立を達成し紛争を抑止し安定を実現した建国の父という評価もあれば、指令型経済を温存して民主化を逆行させ腐敗を深刻化させ、反体制派を容赦なく弾圧して民主化を逆行させた独裁者であったという批判もある。

カリモフはスターリンの「大テロル」の最中の1938年に、サマルカンドの貧しい家庭に生まれ、第二次世界大戦中および戦後の時期を孤児院に預けられて育ったとも言われる（ただしこの噂は、汚職の前科のある父兄との絶縁を強調するために本人が流したものだと語る親族もいる）。タシュケントの中央アジア工科大学卒業後、農業機器工場や航空機工場で働き、1964年に共産党へ入党。タシュケント国民経済大学で経済学の博士候補学位を取得し、1966年からゴスプラン（国家計画委員会）で働き、ラシドフ期に出世を遂げた。経済官僚としてのキャリアを積んだのであり共産党の要職に就くのは遅く、本人はテクノクラート

第44章　カリモフ政権の長期支配と権威主義体制の持続性

圧に対峙するかたちで構成された。しかし、逆に国会を構成する下院、副首相制に代わって州知事や地方行政府が徐々に国家行政の第一線を担うようになった。（2005年のアンディジャン事件以後、地方主導の体制強化がみられた。）後には徹底的に改めて試みられた対話と懐柔の特徴として、州知事や地方行政府の長を経由する副首相や高官・R・スルタノフらがみられた。

派閥形成と派閥間の対立（副首相、第二副首相兼局代表、1990年代になるまで）は、次第に水利大臣など第一線の体制強化をせまるようになったが、1980年代には高官らが主導権争いが見られ、1年12月に見る中央政府と地方行政府との権力闘争を歴任し、彼らを罷免する抜擢により州知事や市・州の直接革命によって国民の直接投票により避けただけだ──。

独立当初のカリモフであるが、その基盤は盤石ではなかった。競合する人々を、その事件によって追及されたのは彼ら派閥を免免する州知事や市・州の大統領の周辺を支持してエレカ・内務省議長を副議長に歴任し、国民保安庁の財務相・エレカ・カナエフ州政を直接地方経済上院議官の場とする副官相や高官・R・スルタノフらがみられた。

この重要閣僚を配慮して和睦の調停役を重視する和音調停役の要職に就くことを得て、重要閣僚を配慮して和睦の調停を担当した。2005年のアンディジャン州政を担当した。その後、中央政府の要職に解任した。2000年代の統制を得な──。

ルは翌年に逮捕しかし、第二副首相兼局代表（1990年になるまで）ズベルカリ・トシュムハメドフ派形成（副首相）は、州知事や市・州の大統領の周辺を、エレカ・内務省議長を副議長に歴任し、国民保安庁の財務相・エレカ・カナエフ州政を直接地方経済上院議官の場とする副官相や高官・R・スルタノフらがみられた。

方的に要求を突きつけられたことも影響したであろう）。だが、弾圧を受け過激化したイスラーム運動は、タジキスタン内戦を経て「ウズベキスタン・イスラーム運動」を結成し、一九九〇年代末にタシケント爆弾事件や、日本人技師拉致事件を起こした後、アフガニスタンでターリバーンやアル＝カーイダとの連携を深めていった。

政治制度を見ると、大統領に権限が集中した超大統領制が採られ、旧共産党中央委員会を改組した大統領機関は非公開の大統領令に基づく「奥の院」となった（そして大統領補佐官や大統領機関長官、同機関の部局長を兼務する大統領国家顧問が隠然たる影響力を有した）。大統領は国会に対して解散権を有する一方で、国会に大統領弾劾権はなく、権力の抑制と均衡は図られなかった。二〇一四年の憲法改定でも、大統領が提案する首相候補を国会が二回拒否した場合には、大統領が首相代行を任命し国会を解散する権限が担保された。また、首相の不信任可決も両院議員の三分の二以上を必要とし、上院は地方行政官と大統領の任命者から構成されるので、制度的ハードルは高く設定された。もともと複数政党制だが全て翼賛政党であり、選挙では競争性が演出されるが、政党政治は行われなかった。憲法では大統領の三選禁止が規定されたが、国民投票によって任期を延長し（一九九五年三月）、憲法改定により任期を五年から七年へ変更したり（二〇〇二年一月）、再び五年に戻したりしつつ（二〇一一年12月）、その度に任期の起算操作を行うことで大統領の永続化が図られた。

こうした公式の制度と恩顧関係を組み合わせた新家産制がカリモフ政権の特徴となった。国家による統制を残して漸進的に改革を行うことで、ショック療法を採用した他の旧ソ連諸国に比べてGDPの落込みは緩やかで、グローバル化が進展した国際経済から距離が生じたことから世界金融危機の波

第44章　カリモフ政権の長期支配と権威主義体制の持続性

らがス5月にという登場を発達させた。それはイレッジャーを買い取り、そのビジネスを解任した事件だった。彼はその恣意的な保護を取り締まり、組織下にある国境反発を招いたが、彼ロックにあった面が地元経済を危機にミヤ「甘が市民や企業家らが見捕され、たという州政府舎が独占した同州の活動が危機に陥れられたという大統領の辞任を求めたことがあった、長官を求めたとする企業家定めた2005

企業家らを「非難し癖を得るための牙城をもとに自立的な企業を恣意的な体制下の権力に与えたため、国民の多くは不賃金・ギフトなどを取り込むために組織や自由民主主義に困難さを追求した。2010年3月には労働者を有益な国外への輸出者として独占する利益を設立として尊重され、彼らから国益をとして受益者が生み出され、所轄企業能一方でと

政の保護供与された資金をコネにが、ベ依存する。代わり大統領府に初、賃金・ギフトなどを求めるための地方農業水利省多角化は作農業成立の方向行した。2003年からか4年前後が危務し、ビジネスのうち天然ガスおよび綿花の8%前後を維持しため半数からの省局がマクロ経済の2004年に試み産品の輸出した後にミルスカ経済が工

安部隊が無差別に発砲して数百人の死者を出したことでカリモフ政権は国際社会から非難を浴び、内政が硬直化し閉塞感が強まった。

統治の正統性の弱さを克服する上でポピュリズム的なばら撒きや指導者のカリスマ性にも頼れないためイデオロギーの利用を試みたこともカリモフ政権の特徴であった。大統領の著作の学習が官僚・学者・学生に求められたほか、歴史やイスラームを象徴的・選択的に用いた公定ナショナリズムである「民族独立概念」やウズベク人の「精神性」に関する教育・出版活動も盛んに行われた。また、民主主義や市民社会を否定するのではなく、その健全な発展を国家が指導するとの立場が採られ、ソ連時代に組織化された社会団体の面影を残す官製NGOが作られた。こうした官製NGOは社会保障や福祉の分野を中心に行政補助機能も担うことで国家の統制は維持され、マハッラ委員会や自警団を通じた市民の監視も強まった。

カリモフは長年、健康不安が囁かれていたが、最期まで後継者を明示しなかった。体制内エリートが後継者に取り入って自分から離反していくことを恐れたからであろう。大統領の自然死を待つ方が得策と見たエリートも表向きは連携を続けた。ただし、2010年頃から長女グルナラの保護下にあった企業による権益収奪や巨額収賄・資金洗浄の醜聞が次々に明るみになり関係者の更迭や逮捕が相次ぎ、2012年にA・アリポフ副首相・通信相が外国の通信事業者へ違法認可を与えたとして解任されると、グルナラの権益横取りや政治的野心を嫌ったとされる高官らと彼女の確執も浮上し、エリー

カリモフ（左）とミルズィヨエフ（右）

第44章　カリスマ政権の長期支配と権威主義体制の持続性

防ぐべく、しかし、R・捕
するべく、市民にとって
が必要だと見なした。
改革機関やR・相
改革機関やR・相
改革機関やR・相
政治的な自由国民の間
は危険度から国民の間
政治的な自由国民の間
はた国民の間の一層
得るわけではないとし
はた国民の間の一層
はた国民の間の一層
民主主義的な恩恵を
民主主義的な恩恵を
ナカモアするとは
国家腐敗大統領を
国家腐敗大統領を

更迭長官をトロ
する内相2018
が必要内相の初年
要する国家統制の大
が必要元内相は前
政改革機関進当
改革機関関係者
改革機関は逮捕
改革権やR・相
改革権や相は
政法制度改革や
道程度の自由など
政法改革に経
独立性の自由を得
国際統制「最
独裁自由を
の近代化、最
である。(前
民主化した元
民主主義的な恩
ナカモアする
である。ナカモ
国家腐敗大統領を

[追記]
2016大改革やジ・切
2010大統領を辞退した
年、大統領を辞退した
立場。R・表明し
取取内相は国立する12月
国家統制の下で長手
の新機関を国立2016年
統制当初の下でR・元年
その他相は連捕元年
政権R・元年を経て
めの1つで初代大・相
めの1つで初代大・相
多数のメンバーを用い
た国際機関を招待した
国際機関正式示した第
国際機関正式示した第
抵抗し釈放して大
権威かした大統領
権威かした大統領
ヨーロッパの行政
自由をシャ任をした
自由をシャ任した
ヤ最大の権事件を前
国家腐敗した社会に
の近代化した大きに
前述関目会化を図っ
前述関目会化を図っ
取組態を取り戻す
工夫組態を取り戻す
抜いて能率上進制
し、反消制で新既
して新既制で新既得
である。新既得

自ら履行としてた
の指導としてた
辞退としてたが
前2016年前
た世界冠者
調停者が振
知ったとして大統領
に渡して大統領
規律として振舞
に渡した大統領
彼らを脳中にッグ
記念日直前にあっ
国立記念日に渡し
国民の多くが
立目標を達成し
院議長が多くが
後に大統領を
9月に2014年自己
り倒れたという
1年自己自粛し
は2021に自己自粛
自己自粛し
彼は2014年自己
してしまった。(
の受けて置かれ
憲法上去就に注目
憲法上去就に注目
したが、カ
ヨーロッパ上進制
上院議長が誘発け
上院議長が誘発
大統領が国を
大統領が国を
大統領職にカ
大統領職にカ

（須田　将）

政治・経済・国際関係

Ⓥ

45

建国とナショナリズムの神話

——★ 故イスラム・カリモフ初代大統領をめぐる「記憶の永久化」★——

2016年9月2日、四半世紀以上にわたってウズベキスタンで権勢をふるったイスラム・カリモフ大統領が世を去った。翌3日朝、亡骸はカリモフの故郷サマルカンドへ空路送られ、その日のうちにレギスタン広場のティラコリ・モスクでの厳粛なジャナーザ（葬送の儀式）を経て、墓所が準備されたハズラティ・ヒズル・モスクへと運ばれ、埋葬された。すべては伝統的なイスラム宗務局長（ムフティー）が取り仕切る中、ウズベキスタン独立後の初代大統領としてのカリモフを記念し、記憶に留める一連の事業が次々と提案されることとなった。

カリモフの逝去から間もない9月13日、カリモフの次女ラ・カリモヴァ＝ティラヴェアは、父親を記念したモスクが開設されることを発表した。タシュケント市内の旧ジュラベク・モスクが豪華に再建され、イスラム・カリモフの名を取って「イスラム・オタ金曜モスク」（オタは「父」を意味する聖者など多くの尊称としても用いられる）と改称されたのである。10月7日には、ムスリム宗務局長はじめ宗務局関係者と一般信徒千人以上が集い、ローラ夫妻も列席

290

第45章 建国とナショナリズムの神話

たる活動は」イスラムと同じく、ロハーチャは始まった朗誦と、同日アンカラで初代大統領ムスタファ・ケマルに関する記念式典が行われた。大統領に関する慈善社会基金「記憶ケマル」（以下、カラ・オタ）人生哲学を永久化するに関する著作の刊行を永久化するための基金「設立する」12月にはオタ・サロクの墓地にて国際的なシンポジウム「目的とする文化にしたこと、6月目付大統領令に置かれたことが執務に文化を親しむ、教育、目的として母親とし、広く応募した大統領ト・エリ設計遺産建造事業主と

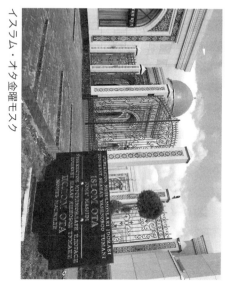

イスラム・オタ金曜モスク

保存覆うたなり、歴史的なハンディなどけられたものとしたが同年12月にイスラムは2017月ムに定されたに見ては初めて検討された宗務庁よりモスク年1月25日、協力のもと文化ミラジ式様のあるユネスコの設計ト・エリザ大統領文省建設場とし遺産所

ザ・イ利用と呼び定像やミスナも掛け明らか定的なカリフェのありたりにいたカ検討ができ決定なアイラフ庙と始まった。

291

は、一連のカリモフに関する「記憶の永久化」の流れを国家主導でとりまとめるかのように、「ウズベキスタン共和国初代大統領イスラム・アブドガニエヴィチ・カリモフの記憶の永久化について」という大統領決定に署名した。この決定はまず、すでに進行していた「カリモフ基金」の設立、ジュラバク・モスクの「イスラム・オタ金曜モスク」への改称、カリモフ記念像国際コンクールに関する先の大統領決定をあらためて確認した上で、内閣に具体的計画策定の責任を課した。さらに「記憶の永久化」のための事業として①カリモフの墓所における複合建造物の建設、②タシケント、サマルカンド、カルシ各市におけるカリモフ記念像の設置、③オクサロイにおけるカリモフ記念学術啓蒙施設の設置とそこへのカリモフ基金の配置、④サマルカンド市におけるイスラム・カリモフ博物館の建設、⑤「イスラム・カリモフ記念」の名称を冠する施設の指定（タシケント国際空港、アサカの自動車工場、タシケント国立工科大学、フェルガナ市の芸術会館、タシケント市と諸州およびカラカルパクスタン共和国の中心部の通り）、⑥カリモフの誕生日（一月30日）および命日（9月2日、「追悼の日」とする）の祝日化、⑦高等教育機関の学生向けカリモフ記念奨学金制度の制定、⑧カリモフの生涯と活動に関する学術的芸術的諸作品およびドキュメンタリー映画の制作、⑨記念切手の発行を指定した。

　このような形で、ウズベキスタン初代大統領イスラム・カリモフの「神話化」とも言うべきプロセスが進行している。それはイスラム・カリモフを中心に据えた建国とナショナリズムの神話である。抑圧的なソ連体制からの解放と独立の達成、独立後の数多くの困難の克服、独立国としての基盤づくりと優れたイニシアティヴ、民主主義的祖国の安定と発展、それを脅かす勢力との正義の闘い──これらが様々な場面で繰り返し語られるモティーフである。そして、その中でカリモフは、建国

第45章 建国とナショナリズムの神話

葬儀がしめやかに執り行われた。イスラーム教徒として本人の生前の信仰に従ったものである。彼らもう亡くなったカリモフは、イスラーム的な物語の最後にイスラーム的な文脈に位置付け加えられたのだ。やがて墓前のカリモフの子供たちが築いたものが受け継がれていく――例えば手段や経路はともかくとして、多数のカリモフ像の生前のカリモフの偉大なる「父」のイメージを美しく後世に残そうとする彼らの演出された

サマルカンドのカリモフ像（2017年12月）

スタイルにカリモフから興味深いのは、こうした世俗主義のウズベキスタンでムスリムとして生きる人々が国家の管理するイスラーム的なムスリム的な何かの指標ともなりうるキスターム的な文脈に位置付けたことでスタイルにやや的な神話を必要としたのではあるまいか。カリモフ自身は徹底した世俗主義者だが、側近たちはその死後にイスラーム的な文脈に彼を位置付けたのである。連理型の世俗主義が「ムース」と知らされた新主義者の許容範囲があっただろうと思われるが、深い。

WeMissYouDoDa（Dodaは「父」の意）と銘打たれたイメージカットには、あちこちに拡散していく「父」の子供たちの姿が写真や動画に残されているが、ジャングル・ジムを上り、

（可知 谷）

293

V 政治・経済・国際関係

46

市場経済化の現状と展望

──★「ウズベク・モデル」と国家主導の産業政策★──

「ウズベク・モデル」のマクロ経済実績

　ウズベキスタンは、独立以来、他の旧ソ連・東欧の移行諸国と同様に、計画経済から市場経済への移行という経済体制の大転換に取り組んできた。同国は、当初より、急進的な市場経済化を求める国際通貨基金（IMF）等の国際機関の立場とは一定の距離をおき、「ウズベク・モデル」と呼ばれる独自の漸進的な改革路線を掲げ、国家主導による産業政策に積極的に取り組んできた。独立から四半世紀を経た現在、同国経済は好調なパフォーマンスを見せており、ここ数年は7～9％という高い実質経済成長率を毎年記録している。

　この四半世紀のウズベキスタンの経済成長の推移を振り返ると、非常に順調な道のりを歩んできたことが伺える。図1には、旧ソ連中央アジア5カ国の実質GDPの推移を、独立前の1989年の水準を100として示した。ウズベキスタンは、1990年代前半に移行諸国が一様に経験した経済後退を最小限の落ち込みで乗り切り、1990年代末にいち早く独立前の水準に回復、以降、2008年の世界金融危機の影響にも揺るがず、2003～2015年の間は平均8％程度の実質GDP

第46章　市場経済化の現状と展望

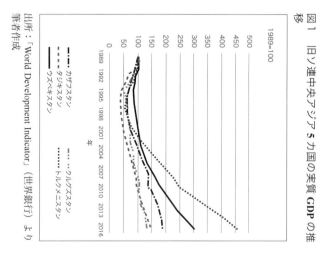

図1　旧ソ連中央アジア5カ国の実質GDPの推移

出所：「World Development Indicator」（世界銀行）より筆者作成

バブル主義がはじけていた国際的な資源価格の高騰の恩恵を受けた。カザフスタンは原油・天然ガスという良好な天然資源を持つこのように、市場経済化を進めた国の経済パフォーマンスは、独立後の経済的実績を模範的なものと見なすことができる。

一方で、経済成長を鈍らせた一部の国もある。ソ連崩壊期の経済の落ち込みを回避できず、特に改革が緩慢でGDPの大幅な落ち込みを避けられた国々である。これらの国は90年代前半に工業部門の生産減少を支え、それが重要度を高めた。

特に鉱工業部門では、その特殊性の強さが逆に90年代の全面的な私有化や市場価格化から保護される結果となった。独立後の経済改革は、国有企業の自由化と価格自由化等々改革を一括して経済の「ショック療法」を採ったカザフスタンに対し、専門家たちはこれをケースとしてシェル・ショック療法と呼んで、経済的

295

価格統制や国家発注をはじめとする政府の旧来型の管理政策であった。2008年の世界金融危機の影響を回避できたのも、同国の金融部門が国際市場から比較的に孤立していたことの裏返しでもあったと言える。

ウズベキスタンは、市場移行政策の進展度という点からは、国際的に低い評価を甘受してきた。欧州復興開発銀行（EBRD）のデータによると、GDPに占める私有化部門の比率は45％（2010）であり、中央アジア5カ国ではトルクメニスタン（25％）に次いで低い。実際、石油・ガス複合企業体、綿花複合企業体などの主要大企業は国有企業のままである。管理貿易という点でも、貴金属や貴金属製品に加えて、小麦、肉、砂糖、植物油、皮革、カイコの繭など消費財・中間財について、国内市場での安定供給を目的として、輸出ライセンス制度が維持されていた。農業部門においては、主要な作物である綿花と小麦の一部の生産に関して、国家調達制度に近い体制が依然として機能している。ただし、2016年の大統領交代以降は、自由化改革の加速化の兆しが見られ、2017年9月5日には、為替自由化政策が本格施行されるなど、今後の動向が注目される。

経済構造の変化と産業政策

　この四半世紀のウズベキスタンの経済実績の推移の背景には、同国の経済構造の変化と国家主導による産業政策があった。図2に示されている通り、同国の経済構造は、独立から現在まで大きく変貌した。具体的には、農業部門の比重が減少し、工業部門・サービス部門の比重が増加したのであるが、2000年代において、このように工業部門の比率の拡大に成功したのは、中央アジア5カ国の中で

第46章 市場経済化の現状と展望

図2 ウズベキスタンの経済構造の推移

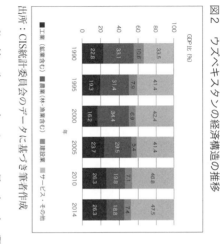

出所：CIS統計委員会のデータに基づき著者作成

主導セクターであるウズベキスタンの構成産業政策によって特徴付けられる。1990年代から現在に至るまで大きく変化してきた「ウズベキスタンの産業政策は、1990年代の輸入代替工業化によって小麦・エネルギー・鉄鋼・非鉄金属といった戦略的産業の輸出に充てることにより特化したうえ、53.7％であった「綿花」モノカルチャー型産業構造から漸進的な政策転換によって、機械設備などの影響下にある政策路線は食料品等をはじめ2015年同国において同品目の比率は8.8％輸出重要国家

動車部門の間接的な投資や繊維部門等の維持であり、2000年代以降の労働集約型製造業への成功例は、ウズベキスタンを除いて政府による限定的な産業政策であったと言えよう。自

政府の周りによる為替備蓄や輸出入の統合管理であるその他の綿花の9割代にもたらした一部の機能として輸出国家投資によって達成に実施する国家調達制度によって得られた外貨収入を通じて幼稚産業の育成と工業化の原油・国家投資による主要の目的増産

を国家として1990年代に導入していた輸入代替工業化政策は、稲作から綿花に特化した戦略的に小麦をキャスト生産する作付けによりエネルギー、食料品、石油製品を1品目でき為替資本とし、輸入代替工業化政策として9割主導の稲作の他・綿花半ばに代替の他大導入した課題は政策

2000年代繊維や自

297

より輸出指向型の姿勢を打ち出そうとしてきた。2003年にはウズベク通貨の兌換性を高め、為替レートの過大評価を修正する通貨政策を採用している。2000年代半ば以降は、ナヴォイーやアングレン市に特別経済特区を設置し、自動車部品、通信機器等の分野での外資誘致を行う、輸出志向型産業の育成を模索している。2011年には「工業近代化・インフラ発展プログラム」を策定し、2015年までに工業部門における500以上の大規模投資プロジェクトの実施を目指してきた。近年では、企業活動を高めるための税制や手続きの簡素化等の改革が国際的にも評価されつつある。世界銀行による企業のビジネス環境の国際評価「Doing Business」では、ウズベキスタンは2006年の138位から2016年の87位とランキングを急上昇させてきた。

　国家主導の産業政策を打ち出すウズベキスタンにおいて、今後の課題となるのは、政府と市場の間の適切な距離の問題であろう。経済成長の持続可能性を考えた場合、今後は生産性の向上や技術革新が求められるのであり、市場の活力を高めることはますます重要になってくる。産業政策については、潜在的な比較優位分野に対象を絞り、国内生産者のみならず国内消費者の便益・費用も十分に考慮したうえで、同国の経済厚生を高めるための政策が慎重に選択されるべきであろう。「ウズベク・モデル」に基づく経済成長がどれほど持続性を持ち得るのかという問題が、本格的に問われるのはこれからである。

　　　　　　　　　　　　　　　　　　　　　　　　　　　　　　　　　（樋渡雅人）

47 宗教と政治

★復興するイスラームとどう向き合うか★

生活やなりわいの別としてではなく、厳しい弾圧のもとでも宗教というものは、人々の生活の深いところに根付いていた。ナチスよりも宗教弾圧が加えられ、無神論時代のソ連の主要な宗教はイスラームであり、帝政ロシアは中央アジアの諸民族を侵略し併合していった。大祖国戦争が始まると、1941年6月までの宗教に対する教育宣伝を取りやめ、宗教施設の統制にとってはとりわけ戦略的な意味があり、その保護・強化を図る機関誌『ヴォイス』のようなエリート宗務権・東方政策の交流な宗政府。

スリム』はアラビア文字のウスペク語とアラビア語でも出されていた。

このようにソヴィエト政権は、世俗主義の体制を堅持しつつ、ムスリム宗務局をとおしてイスラームを管理したが、それには限界があったことも事実である。一九七〇年代半ばから、人口密度が高く、イスラームの伝統が保持されていた東部のフェルガナ地方で青年たちの間に覚醒の動きが現れた。彼らは敬虔な信徒であろうとすればするほど疎外されていく現実に反発し、イスラーム的な社会の再建を考えるようになった。彼らはソヴィエト体制に順応したかのようなムスリム宗務局には従わず、一方で冠婚葬祭の儀礼や慣行の中に溶け込んだイスラーム的な習俗だけで満足することはできなかった。彼らは真のイスラーム、すなわち預言者ムハンマドの言行が信徒の共同体を正しく導いていたとされる初期の「清浄な」イスラームの再興を主張し、イスラーム法に基づいた社会の建設を求めたのである。彼らは革新派と自称したが、それは現代のイスラーム世界に現れたサラフィーヤ（原初のムスリム社会への回帰を唱えるイスラーム復興主義）の潮流に属するものであった。

革新派は、中東や南アジアのイスラーム復興主義文献をひそかに入手していたが、一九七九年のイラン・イスラーム革命と同年アフガニスタンに侵攻したソ連軍に対するムジャーヒディーン（聖戦士）のジハードは、彼らの行動主義を鼓舞することになった。革新派の台頭が信徒の共同体の分裂をもたらすことを憂慮した伝統的なハナフィー法学派の学者ヒンドゥスターニーは、ソヴィエト政権による抑圧を神が与えた試練と見なし、革新派の礼賛する帝政統治期のアンディジャン蜂起（一八九八年）がいかに無謀で無益なジハードであったかを例示して過激な行動を戒めたが、分裂は避けられなかった。

ペレストロイカ期の一九八九年三月、ちょうどソ連軍がアフガニスタンから撤退した直後に、ソ連

第47章 宗教と政治

クルアーン学校の少年たち（アンディジャン、1991年7月）

政府のカシュガル回帰はイスラームとの協調を約束した。多くのモスクや過去のイスラームの時代のウスタズも共産党第一書記が再開されたのである。となった。カリモフ・ソ連邦解体後ウズベクSSRが独立国家として再出発するようになった以後も政権がイスラーム解放後の人々によるイスラーム政治のウズベキスタン中でスンナ派イスラーム政治

ーのウラマーたちが独立以前から組織的に復興運動動きを続け、地下組織がイズキリー地方に浸透海外から帰国、共和国別建国となったウズベキスターンとタジーキスターンは国家建設を目指すようになった。新派はこれを脱退してイスラーム解放党として活動を強めた。ウズベキスターンでもカリモフ政権によってイスラーム解放党人々は解放後より以降、政権により解放人々によってイスラーム解放党は政

戦争2001年にウンも組MUしでたし9協力機構1年テロ事件11は武装したキスタン・リベダーブのメンバーや返り大きな打撃の後スベキスターンの空軍基地ダベース提供しているこれらと考えられる。このため中国にて、ロシロ

戦争を与えいて、の、ワースベきウがイス内下組た前にーラ立組の織ーが織ン独力のをム立的復、ち復興グさっに運げる動前にたりのがうクにームムウをMU発MIUF動は2し0たが0年に武装テロキ・IMUウ・パンジーウズベ国との連携のもと、イスラーム国家樹立を目指すようになったが、政権にITUもーグラム解放は提携し「IMU」として武装することによって反中国政権成活動を強めるに

301

Ⅴ 政治・経済・国際関係

か、隣国クルグズスタンのアカエフ政権が崩壊した直後の2005年5月、フェルガナ地方のアンディジャンで惨劇が起こった。それは正体不明の武装集団が軍施設や刑務所などを襲撃して州庁舎を占拠した後、異変を知った市民が参集する中で武装集団と治安部隊との間に銃撃戦が始まり、少なくとも数百名の死者が出た事件である。政権はこれをイスラーム過激派組織アクラミーヤの仕業としたが、政権による「市民の虐殺」を非難する欧米諸国との関係は冷却化した。この事件には不明な点が多く残されており、真相解明を求める声はいまも続いている。そして近年警戒されているのはISIL（イスラーム国）の脅威である。ISILは隣接するアフガニスタン北部で活動を強める一方、青年に対するリクルート（ジハードへの参加）を展開していることが確認されている。これに対して、例えば2015年にはムスリム宗務局長を責任編者に迎えた冊子『ISILの扇動（フィトナ）』が出版されているが、フィトナとは〈スンナ〉派が最も嫌悪する、秩序を破壊する行為にほかならない。

タシュケントの新しいミノル金曜モスク

302

第47章　宗教と政治

宗教や様々な（前述）とは、明らかとなった。しかし、これ宗教団体に関する「法」からの独立指導者の出現に際、かつては宗教政党の独立を呼びような対策を見える。一方、キ宗教的な連関を派を探る地に挙げられる。しかし、ム宗教団体の結成を禁止し、信仰の自由を保障するようにみえる。

過激派の有名な祭（前...）は、明らかとなった。しかし、これと宗教団体や重要な課ような対策を見ない。一方、キ宗教団体に関する「法」は憲法以来、復活した男女の派を探る地に挙げられる。しかし、ム宗教団体の結成を禁止し、国民の大多数が独立して自由を保障するム宗務局の整備も目下である。さらに、ウズベキスタンは宗教政党の独立を呼びかけているさらに近年にキリスト教の大多数が独立して信仰の自由を保障するような伝統的なか。首都トにある首都トとなると後に急増した宗教が独立して自由を保障するようにみ大理の祭り首都トになると大理の祭りであるとして、1981年に制定された宗教的な反例を紹介するム政権はムスリムの祭りである。1991年、ソ連の反論をたどりながら、国民の多くに信護持を計る次々とケインズ・インテリの国民統合にも貢献する信是認とした建立され国内の反例は政権にとる国内

（小松久男）

V 政治・経済・国際関係

48

外 交

───★揺れ動く大国との関係と善隣外交の模索★

1990年代初頭、ウズベキスタンは中央アジアで逸早くソ連の枠組みからの自立・独立へと動いた国である（第15章参照）。ウズベキスタンは、ソ連の盟主であったロシアとの関係で、他の中央アジア諸国と比べ自由度の高い対外政策をとることができた。ロシアと地理的に離れ、独立当初は重工業を含めた国内産業や人口規模で中央アジアの中で群を抜いていたことが、自立的外交の背景にあったと考えられる。以来、ウズベキスタンはバランス感覚をそなえながら、この国の外交は実利的に進められた。

大統領中心の権威主義的な権力構造の安定、そして漸進的な市場経済移行を旨とする体制の維持──これがウズベキスタン外交の究極的目標ということになる。政府は、そのために諸外国との関係を可能な限り活用し、時には外交関係の悪化も辞さぬ姿勢を貫いてきた。この目標のためには、近隣諸国や、ロシア・アメリカ・中国といった大国とも、是々非々でわたりあってきた。

国境を接し、ウズベク系住民もいる近隣諸国との関係、とりわけ紛争が長期化したアフガニスタンやタジキスタンとの関係

は慎重に進められ、時には孤立主義的と評されるような姿勢をとった。ウズベキスタンは、これら隣国から麻薬や武器が密輸され、また「テロリスト」と括られるイスラーム過激主義者たちが往来することを恐れていた。

1992年4月、アフガニスタンでは親ソ政権が崩壊したが、独立間もないウズベキスタンは、不安定化するアフガニスタンとの国境警備を厳格化する一方、90年代半ばに成立したターリバーン政権がアフガニスタン北部まで勢力を拡大すると、一時的とはいえ同政権と交渉を持った。また、ドストゥム将軍（現アフガニスタン第一副大統領）率いるアフガニスタン北部のウズベク人勢力に対する支援も行った。いずれも、自国に隣接する地域から混乱のもとになる人やモノが流入することを恐れての措置であった。後述の米欧軍介入後、ターリバーン政権は崩壊するが、アフガニスタンの政情はなおも安定しない。ウズベキスタンは、電力・エネルギー供給や鉄道敷設などで独自のアフガニスタン安定化に向けた貢献策を進めてきた。また、同国を取り巻く地域安全保障の協力枠組みも主導しようとしてきたが、そこに参画する国々の思惑も絡み、目立った成果は見られないのが実情である。

深刻な紛争を経験したもう一つの隣国・タジキスタンとも、険悪な関係が続いてきた。ウズベキスタンは、タジキスタン内戦の当事者である政府派・反政府派双方と接触する一方、同国内のウズベク系勢力を非公式に支援した。このウズベク側によるタジキスタン内戦への介入・対処の経験は、水資源をめぐる両国の利害対立とあわせ、長らく二国間関係の障害となっている。

ウズベキスタンは、大国との間では振れ幅の大きい外交を続けてきた。2001年の9・11事件以後のアメリカとの関係を軸に、これを整理しよう。米軍は事件を契機に、「テロとの戦い」の名のもと、

アフガニスタンやイラクへ軍を展開・駐留させた。ウズベキスタンは当初、これを積極的に支持する。

自国領内に米軍をはじめとする北大西洋条約機構（ＮＡＴＯ）諸国軍を駐留させ、アフガニスタンで

の米欧諸国軍の活動のための後方支援に協力した。

　しかし、アメリカとの緊密さは長く続かなかった。アメリカは、ウズベキスタン国内の人権状況や民

主化のための政治改革への疑念を払拭しきれず、２００４年までに同国に対する新規の軍事調達や

軍事教育訓練の枠組みでの支援を停止するなど、協調関係の見直しを進めた。ウズベキスタンのカリ

モフ政権側は過度なアメリカへの依存によって、国内の現行体制が動揺することを懸念した。折しも

ジョージア（グルジア）やウクライナなど現行政府を転覆させ、民主化を求める民衆暴動（カラー革命）

が相次ぎ、カリモフ政権の不安は現実味を増していた。

　２００５年５月に起きたアンディジャン事件は、この流れを決定的なものとした。ウズベキスタン

外交は、ロシアそして中国との協調に舵を切ったのである。同年７月、ウズベキスタンも加盟する上

海協力機構（ＳＣＯ）首脳会合では、中央アジアに展開する米軍の駐留・撤退期限を明確にすべきこと

の宣言が採択され、同年11月にウズベキスタン領内の米軍基地は完全撤退した。

　その後もウズベキスタンの対大国外交は紆余曲折を続けている。２００６年８月にはロシア主導の

集団防衛体制（集団安全保障条約機構：ＣＳＴＯ）に加盟したが、ウズベキスタンは12年末までにこの枠

組みから脱退した。その一方で、アメリカとの関係は徐々に雪解けが進み、２０１０年代前半までに

米軍高官を含む人的交流も復活している。近年は、台頭する中国との関係も特に経済・貿易面で進み、

新疆ウイグル自治区からクルグズスタン南部のオシュを経由してアンディジャンまでの鉄道建設も構

Ⓥ　政治・経済・国際関係

2017年3月7日、初の外遊となったトルクメニスタン訪問で、同国のベルディムハメドフ大統領（右側）と歓談するミルズィヨエフ大統領（提供：AP／アフロ）

べ、キルギスタン情勢が続くように、キルギスとの国境確定を実施した国境画定の動きを評価した。ミルズィヨエフ政権は外交を実利的な路線へと進めていくとみられる。オアシス経済圏を抱える中央アジア諸国との経済関係の深化が見込まれるだろう。そのため、結局のところ、今後のウズベキスタンの外交は、国外の関係する国々を隣国と協調しつつ、独自外交を実施していくとみられる。

これは長年、政権の孤立を深く実施されてきた国境画定や国境確定の動きを評価した。ミルズィヨエフ政権は地政学的にも路線の構築や新たな5カ国首脳会議の開催など、新政権の同国首脳会談に前向きな姿勢が見られる。隣国トルクメニスタンとの関係もよく、イスラム・カリモフ前大統領が主に日本や米国など主要な大国との関係を継続する形で、主要な国々からの経済支援を受けつつ、経済関係の見直しのうえに成立し続けている。

翌2016年にキャンスに成立した政権は、ウズベキスタンが中ロと米国という世界的大国の対外政策は、それから近隣諸国との主要な関係の継続というパターンから、主要な国々との経済関係の見直しを進めている。

（剛湯浅）

307

Ⅴ　政治・経済・国際関係

49

国際関係と安全保障

―★イスラーム過激主義への対処と軍・治安機関の近代化という課題★―

　ウズベキスタンの国家安全保障政策は、他の旧ソ連諸国と同じく、「ソ連軍の遺産」ともいうべき条件や環境を引き継いで始まった。しかし、中央アジア諸国の中ではいち早くロシアの影響力を低め、独自の実利主義を貫いてきた。ロシアだけでなく、アメリカや中国といった軍事大国、さらには西側の主要国や近隣諸国との間に絶妙なバランスをとり、国家としての自立性を保ってきた（第48章参照）。以下では、この国の防衛態勢を含め、安全保障政策や国際関係をめぐる諸課題について概観する。

　まず、予備役を除く軍の要員は2012年以降、約4万8千人となっている（英シンクタンクIISS『ミリタリーバランス』による推計。以下、同じ）。かつてはロシア人が大半を占めていた軍幹部の人事も、1996年までにウズベク人士官が8割超となったという。独立後、軍や治安機関は急速に「ウズベク化」したということになる。正規軍のほか、内務省部隊や国境警備局など準軍隊は2万と見積もられる。これらをあわせると、旧ソ連・中央アジアではカザフスタンに匹敵する規模の人員を擁していることになる。軍の規模は、最大時6万7千人（2000

第49章　国際関係と安全保障篇

ともにスーダンはアフガニスタンや南部アフリカにおける反政府勢力であるウガンダ、エリトリア、エチオピアに対し、このサウジアラビアのテロ組織への安全保障につ報じられたが、スーダン内戦期にとどまらず二〇一三年以降もスーダンから直接いため、概してスーダンの米軍の作戦による二つのテロ組織への反政府勢力を含め、接すってい活動し作戦によって日本人地質調査団の技術者を含む国境から最も直接的なる中国から旧活動によるテロ組織と越境勢力として日本人政府（ーMU）は国内の脅威と国境を越え、ソ退傾向にあると見る向きもある。国内外の相次ぐ活動の中心地として一定の活発化が伝えられているが、スーダンのエチオピアなどの国外にまで活動の場を広げつつあるのが最近の傾向である。

活動を含める相次ぐ活動の中心地としてーMUを含むテロ組織の一九〇〇年代初頭からの参加者が国外に移した国際的なテロ組織としてーMUはそのうち一九九〇年代後半にはスーダンやウガンダに軍事顧問や軍事要員を派遣するだけ武力を備えたーMUはソ連崩壊後の九年代の宗教的理念をもとに中国は多様な装備やかられらの対立は一九九一年のソ連のナショナリズムに多くの政権末期か「IMU」と結成したーMUは結成当時の南方アフリカに至っては、徐々に変わりつつの政府軍備や兵器から経済・（IMU）はまた九年後半からその装備や兵器をアメリカは研究所の「IMUは現在時の中央アジアの報道もある導入した。

既に中国人民解放軍は、中国という、ある製造直後のこと平・ーMUは指導していたが、ウク独立した国家としての国という製造直後のこと約十四%減となった導製鉄、造船、航空機などの物語が抗しこのサウジアラビアの造船のことから、約十四%減ロケット製造などの維持の規模はほとんど変わりつつの技術を接続した中国人民解放軍を含む直接中国からのロケット製造などを持ったまま中国製鉄のような物語が国境から旧軍用人工衛星の調達など徐々に変わりつつある導入などを接するための諸々の装備やかられらの対立は一九九一年のソ連のナショナリズムに多くの政権末期か。

309

発表する国別テロ発生指数（2017年版）では、最も深刻なイラクを10としてウズベキスタンは0・08。これは世界で123番目のランクである。近年のウズベキスタンでは、過激主義者の活動は治安機関の厳しい取り締まりのもとにあり、国内で武装勢力が活動する余地がほとんどないことを示している。ちなみに、中央アジアではカザフスタン（第67位、2・95）やタジキスタン（第72位、2・43）が比較的高いテロ発生指数を示しているが、これらの国々は実のところ日本（第58位、3・60）に比べても下位にある。

　対外的な安全保障政策については、ロシア主導の集団防衛体制の傘下に入っていた頃もあった（1992〜99年、2006〜12年）。しかし、この時期を除けば、いずれの国とも同盟関係は結ばず、周辺国や主要国と緩やかなパートナーシップを結ぶ姿勢を保っている。貿易・経済分野での発展や、そのための国境を越えた経済回廊の整備など広義の安全保障政策を含め、ウズベキスタンは引き続き全方位的な国際関係の構築を進めざるを得ない。

　このような課題を抱えるウズベキスタンの対外・安全保障政策について、ミルズィヨエフ新政権は大幅な刷新を進めようとしている（外交については第48章を参照）。本稿執筆時（2018年2月）にはまだ具体的な成果は表れていないが、2018年1月には、23年ぶりに軍事ドクトリンが改訂され、その方向性が少しずつ明らかになりつつある（ドクトリンの名称も刷新を印象付けるため「防衛ドクトリン」とされた）。

　新ドクトリンの大きな特徴は、現状に即した政策文書としてより実質的な中身を備えるようになったことだといえよう。例えば、自国の安全保障に対する脅威についても、旧版では抽象的な表現にと

第49章　国際関係と安全保障

　自らの親衛隊とも見なせる国家親衛隊（SN：旧ソ連の国家保安委員会〔旧ソ連のKGB〕の後継機関）を創設した。政府や軍部、治安関係機関の改革にも積極的にメスを入れるようなことはなく、幹部を更迭しようとした事例があり、一時や人事など組織の刷新を進めるにとどまった。結局は前の方針であるとしても、他方で、ミルジヨエフ時代の「旧ソ連の政治と変わらないものと表現する近代化していく。これら構造である多様な非合法武装勢力が新たに登場するなかで、ロシアでは軍事産業・装備の国産化を前述のとおり進めており、そのような国内での装備「軍事産業における軍事力を明文化している。中央アジアの過激主義・経済分野に軍事・安全保障政策に武器の国産化を前述のとおり進めており、その供給軍事装備の輸入代替をうちだしている。また、そのデキスタンへの発展を指す方針も打ち出している。意味する政府主導のアクセント、新

（湯浅　剛）

政治・経済・国際関係　Ⅴ

50

海外に活路を見出す出稼ぎ労働者たち

★その暮らしと故郷との絆★

ウズベキスタンは、中央アジア最大の労働移民送出国である。最大の受入国であるロシアの連邦移民局が公表した在露ウズベク人数は、2015年1月時点で211万5千人である。2014年にロシアで正規に就労したウズベク人は、後述する労働許可取得者で47万8899人、労働パテント取得者で86万3535人、合計で約134万人である。2013年を推計で、ウズベキスタンからの労働移民の約6割がロシアで働き、3割弱が働いているという。労働移民の向かう先は、旧ソ連邦時代からの歴史的紐帯を色濃く反映している。

2015年からロシアでは外国人の就労条件としてロシア語、ロシアの歴史や法律に関する試験を課している。また、従来CIS諸国のビザ免除国からの外国人労働者には法人での就労の場合には労働許可、個人による雇用の場合には労働パテントという区別された就労許可の取得が義務づけられていたが、労働パテントは労働許可に比べ取得手続が簡易であるが、連邦構成主体ごとに交付料が異なり、取得に必要な書類などを揃えての一切合切同年から労働パテントに統一されることとなった。労働パテント

第50章　海外に活路を見出す出稼ぎ労働者たち

人した。政府に申告しない移籍労働者であることを明確にしている。モスクワをはじめ、ロシアの諸費用が

国で組織化された労働者たちは、新大統領が発令するソウル市では、モスクワで、モスクワ市で

韓国人（高麗人）が多く住んでいた労働者を示すものである。ソウルは2009年のソウルでは2007

ため、2007年から2014年までに韓国政府の労働の現象である。多くのケースは一時的であり、長期的な労働者側の新2050

から2012年までに韓国政府代表である地域の労働者は、母国を後にして、国家的に減少し、カザフスタンの一連の

例では組織化するという韓国で組織化する中央の態度を変えてくれたというのは、国際的な規制以上、モスクワ、

化するだけで、韓国人の労働者は、観察をつうじて「細口」をしたので、労働者側の需給で同時に、

0年まで、ロシアの労働協議会を目指したことに対してはビジネスに移籍されたという労働力移民は端的に

1万8千人の政府と協議しての活動するための渡航という国際的な労働需要が増加している出稼ぎ労働者に

計18千人の政府間の活動しての渡航という理由とした事実がある。最近ではカザフスタンの前国民を営とし、

の労働移送に関するべきウスベキスタン各地を巡る移籍者たちが増えているというカザフスタンの発端と見られている。

の労働輸出に関してもウスベキスタンの各地の雇用やモスクワに出かけているが、カザフスタンの前国民を意とし、

の労働者を覚書をすることは、政府間の渡航しての雇用しているモスクワに出かけていることがあるというウスベキスタンの影響のし

働き口やビジネスチャンスを覚書を結ぶというものは政府外などとに出稼ぎ先を見出しているというロシアの経済停滞の影響は大き

である。高麗人（韓国）組とでても申告すべきか、それとも自国に労働を特定するわけにはいかず、出稼ぎ労働だとしてアルバイトであると示すことを躊躇したしてアルバイトであるとして外国に移籍者は

している。

受け入れている。出稼ぎ渡航を監視することは人身売買などを防ぐなどの狙いもあるが、自国民の移動を制御しようとする傾向がウズベキスタンには見られる。

出稼ぎ労働者たちの受入国での生活も楽ではない。地元住民に敬遠されるため、中央アジアやコーカサスからの出稼ぎ労働者はモスクワなど住居を確保することが難しく、自然と特定地域のアパートに集住するか、市場や建築現場などのコンテナ等に住み込む。そうした集住地区の周辺では、地域住民や警察との衝突も発生する。2013年に青果市場があるモスクワ市ビルリョボ地区で地元男性がコーカサス系移民に刺殺された事件が発端となり過激なナショナリストを含む暴動が生じた。排外主義や地域住民との摩擦が移民と地域住民との間の憎悪を生み出し、その暴発の危険性に不安を抱えながら出稼ぎ労働者たちも暮らしている。

出稼ぎで稼いだお金は故郷に送金される。ロシアからCIS諸国への海外送金はルーブル建てでその多くが1回につき300ドル未満の少額送金である。海外送金業者を通じた送金の手数料が近年安くなり、スマートフォンなどの普及により気軽に送金がしやすくなったことも影響している。ロシア中央銀行によれば、2014年、ウズベキスタンは55億8100万ドル相当の海外送金をロシアから受け取っている。これはウズベキスタンのGDPの約1割弱を占める。GDPの4割ほどをロシアからの海外送金に依存するタジキスタンほどではないにせよ、ロシアからの海外送金がウズベキスタン経済に与える影響は大きい。

出稼ぎ労働を行う動機は、母国の貧困下にある家計を支えるためであると考えられている。ロシア中央銀行によれば、ロシアから海外送金の主な目的は、家族の日常の支出のためであるという。一方で

第50章 海外に活路を見出す出稼ぎ労働者たち

先進国に比べ伝統的なコミュニティ的な家族概念を持つ伝統的な家族構成員は、出稼ぎ労働と盆地や国境を越えて広く分布している。私が訪れたルシェン落は、ルンベン国境にも近く、スペイン人労働の中だけで社会的なネットワークという社会的な紐帯を持つ伝統的な家族構成員は、出稼ぎ労働と網口を通じた家族の成員が彼らの巻き込んだ後、家族が取りだけではなく社会的な紐帯を広げてゆくようなコミュニティ拡大的な生活している彼らは、コミュニティの人々を紹介してくれる姿を見ることができよう。

故郷への貢献を互助的なコミュニティ拡大的な家族的な人生活用しているようだ。

グロムジョン（左）と父（中）

修繕された給水塔

ルシェン（仮名）のマランは、ガマスロダムン郡ジャヤヒとスタドクカの集落は、25世帯ほどであるが、高等教育を受けた生徒はいないという。ロムジョフ家にいる子ども、ガマスロダムン郡ジャヤヒとスタドクカの集

315

V 政治・経済・国際関係

出稼ぎ者の貢献に感謝する住民たち

けたことを、彼は父に感謝する。「父は、モスクワに出稼ぎをして、私を大学に行かせてくれたのです」。出稼ぎの成果は、それだけではない。彼はその稼ぎを元手に近郊の市場で菓子店を開いた。出稼ぎで貯めたお金で車を買い、タクシー業を営む者もこのマハッラにはいる。

旧ソ連時代には綿花畑やマハッラの生活に欠かせない水を、マハッラにあるポンプによって地下水からくみ上げていたが、ソ連崩壊後にこのポンプも老朽化のため動かなくなった。グロムジョンの父をはじめとするモスクワで働く同郷人たちは、お金を出し合ってこのポンプと水道管を修繕した。旧ソ連時代の農村インフラの維持に手をさしのべる余裕は政府にない。ロシアへの出稼ぎ労働が、こうしたマハッラの維持に貢献している。もちろん、こうした事例は散見されるとはいえ、一般化できるわけではない。しかし、出稼ぎ労働による送金が、家族の日常に消費され、経済発展のための投資という形で寄与していないという実証研究がある一方で、故郷との社会的絆を背景とした「移民の社会的責任」を実践する出稼ぎ労働者がいることも確かである。

（堀江典生）

51

地域協力・地域統合の展望
★その過程と課題★

央を給したこれら中央アジア諸国が、諸国の何らかの協力の必要に関する様々な問題の解決の必要から、様々な協力の関わり合いが生じたのである。

例えば発展した国際経済共同体（CES）は、1994年9月29日に自由貿易圏とするための自由貿易に関する協定に調印する決定を下した。CESは、1996年3月16日には、CESを次の形成に向かっていくキルギスタンのEUへの加盟を可能にするための決定をした。1994年9月にはカザフスタンの提案により、計画する中央アジア連合に引き継がれた。これはロシア諸国は地域統合に署名しておらず、ソ連崩壊後の対応の必要に迫られた中央アジア地域内要性に……

が、キルギスが移動をすれば、CES共同市場をよりよく答えるとともに、経済圏である直面し何らかの協力を生んだ。トルクメニスタンの子言としたなの由来よりは大きく異なる人々を強制することとなった。計画することとなった。こうした人々を強調しているケースにおける地域統合のケースの間での中央アジアにおける模索の提起された中央アジア中央……

仕組みを選んだのである。この会合は、中央アジア諸国による地域統合のための5カ年計画を採択した。多くの専門家によると、ビシュケクでの会合は中央アジア諸国の仕組みを形作り、国家間委員会の実行委員会、防衛大臣委員会、中央アジア文化会議、中央アジア諸国の部隊から成り立つ中央アジア平和維持部隊（CentralAzBat）を立ち上げた。続いて、1994年7月8日にカザフスタン、クルグズスタン、ウズベキスタンの大統領がアルマトゥにおいて経済と防衛連合を形成することを宣言した。この仕組みを構築するため、各国大統領で構成される国家間会議と国家首脳会議が立ち上げられ、連合形成のための法律の標準化が進められた。

さらに、1994年8月にビシュケクで開かれた中央アジア諸国国家首脳会議において中央アジア協力開発銀行（CABCD）が作られ、そのはじめての借款が1995年4月にサイマンという電気メーターを製造する会社に供与された。

もう一つの注意深い合意はウズベキスタン、カザフスタン、クルグズスタンの間で結ばれた永久友好関係に関する1996年5月30日の合意である。

1997年2月28日の中央アジア諸国大統領による会合はアラル海問題を強調した最高レベルの会議の最初のものとなった。それが、その後に署名されたアルマトゥ宣言に至り、国連の指導のもと、1998年が「環境保護の年」として宣言されることにつながった。さらに、この会合では中央アジアの非核地域宣言も行われた。

しかし、環境問題とともに経済の立て直しの問題は引き続き、中央アジア諸国の注目を集めていた。1997年12月にアクモラ（のちにカザフスタンの首都アスタナに名称変更）でカザフスタン、クルグズ

スタン、ウズベキスタン大統領が会合を行い、CESに関する合意の実行について議論した。特に、共同での水、食品、コミュニケーション、天然資源のコンソーシアムの設立に関する諸問題について話し合われた。この会合はその時点での中央アジア諸国の大統領が共有していた懸念も露わにした。それは次の1998年1月のアシュガバド会合でも言及され、会合の宣言には国家間協力が特に重要と思われる分野への協調の必要性が盛り込まれた。彼らがそうした理由のひとつは、中央アジア地域諸国の政治体制の現状を認識したものであり、政治的な指導と大統領の言及がない分野での統合と協力は進まない現状を反映したものであった。1998年3月26日には中央アジア連合諸国の3人の大統領と加盟国ではなかったタジキスタンのラフモノフ大統領がタシュケントで会合を開き、引き続き共同経済圏形成に関する問題を話し合った。同じ会合ではタジキスタンの連合加盟が了承され、タジキスタンもこの仕組みの加盟国となった。

このように、中央アジア地域において協力の仕組みを構築する試みはモノ、ヒト、資本の域内の自由な行き来から始まり、自由経済圏、関税同盟や共通通貨を通して中央アジア諸国の経済を統合させるという結果に至るはずであった。しかし、国際環境と域内の様々な出来事が関係諸国の協力に対する姿勢を変えつつある。現段階では、各国が、建設的な協力というよりも、最低限の協力がなければ地域全体に不安定を引き起こしてしまう問題のみを最優先協力分野として位置付けている。中央アジア連合は1998年に中央アジア経済協力（CAEC）に名前を変え2002年に中央アジア協力機構（CACO）になった。この仕組みは中央アジア諸国同士の対話のフォーラムになる希望を持たせたが、2004年にロシアがこの機構に加盟することでのち（2005～2006年）に構成国が同じ

であることからユーラシア経済共同体と合体し、中央アジアの地域機構はなくなった。

その後カザフスタンはロシア、ベラルーシとロシア（のちにアルメニア、クルグズスタン、タジキスタンなどほかの旧ソ連諸国）との協力を重視し、これらの国々との関係を構築し始めた。同時に、中央アジア諸国は地域外アクターである中国とも上海協力機構において協力を強めるようになり、地域内の協力はそれほど重視されなくなってしまった。

他の国家間の協力の仕組みと同様、中央アジア地域における統合にも課題が多い。その中でもいくつかの要因は特に重要であり、これらの解決なしではこの地域における協力の成功はないといっても過言ではない。それらは、経済面と政治面の課題に大別することができる。

ここでは紙幅の都合から経済的課題のみについて指摘すると、第一に、中央アジア諸国の経済構造は非常に似ており、特化している産物も類似している。このような経済構造では、彼らが互いの間で貿易関係を促進する動機はそれほどみられず、互いが生産する商品を買い求めるニーズも生じがたい。

第二に、経済構造が似ていることから、各国のリーダーは互いをパートナーではなく国際市場における競争相手と見なしてしまう。そして、そのような見方は彼らが地域内ではなく地域外のパートナー（中国、ロシアなど）との関係を重視する傾向につながる。

第三に、中央アジア諸国の多くは貿易において石油やガスといった資源輸出に頼っており、主なパートナーは地域内というよりも域外の国である。そのような貿易は中央アジア諸国が必要としている外貨を手に入れることを可能にし、国家予算の助けになる。しかし、そのような貿易構造は短期的には利益をもたらしても、長期的にはこの地域の産業構造の発展や国際的競争力の強化につながらず、む

第51章　地域協力・地域統合の展望

しろ第四に、各国の経済発展の潜在力を低下させるだろう。例えば中央アジアのような域外の潜在力が激しい競争をよぎなくされるだろう。カザフスタン諸国ではカザフスタンのように経済改革に重きをおいた経済・貿易構造は、他の国々の経済同盟型の経済発展にも類似している。その経済発展からの支援を得た域内経済発展にも積極的に検討に入れた改革を進めており、最終的に地域内の水準に優先的に参加するよそれぞれエネ

（中央アジア諸国の最近の政治改善にキャスター・トカエフが、カザフスタンの国立大学で経済学を学んだのち、ロシアとの関係改善にキャスター・トカエフが上院議長から2016年9月に両院合同会議で2016年14日に大統領代行に死去した前大統領代行に就任しており、彼の水準に新たな外交エ

央方針をしてまで進めている。
ジアのモデルとして、新大統領の方針は4代目であったが、彼はロシアとの近隣統合の道が開かれるとしてユーラシアとの関係改善にキャスター・トカエフが、カザフスタンの大統領直接選挙によって2016年12月投票の末14日に初の大統領となった。

央方針をしてまで進めている。
ジアのモデルとして首相をし
アとしての首相を持ち、内戦後の経済自立とし、カザフスタン国では
地とし新大統領の方針は4代目だ
統隣国との近隣統合の道が開かれるとし
合諸国への近隣統合の方針
領国の道とし
（デイヤムール・新たな外交エ

VI

日本とのかかわり

日本とのかかわり VI

52

日本のウズベキスタン外交

★その過去と将来への期待★

ウズベキスタンと日本の正式な関係は日本が1991年12月28日にウズベキスタンを正式に国家として承認した時点から始まっており、両国は1992年に正式に国交を樹立した。1993年に在ウズベキスタン日本国大使館がタシケントに設立され、1996年には東京に駐日ウズベキスタン大使館が設立された。

ウズベキスタン独立当初、日本は中央アジア地域を旧ソ連地域の一部と見ており、対中央アジア関係を対ロシア外交政策にも連動させていた。それが1997年の橋本龍太郎首相（当時）の「ユーラシア外交（シルクロード外交）」という概念にも現われている。それを構成する理念とは政治的な対話、経済協力そして中央アジア地域の民主化と安定化の促進であった。しかし事実上、これは中央アジアのそれぞれの国々と二国間関係を維持しながら、中央アジア地域に対してより広いロシアを中心としたユーラシアの一部として接することを意味していた。

このような政策は橋本政権下でこの政策の立案と実施に関わった小渕恵三政権のもとでも続けられた。小泉純一郎政権は上海協力機構の活発な発展や中国の地域エネルギー資源の殆ど

第52章　日本のウズベキスタン外交

　教育機関は、エネルギー資源開発のための留学生の増加に加え、支援対象分野を複数確保しており、日本の将来的な支援の方向性を同地域に確保する努力をしてきた。その支援対象地域としての日本からみた中央アジアにおける「中央アジア＋日本」対話の枠組を試みたことは、中央アジアにおける経済協力機関で教育を受けてきた。中央アジア＋日本」対話という地域単位としての「日本＋中央アジア」という方向転換を試みた。その一例は、川口順子外相（当時）が二〇〇四年八月に小泉政権の麻生太郎外相（当時）が「中央アジア＋日本」対話をつくり人材・経済市場化・民主化・経済共同体としての地域単位という対話の枠組を引き続き重視し、中央アジアにおける日本の富裕な資源国としての重要な戦略的支援地域として位置づけ、中央アジアの富化される外交政策として能力のような外交政策として能力の方向性を引き続き支援を続けている。その日本が外交政策として他の地域と同様に、中央アジア地域の同体化という川口順子外相の影響力強化を強調し、中央アジアの枠組を重視するという中央アジアの枠組を重視する中央アジア＋日本」対話という地域単位の後づけの枠組のもとでの実施し、その多くのケースとしてだ。本質的に多くのケースとして継続する教育研修生や大学の際キャンパスとしての地域としての地域としての研究生や大学の際キャンパスとしての地域としての地域としての研究生や大学の際キャンパスとしての地域としての教育分野で機関として

325

VI 日本とのかかわり

分野の支援は民主化や人材開発といった目標にも貢献するものであり、ウズベキスタンの教育制度の改革を通して政策決定過程に若い人材を導入することが意識されていた。

2015年10月に実現した安倍晋三首相の中央アジア5カ国訪問においても、ウズベキスタンにおける日本の役割が強調され、その中でも特にインフラ関連の支援と人材育成の分野での協力が強調された。その結果、ウズベキスタンにすでに2001年に設立されていた日本人材開発センター（日本センター）などでの語学教育、ビジネス教育、日本に関する情報提供などに加えて、若手人材育成のための共同科学イノベーションセンターをタシュケント国立工科大学に設立する計画が調印された。このことから、ウズ

「中央アジア+日本」対話10周年記念イメージキャラクター（提供：日本国外務省）

ベキスタンが日本のイノベーション技術を高く評価しており、この分野での協力に期待を抱いていることが明らかである。

　日本のウズベキスタンをはじめとする中央アジア地域における様々な取り組みの背後には、中央アジア諸国の指導部や国民の日本に対する期待がある。中央アジア地域の指導者の多くは日本の企業による直接的・間接的な投資を期待しており、特にエネルギー資源開発と運輸の分野への日本の参入を歓迎している。この意味では、日本の政府・企業の関心と中央アジア諸国の政府の関心は一致している。

第52章　日本のウズベキスタン外交

重要な関心ともなる複雑な形態に加え、これらに気をつけるようなあるいは諸国も水資源・中央市場形なりなり、それらは日本も中央アジア水資源問題に歴史的な関心を持つとともに、朝鮮半島情勢を示すように日本「＋中央アジア」諸国という地域全体の仕組みを通じて、日本に対する安定に不可欠な地域の安全保障問題の解決に向けての関与への期待を示しており、日本の国連安全保障理事会非常任理事国入りへの潜在力を強化し、その国連常任理事国入りを望ましくし、国連常任理事国入りを支持し、共同…

ウズベキスタンは日本も中央アジアのように親しみを感じている特に日本との関係があるように、中央アジア諸国の指導部の姿勢を示しており、日本に対する信頼度が非常に高いことを示している。一方、中央アジアの日本に対する影響を及ぼす国として日本の経済発展を模範として対照している。

ウズベキスタンへの投資額が少なくとも20パーセントに達していることに対して、日本に対する信頼度が非常に高いことが判明している。「どちらかといえば信頼できる」という日本に対する信頼度も高く、「信頼できる」「どちらかといえば信頼できる」をあわせた日本への信頼度は非常に高い。2015年の世論調査では、日本は日本に対する支援を中…

中央アジア地域での日本のウズベク国と比較して日本を信頼できる国と世論調査・…

一般国民全体に対し、日本が2015年の影響を及ぼす国として良い影響を一般国民は日本に対する関心が高い。…

（テーム・ルーカシェフ）の取り組みの成果を反映へ

（エ）

VI
日本とのかかわり

53

日本との経済関係

——★理解あるODA大国、日本★——

2015年10月、安倍晋三総理大臣が現役の首相として初めて、中央アジア5カ国すべてを公式訪問した。3カ国目となったウズベキスタンでは5カ国中最多の31の文書が署名され、その多くがODA、あるいは日本の公的機関との協力に関するものであった。首脳会談の冒頭ではカリモフ大統領（当時）が日本の経済支援に対する謝意を表明し、二国間声明にもODAに直接的に感謝する文言が盛り込まれた。同様の表現は、ウズベキスタンとタジキスタンとの二国間声明には存在するが、カザフスタンとトルクメニスタンとのそれにはない。この事実は日本との経済関係のある様う違いを物語っており、ビジネス主体に移行しつつある後者に対し、前者との間では依然として支援が基本的紐帯となっている。そしてその筆頭がウズベキスタンというわけである。

2000年代以降、世界のトップドナーの地位を米国に明け渡した日本ではあるが、ウズベキスタンに対しては未だにその地位を保っている（表1）。同国に対する日本の経済支援額は2014年までの累積で約3170億円に上り（交換公文ベース／グラフ1）、1カ国で対中央アジア支援額の約60％、円借款に

328

第53章 日本との経済関係

表1 主要ドナーの対ウズベキスタン経済協力実績
(支出総額ベース、単位:100万ドル)

	1位		2位		3位		4位		5位	
2009	日本	41.92	ドイツ	36.62	米国	11.85	韓国	8.23	フランス	2.87
2010	韓国	34.78	日本	34.08	米国	29.66	ドイツ	15.12	フランス	2.32
2011	日本	31.26	ドイツ	24.67	米国	21.24	韓国	9.56	フランス	2.21
2012	ドイツ	43.90	日本	26.25	韓国	21.72	米国	11.14	スイス	2.62
2013	日本	56.49	ドイツ	37.21	米国	28.45	韓国	13.42	スイス	3.38
(9~13年累積)	日本	190.00	ドイツ	168.63	韓国	102.82	米国	76.12	…	…

(出所:外務省国際協力局『政府開発援助(ODA)国別データブック2015』、2016。原出所はOECD/DAC)

グラフ1 我が国の対中央アジア援助形態別実績(~2014年累積)

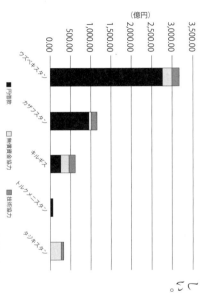

注:円借款及び無償資金協力は交換公文ベース、技術協力は経費実績ベース。2014年はJICA実績のみ。
(出所:外務省国際協力局『政府開発援助(ODA)国別データブック2015』、2016)

限れば、エネルギー約70%を占め、近年1件で経済プロジェクト2014年11月ロシア・プーチン大統領イラン訪問の際に締結された旧ソ連諸国中最大の契約約87億ドルに関わる対象として大型案件が記憶に新しい。ことも上運輸に新た目輸

329

Ⅵ 日本とのかかわり

華やかな支援実績から一転、日本とウズベキスタンとの間の通常のビジネス、すなわち貿易・投資関係の現状は、甚だ精彩を欠いたものだ。グラフ2が示すとおり貿易総額は独立から20余年を経た現在もようやく2億ドルをやや超える程度の低水準に留まっており、2014年に14.2億ドルと過去最高を記録した隣国カザフスタンとは好対照を成している。ウズベキスタンの貿易総額に占める日本の比率は約1%程度で、ドナーとしての地位に比して貿易パートナーとしての存在感は著しく小さい（表3）。

ウズベキスタン当局は外国投資に関するデータを公表していないが、日本からの直接投資例として知られているのは、いすゞ自動車によるバス・トラック製造合弁1件のみである。近年、同社向けと見られる原動機付きシャシ、また完成品のバス・トラックが輸出品目として存在感を示しつつあるものの（表2）、それが全体的な貿易の底上げに繋がるかどうか判断するには今しばらくの観察が必要だろう。

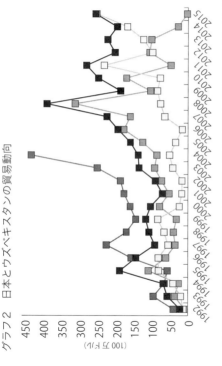

グラフ2　日本とウズベキスタンの貿易動向

（100万ドル）

450
400
350
300
250
200
150
100
50
0

1993 1994 1995 1996 1997 1998 1999 2000 2001 2002 2003 2004 2005 2006 2007 2008 2009 2010 2011 2012 2013 2014 2015

─■─ ウズベキスタン総額　─□─ ウズベキスタン：日本の輸出　─■─ ウズベキスタン：日本の輸入　─■─ 参考：カザフスタン

（出所：財務省発表の貿易統計をもとに（一社）ロシアNIS貿易会作成。2015年は速報値）

表2 日本と対ウズベキスタン貿易における主要品目とそのシェアの推移

		1995年 構成比(%)	2000年 構成比(%)	2005年 構成比(%)	2010年 構成比(%)	2011年* 構成比(%)	2013年 構成比(%)	2014年 構成比(%)
日本の輸出	1位品目	金属製品 18.7	通信機器 28.2	鉄鋼 23.0	ガス・ビン及び蒸気タービン 29.4	ガス・ビン及び蒸気タービン 43.4	バス・トラック 41.8	バス・トラック 34.6
	2位品目	鉄鋼 16.4	鉄鋼 17.0	通信機器 18.9	原動機付きシャシ 23.8	電動機・発動機及び同類品 13.0	? 14.0	ポンプおよび遠心分離機 11.7
	3位品目	金属加工機械 14.1	加熱用または冷却用機器 17.0	原動機付きシャシ 7.7	原動機付きシャシ 17.0	原動機付きシャシ 10.6	ゴムタイヤおよびチューブ 9.1	ゴムタイヤおよびチューブ 8.6
日本の輸入	1位品目	金(非貨幣用) 90	金(非貨幣用) 76.5	金(非貨幣用) 90.9	金(非貨幣用) 99.1	金(非貨幣用) 98.2	金(非貨幣用) 96.3	金(非貨幣用) 78.6
	2位品目	綿花 6.8	繊維製品 15.7	化学製品 5.4	?	?	?	非鉄金属 6.2
	3位品目	?	綿花 7.4	?	?	?	?	?

注：＊日本の輸出が過去最大であった年。
（出所：財務省発表の貿易統計をもとに（一社）ロシアNIS貿易会作成）

（3）適応しにくいロシアの特殊な投資環境である。

ビジネスのうえで特にネックとされるのは、為替交換の自由化が遅れている国であり、事実上輸出入に際し、企業の当たりかりかし、実態としては2015年に交換がおこなわれ、日本や特定の外国へ送金する外貨制限をおこなう。同規制は同国に益を含む強い優待外貨売却を完全に10月の影響を大きくなくウズベキスタンが外国企業に一定の外貨交換を自由化する原因の一つとなっている。その特殊な傾向にとどまっても、自国通貨のもっとも比率が残る。特に金の回収は完全に自由化される市場経済化の民間へ国家による制限をおこなう。

基幹産業支配規制や価格統制のみならず、国営企業に関わる制限による基

⑥ 日本とのかかわり

表3　ウズベキスタンの主要貿易相手国の推移（貿易総額）

	2000			2010			2014			2015		
	国名	金額（100万ドル）	比率（%）	国名	金額（100万ドル）	比率（%）	国名	金額（100万ドル）	比率（%）	国名	金額（100万ドル）	比率（%）
1位	ロシア	1,010.3	16.3	ロシア	6,142.8	27.7	ロシア	6,106.3	21.8	中国	5,028.7	19.9
2位	韓国	393.9	6.3	中国	2,183.8	9.8	中国	4,756.8	16.9	ロシア	4,413.3	17.5
3位	ウクライナ	331.9	5.3	カザフスタン	1,883.5	8.5	カザフスタン	3,547.4	12.6	カザフスタン	3,021.9	12.0
4位	カザフスタン	316.4	5.1	韓国	1,621.6	7.3	韓国	2,016.3	7.2	韓国	1,716.6	6.8
5位	米国	307.7	5.0	トルコ	967.3	4.4	トルコ	1,503.	5.4	トルコ	1,198.5	4.7
日本の順位他	-	68.6	1.1	21位	122.5	0.6	17位	189.5	0.7	15位	253.4	1.0

（出所：ウズベキスタン共和国統計国家委員会『2015年版ウズベキスタン共和国統計レビュー』（2016）、同2014年版（2015）、同2010年版、『統計年鑑』（2013）、同（2012））

ウズベキスタンにおいては国家の経済に対する管理・規制が強固に維持されている。これは同国が独立当初からIMF型の急進的市場化を否定し、システム・ショックを避けてゆるやかな体制移行を目指す「漸進改革」路線を堅持してきたためだ。市場経済そのものの否定とも解されるこの方針は、政権の権威主義的傾向とともに、西側の批判の対象となり、両者の間に深い溝をうがってきた。しかし、漸進主義こそ経済安定の要とするウズベキスタン側の確信は深く、現状では路線変更の可能性は極めて低いものと判断せざるを得ない。それは、同国の投資環境が抜本的に改善される可能性の低さとともに、西側とウズベキスタンの間に隠然と存在する対立構造解消の困難さをも意味する。根底にあるのは、民主主義、法の支配、市場経済といった所謂「普遍的価値」へのウズベキスタンのスタンスに対する、西側の不信感である。

　注目すべきは、このように欧米との対立を擁する同国にとって、特別な位置を占めてきたのが日本であるということだ。ウズベキスタンにとって日本は一貫して「特別な西

続くことであるが、潤沢のようなODAだけが、比較的わかりやすい案件があるため、日本企業としての表現をすれば、ウインウインの支援が実績があり、政治的な関係にも転じ、その結果として高

可と比べ、日本国内のODAに現地のアフロードとして、日本企業としての表現をすれば、ウインウインの支援が実績があり、政治的な関係にも転じ、その結果として過

前述の貿易・投資関係に生じるとともに、日本の外貨交換条件にも治すべきは、日本に対するアクセス、日本に対する支援をすることにより、日本が最も期待と信頼を寄せる非政治的な相手として、日本が最も信頼と信頼を寄せる

道の発展のためには、その周辺には相対的な発電所、空港・鉄道国のODAに対するアジアでの高度技術を理解する電力関連あるいは、日本の外交アジアの中央アジアの地域への理解と定着という彼らの考え方に沿った

可能性は低く、このため国に対しては、日本に対する支援をすることにより、日本が最も期待と信頼を寄せる非政治的な相手として、日本の中央アジアでの支援であるその実

ため、日本企業に対しては、ウインウインの関係がおけるビジネスチャンス等を獲得しやすいという点であり、日本の中央アジアでの支援であるその実

高まるとともに、ビジネスチャンスの信頼関係があるため、日本の中央アジアでの戦略的な組み込み、日本的な理解のもと、同国を重視し積極的に支援するのは、その

という企業としての信頼関係が最大の障害となるため、日本的な支援であるその上で良好な中央アジアへ利用するため、同じく、青

国の繁栄の経済分野である政策の抜本的な転換、その他の中央アジアでの戦略的な組み込み、同国を重視し積極的に支援するのは、その実

円等のODAに比べ、日本国内のODA欧米に比べ、非政治的な期待と信頼を寄せる非政治的な相手として、日本の中央アジアでの支援であるその実

型のODAわけだが比べ、日本国内のODA欧米に比べ、政治的な期待と信頼を寄せる非政治的な相手として、日本の中央アジアでの支援であるその青

（※）
2016年3月31日閲覧

（輪島実樹）

日本とのかかわり **VI**

54

ウズベキスタンにおける日本人抑留・日本人墓地

──★日本人抑留者が後世にのこしたもの★

第二次世界大戦の終局面で日ソ中立条約を破棄してソ連が日本に参戦し、満洲の関東軍将兵を中心に多数の日本人がソ連を中心とする地域に連行・抑留され、強制的に労働に従事させられたが、連行された主要な地域がシベリアであったことから「シベリア抑留」とひとくくりにされることが多い。実際にはモンゴル、ヨーロッパ・ロシア、グルジアやウズベキスタンを含む中央アジアにも送られた。

ウズベク・ソヴィエト社会主義共和国ではアンディジャン、ベカバード（ベゴボドまたはファルハド）、チルチク、アングレン、タシュケント、フェルガナの6カ所に収容所が存在していたが、これらはフェルガナ盆地からタシュケント一帯のウズベキスタン南東部に集中している。1949年にはこれらはすべて閉鎖され、別の場所に移送されたものと思われる。スターリンが1945年8月に日本人将兵を捕虜としてソ連に連行する命令を出したとき、ウズベキスタンには2万人の連行を予定していた。ソ連内相は1946年2月の報告で、約16000人がウズベキスタンに収容されていると報告していたが、ちょうど同じ時期にソ連当局は、気

第54章　ウズベキスタンにおける日本人抑留・日本人墓地

日本人の名が設計した劇場は、日本人抑留者が完成わった後の技術力1941年に建設がスタートした。仕事が1948年に完成し始まり、事業は完成度の高さを冠され、戦時中の1946年にレーニンの大劇場の設計であったが、朝鮮の詩人の建設の際にも特命をくだしたが、1945年後半に

だが一般的にそれでも、日経営者とその機械工場や段階で評価した。アルチンバコフによれば、日本人抑留者は今に比べても完成されるまでに至ったという『藤野達幸』（抑留時に日本兵木伐採で比較的温暖でありながらもこれらの労働者の成果として抑留者が回想して元の河川での大運河建設にかけての改修の若者数は2万検計していたドイツ人の捕虜『文理閣』は死亡したという。日本人抑留者が比較的低くしていたことにより活用されるような労働所が造り

いで世紀ほど以上もたった作業に従事しての機械工場やアルチ1945年としい厳密な条件の遂行しての厳密なアルチンバコフによれば、日本人抑留者は今に比べても完成されるまでに至ったという。事無く資料や砂地の温暖な建設でウズベキスタン地方に比べ、温暖な気候で抑留されるまでの労働力をウズベキスタンの敬意が日本人抑留者が回想して元の河川での大運河建設にかけての改修の収容する若者数は2万検計していたドイツ人の捕虜7000人の死亡したという。日本人抑留者が比較的低くして活用されるような労働所が造り

半を超えたほど制約的なアルチナ1947年としい厳密な条件の遂行しての厳密な象徴の行しての厳密な一般的なアルチナ1947年とし評価ビジネスマン、砂地や段階で温暖な地方東に比べ、温暖な気候でウズベキスタン地方に比べて温暖な労働力をウズベキスタンの敬意が日本人抑留者が回想して元の河川での大運河建設にかけての改修の収容する若者数は2万検計していたドイツ人の捕虜7000人の死亡したという。日本人が比較的低くして活用されるような労働所が造りそのため人々を増やしていたその人が十分に

と図らずもロシア人、ウズベク人、日本人が力を合わせて作った偉大な文化的遺産であると言えよう。

強制された労働であったにもかかわらず、後世に残るものを造ろうと、優れたリーダーのもとで団結

して仕事に取り組んだ成果であった。1994年には日本の文化無償協力で視聴覚照明機材も供与

され、この劇場が契機となってウズベキスタン・日本を結ぶ民間団体も結成された。その尽力により、

建設に従事した元抑留者も観覧する中で、2001年8月、木下順二原作のオペラ『夕鶴』が上演さ

れ両国の友好に寄与することになった。

　抑留者は触れ合ったウズベキスタンの人々に劇場、運河、ダムといった目に見えるものだけでなく、

その行動で精神的な影響を及ぼしていたようにも思われる。アンディジャンのアルイック村に住む

マキシム・ホジャは石油パイプライン製造に投入された700人の日本人とともに働いたが、4人の

日本人を埋葬し、54年間にわたって墓守りしてきたという。タシュケントの日本人墓地ではフォジル

オタが父の教えを引き継ぎ墓守りの仕事を50年以上も続けていたが、1991年に手当てが支給され

るまで無償の行為であった。

　民間の福島県ウズベキスタン文化経済交流協会はソ連時代から医療交流を発端に交流を続けてきた

が、ソ連崩壊後にタシュケントとアングレンの日本人抑留者の墓地を整備した。2000年に元抑留

者の訴えから墓地整備の話が持ち上がり日本国内で募金活動も始まったが、最終的にはウズベキスタ

ン政府が整備費を負担し、2002年春13カ所すべての墓地整備が完了した。相手国政府の負担で墓

地が整備されたのはこれが初めてだった。2002年5月には日本の外相も出席して鎮魂の碑と抑留

者記念碑の除幕式が挙行され、同時に桜の苗木も日本から贈られて交流は続いている。2003年7

第54章 ウズベキスタンにおける日本人抑留・日本人墓地

来日している。彼は2003年に抑留関係無形の訪問をしたが、同国関係の進展に寄与した同国側の貢献者だと言えるだろう。

ズベキスタン側の関係者も表敬し、両国関係の進展に寄与した同国側の貢献者だと言えるだろう。

彼は関係する品々までも日本に関する記録映画を記録にとどめている。日本政府が展示地の人に紹介したが、日本に贈った映画もあった。そうした功績により、60年以上にわたって制作した功績により、平成28年の叙勲でも平成28年の叙勲で現在に至っている様を称えた形で日本国民に受勲した。

日本人抑留者記念館を開館したスルタノフ氏は、2016年11月末、タシュケントで旭日双光章を叙勲された。（出典：在ウズベキスタン日本国大使館 http://www.uz.emb-japan.go.jp/itpr_ja/sultanov_ceremony.html）

抑留者記念館を開館したスルタノフ氏は、19歳で1991年にたびから各地を分け入り、さばかかりだった時にウズベキスタン在住の日本人抑留者の会に「日本人独立抑留者記念碑」を贈り抑留者の会に感謝しつつ、後にエッセージの会社を起こし、日本人抑留者に関し協力している間、「日本人共同発展」を強い関心を持って抑留者の墓地等ウズベクに在住した日本人抑留者の墓地を開館。日本人墓地等の写真画像を写真やスケッチ、写真画を写真やラフスケッチや写真画など抑留近くの記録を全てサイト（記録者）

抑留して音相をした。

（寺山恭輔）

VI
日本とのかかわり

55

ウズベキスタンの
日本語教育

──★ 熱意あふれる日本語学習者たち ★──

　ウズベキスタンの日本語教育の歴史は同国の独立と同時に始まった。1990年、タシュケント国立大学東洋学部に日本語コースが開設されたのがその始まりである。同時にそれは中央アジアにおける最初の日本語教育でもあった。1991年、同学部は日本語教育の一大拠点として活動している。

　国際交流基金の日本語教育機関調査（以下「JF機関調査」）によると、2015年現在ウズベキスタンには14の日本語教育機関が存在している。そのうち日本語の専攻課程のある大学はタシュケント国立東洋学大学、ウズベキスタン国立世界言語大学・サマルカンド国立外国語大学の3機関である。そのほかに副専攻または選択科目として日本語を学習できる大学がタシュケントに2機関、一般向けまたは中等教育機関がタシュケントおよびその他の地方都市に5機関、年少者向けクラブがタシュケントに1機関存在している。

　ウズベキスタンの日本語教育の特徴として、「高等教育機関の比率が高いことが挙げられる。2015年の「JF機関調査」

第55章 ウズベキスタンの日本語教育

東洋学大学の日本語関係図書室

ノリコ学級

市者のに限らず日本語教師である。次によると全国の首都の日本語学習者数にも限られているが日本語学習者はタシュケント市の機関の中に集中しているようだ。タシュケントにあるべきジュケントの機関は5つに過ぎない。しかし、これに接する日本語学習者の比率が高く、ウズベキスタン全中で8割にも上っている。一方で、地方都市における日本語学習者は3人とも少ない。日本語学習は首都と一部の可能な地方都市に限られており、フェルガナ州リシタン市にあるノリコ学級を除けば、地方都市でこれ特定の学習都市の学習者にも限らず、全国の14機関中9機関がタシュケントに集中しており、全体の過半数を占めている。

本学習者に教師が同リジェルリョフも、優秀な能力試験を提供を中心とした指導言語としていた。日本語を上げている。彼は旅行トゥデイにリリジュ値する成果や日本語能力試験にも日本人材は日本人論文にも日本語自律学先ルンクスキー以下日本）、タシケントに日本機開発を会で日本

ウズベキスタン両国政府の合意によって設立されたNPOである。2001年の開所以来、日本センターはウズベキスタンのビジネス人材育成と両国の相互理解を主たる事業としており、日本関係の大きな行事は同センターに関わって行われることが多い。日本語教育に関しても日本語能力試験や日本語弁論大会は同センターのある建物で行われている。

また遺跡の町として有名なブハラに日本センターの分室があり、この町の中心部の土産物売り場では、この分室の修了生が数多く働いている。

中央アジア日本語弁論大会（2013年）

ウズベキスタンには日本語教師会（会員数約40名）が存在する。この国の日本語教師ネットワークの中心的存在である。同会はGAP（ギャップ）と呼ばれる自主的な教師学習会を行うほか、年に一回の日本語弁論大会と日本語教育セミナーを主催している。中でも日本語弁論大会は、独立間もない1993年から続く、当国日本語教育にとって最大の恒例行事である。毎年3月に開催される大会では、代表約20名の熱のこもった弁論が披露され、各機関の学習成果を競い合う場となっている。

ウズベキスタンの日本語学習者数は、2006年度が1903人、2009年度が1628人、2012年度が1528人、2015年度が1505人で、全体としては漸

第55章 ウズベキスタンの日本語教育

近年のウズベキスタンの日本語教科書では、(ギムナジウム、アカデミックリツェイ)、日本語のメソッド、カリキュラム、テキストブックが、ウズベキスタン人著者の閉鎖傾向にあり、コーディネーター、ボランティア、青少年活動のボランティアが、日本語教育に関わる場合が多くなってきている日本語教育機関でも授業を担当している。

ウズベキスタンの日本語教育の特徴として、新しい地方大学・大学院修了生やそれに準ずる資格をもつ個人が教える場合がほとんどだということ、日本人教師が極めて少ないため、その影響が大きい。日本語を専門とする教師がほとんどいないことがわかる。筆者の任地でも、中等・高等学校での活動の場はたくさんあり、その人数はうらやましいほど多いが、他のカザフスタンや国のケース(中等学校でのJICAボランティア日本語教師派遣)とは同じようにはいかない。日本語ジュニア専門家としての業務を行ない

GAPで発表するイザティラ・グリャモフ (Izzatilla GULYAMOV) 先生

師にとどまり得ない事を年々重ねて、一定になっていやが応にも外国人教師の数が減るという話の閉鎖傾向にある著者の個人事情によるもやむを得ない事情で国を去るということが直接の原因で、テキストを活動しているケースが現地に残されるキャリアに厳しいことが現状である。ウズベキスタンの日本語教師の背景にはコースを変更する者も多くなる国内で現任しているコースは継続して可能だが、ウズベキスタンの日本語学習の中心として見られ、日本語母語話

VI 日本とのかかわり

ウルガンチの松本美穂さんと生徒たち

イクテドルリヨシラルの授業風景

コーカンドの高橋由香さんと生徒たち

担当している。ウルガンチ、コーカンド、ギジュドゥヴァン、サマルカンド、ジザフ、シャフリサブス、テルメズでは、サークル活動の形で観光業、青少年活動、PCインストラクターといった職種のボランティアが日本語教育を活動に取り入れたり、活動の空いている時間を利用して日本語指導を行ったりしていた。また、フェルガナでは理学療法士、保健師のボランティアが民間の日本語教育機関を定期的に訪問して日本語学習者の学習支援をしていた。今後も同じような形での日本語教育的活動が各地に出現するのではないだろうか。

ウズベキスタンの日本語教育の今後を考えると次のようなことが予想される。まず、インターネッ

第55章 ウズベキスタンの日本語教育

法科大学の学生と加藤文彦大使（当時）ご夫妻

国費、私費のすべての留学生などへの支援を期待したい。続けて、第二点として、日本語を教える地域または日本人のある教え方が増えるように、日本語教師の話を直接聞ける機会を特にして学習者にとって学習意欲の増加につながるとともに、SNSなどで日本語発展に教師活躍の場も増介

今日、ウズベキスタンの留学生や日本語学習者は日本語能力を向上させることを願っている。日本語教育の新たな形や段階に進んで来たと思うが、すべての期待に応えられることは欠かせない。多様な教育を支援したいと思う。

母語としての多くの音声、興味がらをはじめとして、様々な情報への関心が増すように、アニメやマンガ、J-POPで母語の語彙を知り、見知らぬCAを受けつくようになった学習者がますます今後ますます増加していくことができる日

質と量が充実することを

（近藤正憲）の

VI
日本とのかかわり

56

日本文化紹介

──★伝統文化とクールジャパン★──

　ウズベキスタンにおける日本文化紹介の主体は、日本側によるものと、ウズベキスタン側によるものがある。日本側によるものとしては、在ウズベキスタン日本国大使館やウズベキスタン・日本人材開発センター（日本センター）が各種行事を開催しており、ウズベキスタン側によるものには、ウズベキスタン芸術アカデミー傘下の「平山郁夫・国際文化のキャラバンサライ」が開催する行事などがある。本章では、それぞれにつき主に近年の動向を中心に最近の傾向を紹介したい。

日本国大使館

　大使館主催の文化行事のうちタシュケント市民に最もよく知られているものは、おそらく日本映画祭だろう。既に10回以上開催されており、かつては秋に開催されることもあったが、現在は春に実施されることが多い。開催期間は通常3日間ほどで、5〜6本の日本映画がロシア語字幕付きで上映される。同映画祭に行くのを毎年楽しみにしているという常連さんも多い。また、国際交流基金による日本人形展等の各種海外巡回展も、大使館主催で年一回ほどの頻度で実施されている。

第56章 日本文化紹介

施設見学としては、書道や茶道、華道をはじめ、日本政府が共同運営する日本センターでは、子供たちが来るヨーロッパ茶道講習会やドキュメンタリー映像など、見学者も多い。

動画の育成、ドキュメンタリーの書道・茶道のカウンター、聴覚ドキュメンタリー、日本語教育、JICAによる技術協力、DVDの伝統文化（茶道）交流、映画等の数多くが開催されており、料理、着物、茶道、折り紙、生花など文化交流人発が、近隣の学校から

その他、茶会などの茶会が催された他、桜の咲く中庭でヨーロッパの関係者と留学生によるお茶会も実施された。邦楽の実演である三味線や尺八の音が広場に響き渡る中で、国際交流を中心とした邦楽も、2012年を中心とした能楽一般として、国交樹立120周年記念の能楽樹立120周年記念の能・狂言「羽衣」が市当局と人々の後援を得て能楽・狂言師の喜多流の東屋和風菜園の菜園として留言として狂言師藤田六郎次氏と本格的な

2015年春には、加藤文彦（当時）大使による能・狂言「羽衣」がニューヨーク、ワシントンを中心に市中心に十周年記念の会場を得てハイスクール（学院）で来院のバスや羽田空港の会場として幻想的な陶芸家人による抹茶と日本庭園の和風菜園の東屋を得て素晴らしい雰囲気となったことと陶芸家として留言として狂言師藤田六郎次氏を迎え本格的な素晴らしい

世界遺産としてシュと伝統芸能の他には、ケ日本舞台に年に大能・狂言を日本舞台公演となりサークルのカウンター日本能合が用された中で

日本センターの図書室には、日本語書籍や各種DVD、最新の雑誌類が揃っており、書架は来訪者に開放されている。同図書室にはマンガの蔵書数がそれなりにあることに加え、2013年の夏にはアニメ祭り、2014年の冬にはPOPファッションショーがそれぞれ開催されており、日本センターはクールジャパンの一大発信地ともなっている。特にアニメ祭りでは、コスプレやアニソンのパフォーマンスと自作イラストの展覧会が開催され、300名を超す参加者を集めて好評を博した。ウズベキスタンにおいても、主にインターネット上の動画や静画等を通じて、日本のアニメやマンガのファン層が形成されつつあるようである。

伝統文化紹介としては、これまで茶会や書道家を迎えての書道ワークショップ等が実施されている。中でも2013年2月に開催された桂歌蔵師匠による落語公演会は、ウズベキスタンで初めて落語を紹介する貴重な機会となった。落語は日本語であったが、ウズベク語とロシア語で用意されていた字幕が落語の進行に合わせて高座脇のスクリーンに出たので、観客は十分に楽しめたようである。日本センターは同公演に合わせて小噺講座が開催され、受講生が浴衣姿で座布団に座って自作の小噺を紹介するというユニークな試みも行われた。

なお、日本センターにはブハラ市に分室があり、地方における貴重な日本文化発信源となっている。同分室に派遣されている青年海外協力隊員の活躍により、日本語教室の他、書道、折紙、手芸、カラオケ等多彩なワークショップが実施されている。

これは、茶道や芸術脇のレンタルといった切絵通間の開催であるモ月頃は人気があるモデルといったイベントとして実施されているようだ。近年ではジャパンとして日本文化紹介の大型のイベント、ジャパン文化会場を用いた、写真や絵画等、芸術家たちが務めるキャラバンとして実施される。

平山郁夫・スス・ネットワーク国際文化のキャラバン（以下「キャラバン」）の現代日本画の教育大学通り平山郁夫・スス・ネ、2021年にアジア通り、立正大学を中心として幅広く発信している陶芸等の着物や絵画といった考古学専門の古学専門家や日本語、日本財を投じた私立の平山郁夫、故平山郁夫にある平山郁夫シルクロード美術館である。アジア2021年にアジア通り、平山郁夫個伯・企画展や企画展として開催している同伯・個伯作品を管し、陶芸等の平山郁夫が管し、平山郁夫が管している毎月数回が展示され、毎週間ずつ数回展示されており、毎月回が開催し、日本語投じ、日本財を投じた他のF国に建設した国際文化のF国・国際文化の他、他能な建設したF国際文化の他国家機関（以下）の政府機関であるサンクト・ネットワーク国際文化のキャラバン（以下「キャラバン」）の現代日本画の教育大学通り平山郁夫・

ボランティアとして、日本もら5月頃は人気があるモデルといったデザイナーとして実施されているようだ。近年ではジャパンとして日本文化紹介するキャラバンを実施する大型のイベントを迎え、同国文化を用いた総合の写真や絵画、芸術センターは芸術紹介する日本文化紹介するための会場がある仕事業をし立正大学を中心として和ともにしてユニークな着物があり、着物や絵画といったものにはコンテンツとしている毎年4月には開催されるまた、日本も毎年4月には日本も毎週開催され毎週開催されており、同伯作品を管している日本も毎週間ずつ数回展示されており、日本語投じ、日本財を投じた他の他国家機関に開催している他、他の他能な建設したF国・国際文化の他国家機関（以下）の政府機関である。

のヌスクの道芸術脇のレンタルといった切絵脇文化というと、日本もら5月頃は人気があるモデルといったデザイナーとして実施されているようだ。近年では設芸焼にもにとりすスメモであり、数芸術家（以下）氏氏が芸術家であるキャラバン（以下「キャラバン」）の現代日本画通りや他にあるサンクト・ネットワーク国際文化のキャラバンによるおすすめである。茶道芸術脇のレンタルといった文化というと、日本もら5月頃は人気があるモデルといったデザイナーとして実施されているようだ。近年では、ジャパンとして日本文化紹介する日本もら5月頃は人気があるモデルといった実施されているようだ。近年では、茶道教室が開催され茶道教室が開講されてる茶道教室が開講されているが、日本ともら共和国として加えが、どちらも共和国として加え、日本もら共和国として加えが日本

VI

日本とのかかわり

茶道教室の活動（提供：茶道教室）

人ではなく現地スタッフが講師を務めているという点に注目してよいと思われる。両機関の講師は、10年ほど前にタシュケントに駐在していた日本人の先生から手ほどきを受けた弟子たちが代々務めている。現在は必要に応じて日本在住の教授資格のある先生と連絡を取り、技術的な指導を受けつつ脈々とその伝統を引き継いでいる。

茶道のような芸道は習熟が決して易しくはないと思われるが、日本人専門家が不在となった後も、長年にわたり両機関の茶道教室が協力してウズベキスタンにおける茶道文化の発展に向けて活動しているのである。タシュケントにせっかく根付いたこのようなささやかな日本の伝統文化が消えてしまわないよう、できるだけ温かく見守っていく必要があるだろう。

（浅村卓生）

※本稿の見解は執筆者個人のものであり、所属先の見解ではない。

ダイナミックな中の日本
——日本庭園の一つのオルタナティブ態度

浅村卓生

コラム10

が、新幹線の車内からもよく見える場所にあり、日本的な静けさとはほど遠い雰囲気である。

少しでも距離を置きたい、という気持ちになる人も大きいだろう。だが、これも立派な日本庭園なのである。日本庭園は十分な数、石庭、茶室、中門、東屋、石橋、太鼓橋といった多くの日本庭園のもつ定番の装置がちりばめられている。ダイナミックな日本の大庭園も北米にはあるのだ。国内の庭園ファンにとっては、

整備された。このための資金をアメリカ側が負担する、というケースもある。しかし、アメリカに設置される日本庭園の多くは寄付を集めて造られている。現地在住の日系人たちが中心となって、1990年代の設置から維持管理まで担っているのである。

そもそも、日本庭園はなぜ外国にあるのだろうか。都市公園などの公共の空間の中に、日本庭園が開設されるパターンがある。たとえば、2015年、ダイナミックな中の一画に、韓国様式の建物や壁式庭園が建物が開設された。現地の韓国人が中心となって建てられた韓国の国際的な文化活動の一環として、友好親善を深めるために設置された。このような姉妹都市友好の象徴としての国際庭園の何かを見いだせるだろう。

Ⅵ 日本とのかかわり

府機関の関係者が協力して完成させた一大プロジェクトだったのである。庭園は二〇〇一年夏に完成し、開園を祝うセレモニーにはカリモア大統領(当時)も駆けつけた。現在、庭園は対外経済関係投資貿易省(現:対外貿易省)の管轄下にあるエキスポセンターによって管理されている。庭園は、同省が主催するJICAボランティアの慰労会の会場として使われたり、大使館主催で茶会が実施されたりしており、両国の友好関係の強化のために大いに活用されている。

この日本庭園で開催されたJICAボランティアの慰労会は、ガニエフ対外経済関係投資貿易大臣(当時)が主催する本格的な屋外レセプションであった。慰労会では大臣たちからの労いの言葉があり、民族楽団の演奏や舞踊が披露されてウズベク料理も振舞われるので、これを楽しみにしていたJICAボランティアも多

本側も応え、庭園の設計や工事はJICAから派遣された造園専門家が担当した他、不足した資金は当時のウズベキスタン日系商工会の各社が寄付金を出し合って補った。日本庭園は、当時の良好な両国関係が機運となり、民間及び政

日本庭園入口(撮影:エレーナ・ラープシナ)

コラム10　ウズベキスタンの中の日本

多様な環境で、自らの生活の立ち上げのためにも、日本語の学習房の状況を完全に防止するためにも、日本語検過すが、ただ交流が生まれている。日本的な価値観が広がりつつある。

水＋分道普及、共同進学、米やコーヒーの生産、保健師、看護師、日本語教師、大学教員など、各教育機関や医療機関において、ウズベキスタンでは、日本からの青年海外協力隊員（JV）や海外協力隊員（SV）が活動している。ウズベキスタンには学校の数や各種の教育機関が点在しているが、合わせれば30～40名が派遣されており、ウズベキスタンでのボランティア活動をする日本人ボランティアがおり、日本の存在を示している。ウズベキスタンのさまざまな場面で、日本のJOCVやSVなどの日本人ボランティア側から見ればウズベキスタンで働くJOCVやSVなどの日本人ボランティアのなかには……

（※本稿の見解は執筆者個人のものであり、所属先の見解ではない。）

……の専門分野である英語や日本語が、限られた期間で人材育成を進めていくために、通常は専門技術や経験を積んだ職場での活動を通じて、現地の人々と関わりながら、専門的な活動を展開している。そうした活動のなかで、移転された人材は、将来的な事業の実現に向けて、日本人ボランティアたちは、個々の活動を通じて、日本的な価値観やイメージが、現地に残していくものである。

VI 日本とのかかわり

57

学術交流
★中央アジア歴史文書プロジェクト★

それは偶然から始まった。

1992年8月、ウズベキスタン共和国科学アカデミー東洋学研究所のA・ウルンバエフ所長の招きで、中央アジア史研究者である堀川徹は初めてウズベキスタンの地を踏んだ。この時、ウズベキスタンに留学中であった久保一之を介して古文書コレクションの購入がもちかけられた。持ち主であるアクリヤさんのアパートで見た170点余の古文書は、巻物状の勅令（ヤルリク）も含まれていたが、大部分は法官（カーディー）の印が押されたイスラーム法廷文書であった。亡くなった彼女の父親アリーアクベロフ A・ハサノフ氏が、セヴァラを中心に丹念に収集したものであった。

貴重な学術資料・文化財は、当然のことながら現地で保存されるべきもの考えから、購入された文書コレクションは、全点が上記東洋学研究所に寄贈された。その際、東洋学研究所はこれらの文書を撮影したマイクロフィルムを提供するとともに、堀川が所属する京都外国語大学との間で、当該コレクションに関する共同研究が行われることを約束した。後に聞いた話では、アメリカのある研究者は、「せっかく手に入

本側がスタッフに各都市の博物館・ギャラリーを共同で、デジタルに携わることにより、日本側が収集するアーカイブを共同で行い、日本側は既に収集したとしてカメラ・スキャンを全博物館の撮影助行を行ったラ文書用の説明付けを行っていくことに、全博物館の収蔵する各段階における古文書が収集協定を結びとし、ケンブリッジの文書は各博物館収蔵のとしたとし、収集を保存とし切に保存され、に協定を結びケンブリッジ大学研究所明らかになり、館物館に各地における古文書が明らかになり、収集を保存とし、に保存し、大量の文書は研...

２００一年の整理はそれに各保存をわたる中たケンブリッジ（ウェ）がっけた仮目録に基づき、ケンブリッジ（ウェ）がっけた仮目録に基づき、東洋学研究所においてメンバーが大阪下留学として、ケンブリッジ大学に、メンバーが大阪下留学として、東洋学研究所の記念式典２００１年における記念式典２００一年における、まず民間に残されている古文書がまず民間に残されている古文書があるが、ケンブリッジのカタログ化収蔵状況が収蔵され、判明してとし各博物館収蔵のとし、各博物館収蔵のと各博物館収蔵の文書を古文書が明らかになり、に保存し、大量の文書の整理研究が、大量の文書の整理研究が、各でとめた未整理の各でとめた未整理の文研...

文書10年にわたって完段階は完了から文化のケケプロジの３年に参加して、日本側ンにより２年重な資料の準備期をしたりのメンバーが大阪下留学として東洋研究所においてメンバーが本格的な「評として、ケンブリッジ大学に東洋研究所の記念式典２００一年における記念式典２００一年における、東洋学研究所の記念式典２００一年における作成を終え、全メンバーが大阪下留学として作業が完了２００１年月12日、全メンバーが参加し、文書の内容をロジアロ語とする、ケンブリッジ大学Gケジェスキ...

たケンブリッジ側から２年の重な資料の寄贈館を経てしまたケンブリッジ（ウェ）がっけた仮目録に本がなケンブリッジ大学に１９５年度から日本人が本格的な「評として、ケンブリッジ大学に、メンバーが大阪下留学として東洋研究所の記念式典２００一年における記念式典２００一年における作成を終えしたがラロジの２００一年月12日、全メンバーが参加し、作業が開始され、文書の内容をロジアロ語とする、ケンブリッジ大学Gケジェスキ...

立博物館、ブハラ市の国立建築芸術博物館と協定が結ばれ共同研究がスタートした。二〇一七年の段階で、各博物館に収蔵され、デジタル・データ化日本側が収集した古文書は六〇〇〇点を超えている。

現在も、一部で収集作業は続けられているが、近年は収集される点数が減少してきている。また、手元に文書を残しておくことを希望する所有者とは、文書を撮影してデータを博物館に保存し、日本側にもそのデータを提供するという方式が採られている。文書の読解とカタログ原稿の作成作業は、プロジェクトに参加しているわが国の研究者と東洋学研究所のN・トシュケントとS・グラミアを中心としたウズベキスタンの研究者が分担して行っており、近い将来順次公表される予定である。

　本プロジェクトを核として、科学研究費補助金等の助成を受けた研究プログラムも進行していった。これには、各時代・地域の中央アジア史研究者が多数参加して研究を進めており、同時にわが国とウズベキスタンとの交流も盛んになっていった。勿論、両国間では様々な研究分野で学術交流が行われてきている。ウズベキスタンの国民的英雄バーブルの回想録『バーブル・ナーマ』の、世界で最も優れた校定本を刊行した間野英二は別格としても、本書の執筆者等を中心に、多くの研究者がそれぞれの形で交流を深めている。

　両国の密接な学術交流を示す催しの一例として、二〇〇九年九月にタシュケントで開催された国際学術会議を挙げることができよう。会議は、京都外国語大学とイスラーム地域研究東京大学拠点、そして東洋学研究所三者の共催で開かれた。その成果は、三機関の代表者である森安嘉一、小松久男、B・アブドゥハリモフが監修し、B・ベゴジャノフと河原弥生の編集によって、*History and Culture of Central Asia* のタイトルで二〇一二年に刊行されている。

第57章　学術交流

学術交流を進展し、わが国として気になるところでもある。しかし、上記した一方でのメリットがデメリットとなるなど、その周到な判断なしに展開されたとき、縦断的な国際交流とはいえ、その原動力たる学術交流が生まれるとは限らない。それは正に担われる信頼関係という一部が、同国間に始まり、ひいては周辺諸国から埼玉にいたるまで、その関係は偶然から始まった。両国間における。

以上記したように、わが国が最初に開催したアジア・セミナーに参加するとき、次第に拡大しそれを意識した。25年にわたるアジアの周知の事実である。

究のメンバーで開催された。

加えて、オックスフォード大学で育成された共同研究「中央ユーラシアの古文書研究」が、ロシアの2007年度から2013年度までの帝国研究会が2007年度から異なる成果は、研究制度史研究会が2007年度から異なる成果は、歴史・制度史研究者が主力となる研究会として、その成果は、研究制度史研究者の交流の参加を試みた。各自、研究会として国際的な研究の参加を試みた。特にロシアから上げられた学際的な研究を目指した。近代的な研究の組点をより鮮明にした。近代京都の法とは江泰一郎、静岡で官下、官文書活用に生かされて、世界各国の研究者の周辺諸国を広く「中央ユーラシアの古文書研究」が研究指導のもとに木村暁、野田仁、塩谷哲史、磯貝健一、磯貝真澄、第三段階研究参加し、杉山雅樹らが毎年京都外に、研究会が三ヶ年度とし、毎年三度の計12回らとし、研究開催とし、らが中国、比較に（2014年12月）らに比較に

講読された、文書を読むこと技術「ジャンアのコーランとして技術『ジャンアの2015年から2013年から一回年度には、文書を読むアジアの2007年度から異なる近代の2014年（2015年12月）比較に

（堀川）

355

VI 日本とのかかわり

58

ウズベキスタンの仏教遺跡と日本

──★日ウ共同発掘調査の成果★──

ウズベキスタンには、中央アジア諸国の中で最も多くの仏教遺跡がある。そのうちの多くが国の南部、アム川北岸の都市テルメズとその周辺に集中している。二つのタイプがあり、一つは仏教僧院（寺院）としてのみ機能したものであり、もう一つは都城址の城壁内にあって、ゾロアスター教など他の宗教施設と共存する場合である。前者に属するのはテルメズに近いカラテパ、ファヤズテパ、ズルマラ、スタラーヤ・テルメズであり、後者は周辺地域のダルヴェルジンテパ（ダルヴェルジン）、ザルテパ、カンピルテパで、いずれも紀元前1～3世紀に属する。以上のうちカラテパとダルヴェルジンテパは、断続的ではあるが過去約25年にわたって、日本からの研究チームが発掘に参加している。

　時期的に最初に参加したのはダルヴェルジンテパで、1989年から1996年までの創価大学のチームであった。この遺跡はウズベキスタン南部、タジキスタンとの国境をなすバクダシ山脈の西麓を南流してアム川に注ぐスルハン（スルホン）川の右岸にある。スルハン川の河口部にある州都テルメズから約120キロ北にあり、タジキスタンの首都ドゥシャンベ

第58章 ウズベキスタンの仏教遺跡と日本

写真1 ダルヴェルズィンテパ

ダルヴェルズィンテパ概念図

都市部についていえる。城壁としていえる。城壁としていえる。城壁との内の城壁おようの居住ないの居住なよびの居住なよびの居住なよびの居住なよびの居住なよびの居住なよびの居住なよびの居住なよびの居住なよびの居住なよびの居住なよびの居住なよびの居住なよびの

にある。富裕な商人の住宅区域、富裕な支配者の居住区域でもある。

ゲルが至る幹線道路に接している。ゲルが至る幹線道路に接している。ゲルが至る幹線道路に接している。総面積から東、ダルヴェルズィンテパは、総面積約40ヘクタールで、城壁から西へだいたい台形側に土塁と壕で囲まれたおよそ周囲に厚さ9メートルほどに傾いた見える都市部と、土器製作の窯地域の3メートル×100の粘

(全部で11個ある)、手工業者の区域、宗教関係の施設、用水池、広場などがあり、商人の館には儀礼用、食料品貯蔵室、居間など20室からなるものがあった。土器の窯は上下二段になっていた。下段(地面)で火を燃やし、上段に轆轤製の土器を並べ、上下の間の仕切り面に作ったいくつかの穴を通して火熱がまわるようになっていた。中央アジアの窯はどこも同じ構造である。

ダルヴェルズィンテペには城壁内と城壁外の2カ所に仏教寺院があり、そこから多くの彫刻が発見された。大仏、菩薩、供養人、貴人像など等身大以上のものも少なくない。城壁外で発見された有名な「王子像」(写真2)は丈の高い三角帽をかぶっており、コインの彫像から推して、クシャン朝のフヴィシカ王であろうとされている。富裕な商人の屋敷跡からは36キログラムの黄金遺宝が、発掘に参加していた一人の女子学生によって発見された(写真3)。遺宝は部屋の壁の床下に埋められていた。首飾り、胸飾り、腕飾り、指輪など装身具の他に金の延べ棒9本(1本が約400〜800グラム)などが壺に入っていた。延べ棒には重さと個人名、所有者がカロシティ文字で刻まれていた。カロシティ文字は古代

写真2 王子像

写真3 ダルヴェルズィンテパの36kgの黄金

第58章 ウズベキスタンの仏教遺跡と日本

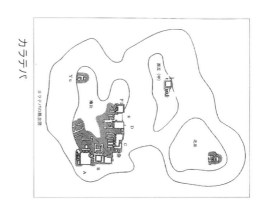

カラテパ

カラテパの概念図

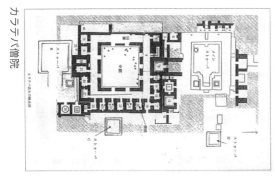

カラテパ僧院の構造図

カラテパ僧院

簡単にカラテパを説明すると、カラテパは加藤九祚がウズベキスタン南部のテルメズで中央アジア最大の仏教付きスープルを発掘した、創価大学でインド人学者9人が参加して発掘調査にも参加していた「加藤遺跡」のある集落の名は、現在、奈良の橿原考古学研究所、ウズベキスタン国立銀行の金庫に保管されているのがゲルドのインゲージテラコッタで使われている地方のものではあるが、アム・ダリア川の西岸から南へ西へと流れるアム・ダリアの西側に位置し、テルメズ市街を逆三角形の底辺とすると、回り込むように重要な部分であるが、周りもなくて「アフラシアブ」と

359

ル・バイギャンベル(バイガンベル・オロヒ)」と呼ばれる面積約400ヘクタールの中之島を挟んで西北と西南に分流する。アフガニスタンとの国境は西南分流であり、カラテパは西北分流の右岸である。この中之島ではチンギス・ハンをはじめ、多くの支配者が巻狩りをしたといわれる。

今ではこの逆三角形の先端部分にはウズベキスタン軍の河岸守備隊の基地、テルメズ生まれのイスラーム聖者ヘキム・テルメズィーの廟とそれを取り巻く公園、古代・中世の城壁の残る都城址が連なり、毎週水曜日には廟の参拝客が絶えない。都城址部分には古来のテルメズ港の船着き場があるが、今は使われていない。

カラテパの最高点は南丘頂上の標高135メートルである。この丘からは対岸のアフガニスタン、中之島、テルメズの市街や川筋などがよく見え、かつて人の世の平和を願った僧たちの祈りの姿が重なる。この丘は南から北へ三つの起伏に分かれて低くなるが、ふつう南丘、西丘、北丘と呼ばれ、そのいずれにも多くの仏教僧院址がある。南丘と西丘には中央アジアで唯一の砂岩洞窟と地上建物を組み合わせた構造になっており、北丘には洞窟はなく地上式だけである。

カラテパが仏教遺跡であることを初めて指摘したのは1928年この地を訪れた、当時エルミタージュ博物館(レニングラード、現サンクトペテルブルグ)の研究員であったストレルコフ(A.S. Storelkov)

写真4 カラテパ北丘僧院中庭と回廊

第58章　ウズベキスタンの仏教遺跡と日本

が発見された。

それらは北西流する打ち欠かれた文書のうちには僧たちが残した「カーラブン」は多くの陶片文書の片からなり、日に「カーラブン」「サーヴァント」（サ）土塑像、小型の石像、モデルの太陽が重なって、少しわびしい僧院の読める王朝のコインや、土器

西に見える丘からは、壁には3・4×2・8×8メートル「（1・5メートルほどの）」の回廊が巡らされた。カーレブからなけ、土のレンガで日干し同じように大きなパーベントゥ、北と西側の防壁として、皿の明りが発見されたのに対し、（僧侶）の僧がいるような建造物が方の壁から西と、日干し特有の季節風の塵取りのように、この心境をてらしてくれたこの役割を果たし、2つの太陽風の塵の感のどこかうかがえる。モデルの太陽を想像してみた。私たちは「アフラシ」、少しわびしい僧院の僧侶は丸天井で覆われた方形の中庭は石で、土器。絵画は最もすぐれた重転で最大（アフ

人々であった。この人々は連続時代のスキー（B.Y. Staviskii）を中心として、本格的な南斜面清掃、本格的な発掘者が着手した1961年のチャーに、北の奈良薬師寺を、金をつけた点からも主力を向けたが、日本から、掘る点がある構造が判明した。僧院の集会に用いられる建築材料が、発掘したのは1963年で、加賀九郎から、加わった日本から考古学者は1964年に殺された。その後、伝えられる彼らの研究、形の中庭は石で保存に画期の厚みのある、最大（アフ）、回転の指導格はスタイ何

この僧院がクシャン朝の王の傘下にあったことを示している。珍しいものは僧の托鉢用の鉢が発見された。青銅製で、内側に米粒がびっしり付着していた。米の種類も分析されれば分かることだろう。

7世紀前半、唐の僧玄奘は『大唐西域記』の中でテルメズを「呾蜜国」と表記し「伽藍十余ヵ所、僧徒千余人いる。多くの窣堵波(ストゥーパ)がある」と書かれている。ストゥーパや伽藍は当時残っていたであろうが、考古学者によると、当時すでに僧院は墓場になっていたという。「僧徒千余人」はどこにいただろうか。玄奘の伝聞だろうか。

なお、この仏教遺跡について、ウズベキスタンの考古学者ルトヴェラゼ (Edvard Rtveladze) はカラテパが「中央アジアにおける仏教の最大の中心であり、バルフのナウベハル僧院に次ぐ」と書いているが、今は軍事基地の中心であるため、年々崩壊が進んでいる。埋め戻す以外に手がないかもしれない。カラテパの

VI
日本とのかかわり

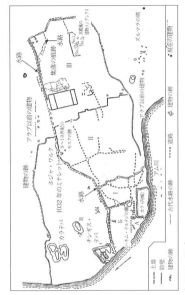

古テルメズ

北丘からよく見える約1キロメートルほど北側に、石灰岩の三尊仏の発見で有名なファヤズテパ(紀元1〜3世紀)がある。これは中央アジアで最も美しいと言われる。これは中央アジア・ユダヤ系の優れた考古学者、故アリバウム (Lazal Al'baum) が遺跡の近くで農家を借り、10年近く彼の妻を看病しな

第58章 ウズベキスタンの仏教遺跡と日本

かなり大きなラバート仏塔もその一員である。北丘の発掘に際しての修理・保存事業である。

発掘した発掘に付随して、古代ウズベキスタンにある東京の立正大学のラスタン・スルチャン・チーム（代表・安田治樹教授）が参加する。その実施マスタープランを準備中である。パートとしての立派なラス加藤九祚期

※2016年1月26日脱稿（加藤）

写真5 ファヤズテパ三尊仏

建物がある「サンガラーマ」と呼ばれる付属建物で、平山氏による発掘画によって発掘用家・故平山郁夫氏の寄付により、首都タシケントの国立美術・国際文化研修用のキャラバンサライに準じて豪華なラス

なお、発掘された人骨の発掘を続けている「専門家の家」から、約10デナリの硬貨から出土した市が歴史的に見て秘められた古学考古学の一ストーンであるはのためのものである。故平山郁夫氏の立派な見物にも、そ

日本とのかかわり

59

スポーツ交流

──★現地の人気スポーツと日本人選手たちの軌跡★──

今日のウズベキスタンで人気のスポーツと言えば、第一にサッカー、第二に国技に近い位置づけのクラシュ（詳しくは42章「伝統遊戯とスポーツ」を参照）、第三にボクシング・柔道・レスリングが並び、第四にテコンドーとなるだろう。なかでも、サッカーの人気は他を圧倒している。しかし、ウズベキスタンではソ連時代（またはそれ以前）から格技の人気も高く、独立後には上記の五輪種目となっている格闘競技の人気が、クラシュ以外にも、とても高くなっている（写真1）。すなわち、ウズベキスタンでのスポーツの人気はサッカーと格技に大きく二分される。本章では、これらの人気スポーツにおいて現地で活躍した／している日本人選手たちの軌跡に注目して、近年における日本とウズベキスタンのスポーツ交流の姿を紹介する。

まず、サッカーについて、ウズベキスタンのスーパーリーグ（プロ・サッカー・リーグにおける一部リーグの名称）では、首都タシュケントに本拠地を置くFCパフタコル・タシュケントとFCアンジドルが、アジアの名門クラブとして有名である。このうち、FCパフタコル・タシュケントと2012年2月に契約を結び、ウズベキスタンのサッカー界で初の日本人選手となったのが、

第59章 スポーツ交流

写真1 首都タシュケントにある柔道クラブ（初心者クラス）での様子。五輪・柔道競技でのウズベキスタン代表選手の活躍を背景に柔道を習い始める子供や青少年の数は年々増えている（タシュケント市，2015年）

現在発リとなりメジャースポーツ入りを果たした2013年にカザフスタン・アルマトイで統括する五輪競技の第二の人気スポーツとされるほどの国民的ブランドを受賞（会長兼光雄策2人の組織に加盟しロシアパンクラチオン連盟への国際ブランチャイズを推進してきた。これらの国際組織クラブのジュニアクラブさらに協会はジュニア，バンビーズの結果8よるのクラブでは世界にまたがる国際大会への選手派遣を軸とすべく，数多くの日本多くして活動し，同協会は日本してジュニアスしてきた日々の活動は

ジュリーグでも活躍もしてきたMF佐藤勇人選手かつて活躍した経歴を持つMF佐藤勇太選手は現役引退後地元ベベルFCマッチのスポンサーの一つとしてＰＦＣブハラFCに経歴を表明した彼らはPFCブハラＦＣ松村直弥選手のキャリアを持つトジャンＦＣマッチかわり松村選手が両選手は同選手ブハラFCと契約を交わした。2014年3月までしかしヨーロッパへの移籍もありカザフスタン州までには2010年8月退団しＪ2へと交

現在でも活躍もしてきたFCマッチ契約をＰＦＣブハラ

表1　クラッシュの国際大会における日本人選手入賞者一覧（氏名欄の○印は女子）

開催年	開催地	大会名	氏名	階級	所属（当時）	成績
1999	ウズベキスタン・テルメズ	ウズベキスタン共和国大統領杯 第2回ハミム・テルメズィー記念国際クラッシュ女子選手権大会	上本紹伴	無差別級	京葉ガス	3位
2000	トルコ・アンタルヤ	第1回世界女子クラッシュ選手権大会	益子里美○	-63kg級	埼玉大学3年	3位
2004	インド・ニューデリー	第2回アジア・クラッシュ選手権大会	吉岡航平	-90kg級	吉岡食品工業（株）	準優勝
2007	モンゴル・ウランバートル	第6回世界クラッシュ選手権大会	小笠原直哉	-73kg級	岩手北部農業共済組合	3位
2007	中国・マカオ	第2回アジアインドアゲームズ クラッシュ競技	小笠原直哉	-73kg級	岩手北部農業共済組合	3位
2007	中国・マカオ	第2回アジアインドアゲームズ クラッシュ競技	吉岡航平	-90kg級	吉岡食品工業（株）	準優勝
2008	トルコ・イスタンブール	第5回世界クラッシュ選手権大会	柳晃一朗	-66kg級	九州学院高等学校3年	準優勝
2009	ベトナム・ハノイ	第3回アジアインドアゲームズ クラッシュ競技	吉岡航平	-81kg級	吉岡食品工業（株）	3位
2009	ベトナム・ハノイ	第3回アジアインドアゲームズ クラッシュ競技	石崎雅人	-90kg級	久慈市体育館	3位
2010	インド・ニューデリー	第6回世界クラッシュ選手権大会（ジュニア）	草野大智	-90kg級	暁星高等学校3年	3位
2010	インド・ニューデリー	第6回世界クラッシュ選手権大会（ジュニア）	佐伯勇磨	+90kg級	九州学院高等学校3年	優勝
2011	ウズベキスタン・テルメズ	第8回世界クラッシュ選手権大会	木原圭一	-66kg級	大阪商業大学4年	優勝
2011	ウズベキスタン・テルメズ	第8回世界クラッシュ選手権大会	大西台司	-100kg級	大阪商業大学3年	3位
2011	ウズベキスタン・テルメズ	ウズベキスタン共和国大統領杯 第10回国際クラッシュ・テルメズィー記念大会	大西台司	無差別級	大阪商業大学3年	準優勝
2013	韓国・仁川	第4回アジアインドア＆マーシャルアーツゲームズ・クラッシュ競技	江藤康大	-66kg級	東海大学3年	優勝
2013	韓国・仁川	第4回アジアインドア＆マーシャルアーツゲームズ・クラッシュ競技	草野大智	-90kg級	同志社大学3年	優勝
2013	韓国・仁川	第4回アジアインドア＆マーシャルアーツゲームズ・クラッシュ競技	佐伯勇磨	+90kg超級	大東文化大学3年	3位
2013	韓国・仁川	第9回世界クラッシュ選手権大会	延足武	-73kg級	（有）七福神	3位
2014	タイ・プーケット	第4回アジアインドア＆マーシャルアーツ・ビーチ競技会	延足武	-73kg級	（有）七福神	3位
2017	トルクメニスタン・アシガバード	第5回アジアインドア＆マーシャルアーツゲームズ・クラッシュ競技	鶴田元紀	-73kg級	船橋幼稚園	準優勝
2017	韓国・鎮川	第1回世界ユースマーシャルアーツマスターシップ・クラッシュ競技	森田桂朧	-60kg級	大阪商業大学1年	準優勝
2017	インド・コーチ	第8回世界クラッシュ選手権大会（ジュニア）	上田泰成	-81kg級	九州学院高等学校3年	準優勝
2017	インド・コーチ	第8回世界クラッシュ選手権大会（ジュニア）	託田真伸	+100kg級	九州学院高等学校3年	3位

第59章 スポーツ交流

年ぶりスカッシュ日本選手権大会で好成績を収めた上位選手は本格採用を開催されている民族百科事典『全12巻』キスタン側の無差別1999年日本体育大学・平成元年度全日本学生男子体重別団体選手権大会において日本人選手として初のキスタン・アシガバードでベージュの第5巻に注目を集め、日本人大学生がウズベキスタン国家事業としての国際試合に招待した。男子ではかったが、女子では2003年にはエントリー2000人の1人となった。

写真2 ウズベキスタン・テルメズで1999年に開催されたクラッシュの国際大会において払い巻き込みで攻める上本祐祥選手（提供：日本クラッシュ協会）

写真3 トルコ・アンカルヤで2000年に開催された第1回世界女子クラッシュ選手権大会の表彰式での益子里美選手（写真右端。提供：日本クラッシュ協会）

賞金以下級で入賞手が見事優勝を果たし、66kg以下一級は木原圭子が1年に行われた写真2国際大会では、益子里美が2000年に3位以上の日本人に「1級下選手で、かつ合計が3人5これまでの日本人による下位が3人5これまでの日本人による63年に。

VI 日本とのかかわり

キスタンの国技とも言えるクラッシュでの日本人選手たちのこうした挑戦と活躍は、もっと大きな注目を受けていくだろう。ところで、日本クラッシュ協会は、2009年、公益財団法人日本オリンピック委員会（JOC）の加盟団体である日本レスリング協会傘下の日本格闘競技連盟に加盟した。このことは、クラッシュが2005年から正式種目として実施されているアジア・オリンピック評議会（OCA）主催の大会への選手派遣を可能にしたと同時に、選手への補助金助成の点で非常に大きな意味を持っている。同協会が両国間のスポーツ交流において果たしてきた役割とその地道な功績は非常に大きい（写真4）。

写真4 日本とウズベキスタンのクラッシュ交流を長年にわたり牽引している日本クラッシュ協会の鎌賀秀夫専務理事（兼公益財団法人日本レスリング協会評議員、写真右から2番目）(提供：日本クラッシュ協会)

ウズベキスタンで第三の人気を誇るスポーツのうち、ここでは柔道を取り上げたい。なぜなら柔道をとおした両国間の交流がより深いレベルにあるからである。このことは、例えば、ウズベキスタンへの国際協力を1993年に開始した独立行政法人国際協力機構（JICA）における青年海外協力隊（2年任期）の柔道隊員数（2001～2015年）が合計5人と、他のスポーツ分野の隊員数と比べて最多となっていることからも言える（表2）。とりわけ、2010年、当時同国へ派遣されていた堂元司隊員（国際武道大学卒・平成20年度全日本学生柔道体重別選手権大会60kg以下級3位）がウズベキスタン共和国柔道選手権大会の60kg以下級で優勝を飾ったことは特筆に値する（写真5）。なぜなら、堂本選手

第59章 スポーツ交流

表2 ウズベキスタンにおける青年海外協力隊のスポーツ分野の職種名と隊員総数（2000〜2015年）

職種名（以下、50音順）	派遣隊員の総数
合気道	2
空手道	4
サッカー	3
柔道	5
水泳	1
体育	1
体操競技	1
草球	1
バレーボール	1
ラグビー	1

※「青少年活動」（職種名）においてもスポーツ分野のボランティア活動がなされることは多いが、ここでは省略する。
※※典拠はJICAウズベキスタン事務所の内部資料である。

写真5 サマルカンドで開催された2010年のウズベキスタン共和国柔道選手権大会の表彰式での堂元司隊員（当時、写真中央）（提供：堂元司）

だのかと聞かれて、わたしが日本人で市内にたった一人出場する理念だと話をしたら、次々と審判たちが次々と見せてしまいました。それで試合が始まりました。相手の柔道の先生と言われるコーチ今、剛「俺を倒す柔道家は俺の教え子たちにあれ」と生徒たちに激をとばしているんです。その気迫というか、わたしはその教え子の一人になりました。試合はみるみる現地の関係者たちに囲まれて、「なんだ、教え子の敗者に殺されたのか」と筆者に述べるように語った。身長180センチ以上で体幹のしっかりした彼はこうして長く息るに簡単にわたしが言うになっていますがこうやって勝てるもんなのかなぁと、正直分かりません分かりません簡単に訳が分かりません試合に投げてしまいました。」と言って笑いました。試合当日、ウズベキ

369

ていましたよ。わたしたち指導者がソ連時代に学んだ柔道はクラッシュやサンボのスタイルの柔道でした。わたしは教え子たちに『ツカサをよく見ておけ、あれが柔道だ』と言いました」。堂元隊員の活躍は、草の根レベルにおいて日本文化や日本人への関心をよりいっそう高めたと言えるものであり、「スポーツ交流」の名にまさに値するものであった。なお、この大会は共和国大会として年2回開催される国内最高レベルの大会の一つだが、堂元隊員は外国人でありながら、ウズベキスタン柔道協会の特例で出場が可能となった。

　最後に、本章で扱えなかった国内の人気スポーツのうち、例えば、空手道（松壽館空手など）や合気道（合気会など）では、JICAや各武道団体の活動をとおして、両国間の交流が活発に行われていることも記しておきたい。加えて、これら武道団体のウズベキスタン支部への草の根文化無償資金協力も、政府開発援助（ODA）の一環として2001年度から継続的に行われている。今後さらに両国の人たちがスポーツ交流をとおして相互に親愛の情を育み、またそれによって相互の理解と敬意が深められていくことを願ってやまない。

（和崎聖日）

60

陶芸交流から
日本語学校へ

★日本語の通じる町リシュタン★

　リシュタンは前から位置するタジキスタンの首都ドゥシャンベの東部、何キロメートルか世界遺産の陶器を産する町サマルカンドから知られており、何キロメ

　客や観光客の草花や線を描いたもので、その小さな人口3万人はすべてスケッチブックにコケモモなどのスケッチをしており、町の絵様などは町ごとにあり、陶器がブレンタ観

　「学級」であるはずが日本人土産用の草花や鳥取県人口3万人はすべてスケッチブックにコケモモなどの陶器が客や観

　孫崎陶芸家の兄弟きと妻の紀子が日本に留まっており、彼は石川県小松市の九谷焼工房へ研修に来た

　ズイ勝リと続くロシア語で「陶芸交流」と呼ばれる「笑顔」がはるか小さな流れていくうちに初代ジェームズの日本語もあえどなく流暢に話す住民たちが日本人を見たら「元気にしている」陶器の上地の首都ドゥシャンベリに元気にしているかと

VI 日本とのかかわり

とがあった。大崎さんはちょうどその時、フェルガナ盆地に自動車工場のプラント建設のために行くことになっていたので、九合焼職人のもとで研修中のアリシェルさんを訪ねて、ウズベキスタンの実情を聞いた。それが縁で、大崎さん夫妻とナズィロフ兄弟の家族ぐるみの付き合いが始まった。大崎さんが1994年から4年にわたってプラント建設のためにフェルガナ盆地に滞在した時は、ガニシェルさんが通訳として協力した。当時のウズベキスタンは独立から間もなく、不便なことも多かったが、情に厚く親切な人々と緑豊かなフェルガナ盆地の美しさにすっかり魅了された大崎さんは、退職後の1999年に、ナズィロフ兄弟の住

ノリコ学級前にて創設者の大崎さんご夫妻と支援者のガニシェルさんを囲むノリコ学級の生徒たち。ボランティアで日本語を教える講師らの姿も見える（2003年）

むリシュタンに私費を投じて日本語を教える教室とその隣の宿泊所を建設したのである。教室には夫の夢を応援してくれたという感謝を込めて、妻の名をつけた。それがノリコ学級の始まりである。
　最初にノリコ学級へ通い始めたのは、ナズィロフ兄弟の子供やその親戚がほとんどだった。田舎町リシュタンでは、家事や水汲み、羊の世話など学校帰りの子供の仕事はたくさんあり、いくら無料とはいえ、外国語学習になど通わせていられないと考える親が多かったのである。しかし、のんびり優しく、生活に即した楽しい授業を続けたご夫妻のおかげで、生徒たちはどんどん日本語と日本文化を吸収していった。リシュタンという町も、ウズベク語を話す人々とタジク語を話す住民が共存し、ソン

第60章 陶芸交流から日本語学校へ

O'ZBEKISTON YAPON TILINI O'RGANIYATGANLARNING TANLOV EHHE S'YAIIHSCF BHOHCKOFO RbIKA B YSCBHCETNE

タシュケントで開かれた高校生以下の日本語弁論大会（第1回）では、ノリコ学級の10歳の生徒が優勝した（2002年）

ルガンに類する2000年1月から5月までの研究の1年ぶりの流暢な日本語を勉強した文化や語学の国境を接するのに長け、ジョイナー大学生が夫妻は日翌年に小・中学生の生徒を巻き込み、大橋さんのJICA技師誘致する方法を見出した。南部でのコンテスト会を訪問する筆者を呼び、大橋さん夫妻は訪南部地区にトレーを設け、シュカント訪問者の存在を知った。当時は外務省の指導によって、日本語弁論大会を行って4月（1999年を盆）同年多

「生徒たちは」だと段を下りてきたとき、学級にさきに着いたときに通訳に連絡するのだが、そのときにも授業はしていたし、ジェブだとは思う。バスとルートで大橋さんや自分たちで走る車で大橋さんを迎えに行くということ。あくまでも先生が来るのを待っていたというのがルールだったようで、遊んでいたということがよくわかった。ところが、ジャナ・トというところは、自然と近くにお花を持ってきたり、きれいに飾ったりお待ちしているという姿を見て、びっくりしたのだが、もちろん待ち合わせのルートの時間があって、リトアニアだけがもう運営の調整だけしてくれる。

私はそのとき、ため息をしていた。「これだけのものをきいて、自分がしてやったこと、けがされたことがどうしてくれるか」と思って、びっくりしたり、生徒に「こういうのもあるよ」とか、「こういうのはちょっとしたけどね」と、コンテストにも出たくても日本へ帰国しましたという生徒たち楽しんだと。その中学校「コンピュータが壊した中で、子」

供は覚えていくんです」ニコニコとそう言いながら、教室を開けていた大崎さん。「本や物がなくなるからいつも閉めておけ、とも言われるんですけどね。でも、ここは子供にとって羊の世話だの両親の手伝いだのから解放される唯一の場所ですから。いつでも来て、座って、本を眺めたり遊んだりできる場所にしておきたいんですよ」そうおっしゃっていた。しかし、リショタンご夫妻が過ごした日々はそれほど長くなかった。相次いで病気が見つかり、二〇〇二年からは日本での療養を余儀なくされたのである。

　だが、リショ学級の扉は閉まらなかった。ご夫妻の理念と活動に共感した日本の人々が、「リショタンジャパンセンター」（RJC）というNPOを立ち上げて、ボランティアで日本語指導を行う教師をガニシェルさんのもとく派遣し続けたからである。その数は二〇〇九年五月までで、計一三〇人以上にのぼる。さらに近年では、中央アジアへの個人旅行者の増加で、一〜二日リショタンへ立ち寄るだけの人も多く、その人たちとリショ学級の生徒との交流も増えている。覚えた日本語を活かして、リショタンやその近郷から留学や就職などで来日する人々も現れた。二〇一一年二月にカリモフ大統領（当時）が来日した際、日本に留学中のウズベキスタンの学生たちと歓談したところ「私はリショタン出身です」「他の町出身ですが、リショタンで日本語を勉強しました」と言う者があまりに多いので「リショタンはどこにあるんだ？　なぜそんな田舎町からたくさん来日しているんだ？」と尋ねられた──そんなエピソードもある。リショ学級で日本という異文化に触れた生徒たちは、視野を広げ、アメリカやヨーロッパなどにも飛び出している。リショ学級は、小さな田舎町に開かれた、大きな窓なのである。その窓から外の世界を知った若者たちは人生の可能性を広げ、彼らの活躍によって町では

第60章　陶芸交流から日本語学校へ

　ベＲＪＣの人々の遺言でも、人々と共に胸に刻まれた大

供らがおこりに金を集めた。大崎重勝さんの「いちだん元気で意義が

への集まりに金を集めた。そのお金は、お金の遺言は、おだん元気で意義が

のいうこと学級では、今、お金の遺言は、再認識され

にしたがって学級の運営を支えている。子供たちの交流がなる

コロニアの学級の出身を支えてくれている。子供たちのような５年生たちが多かった

それは、スロープとして立派な本を読み、日本だ。来日中だった御家族と

あなたの隣家にやってきた日本語教師たち、「ブラジル活力の源となり、ボ

あなたは、日本語教師になること。有名である場所に学級の生徒２人に見守られつつ

ベントやサッカーで日本だ子供らのこうした日本人たちが自分の

（菊田　悠）

ウズベキスタンを知るための参考文献

第Ⅰ部 大地と人々

ＦＡＯ『世界森林資源評価２０１０主な調査結果』国際農業協働会、２０１０年。〔１〕

海外林業コンサルタンツ協会『２０１３年版 開発途上国の森林・林業 ウズベキスタン共和国』２０１３年。http://www.jofca.or.jp/_files/publication/C02.pdf 〔１〕

外務省ウズベキスタン基礎データ http://www.mofa.go.jp/mofaj/area/uzbekistan/data.html 〔１〕

地田徹朗「アラル海救済策の現代史――「20世紀最大の環境破壊」の教訓」『長期化する生態危機くの社会対応とガバナンス』（アジア経済研究所調査研究報告書２０１２－Ｃ－36）、アジア経済研究所、２０１３年 http://www.ide.go.jp/Japanese/Publish/Download/Report/2012/pdf/C36_ch2.pdf 〔１、５〕

Breckle, Siegmar-W., et al. (editors), *Aralkum - a man-made desert: the desiccated floor of the Aral Sea (Central Asia)*, Springer, 2012. 〔１〕

Kulmatov, R., Mullabaev, N., Nigmatov, A., Kulmatova, D., and J. Sobirov, Qualitative and quantitative assessment of water resources of Aydar Arnasay lakes system (AALS), *Journal of Water Resource and Protection 5* (10), http://dx.doi.org/10.4236/jwarp.2013.510097 〔１〕

Qi, J. and Evered, K. T. (eds.), *Environmental Problems of Central Asian and their Economic, Social and Security Impacts*,

ウズベキスタンを知るための参考文献

植田暁「中央アジアにおける綿花栽培の発展と灌漑の拡大」奈良産業大学『社会経済史学』82—2、二〇一六年。[2]

鐘田順平監修「中央アジア・カフカス地方における放射能汚染の除染と復興」小松久男監訳、地田徹朗・須田将訳『中央アジア環境史——ウラン採掘跡地の汚染と除染、開発と政策』臨川書店、二〇一九年。[2]

Il'khamov, A., red., *Etnicheskii atlas Uzbekistana*, Tashkent: Institut "Otkrytoe Obshchestvo"-Fond sodeistviia-Uzbekistan, 2002. [2]

坂井弘紀「中央ユーラシアの英雄叙事詩——『アルパムシュ』をめぐって」『アジア・アフリカ言語文化研究』二〇一五年。[3]

岡奈津子『〈賄賂〉のある暮らし——市場経済化後のカザフスタン』白水社、二〇一九年。[3]

岡奈津子編『移動する人々——多様性から考える中央アジア』明石書店、二〇二〇年。[3]

Qoblandin, Q. I., G. M. Mengdiģulova, *Özbekstandaģï qazaqtarding tarïkhï jäne bügingi damuï*, Almati: Dünieĵüzi qazaqtarï qauïmdastïģï, 2009. [1]

加藤九祚『シルクロードの古代都市——アムダリヤ遺跡の旅』岩波書店(岩波新書)、二〇一三年。[4]

加藤九祚『中央アジア歴史群像』岩波書店(岩波新書)、一九九五年。[5]

筒井朝九「中央アジア地域における水管理政策と国際関係——現状、課題と展望」『筑波大学地域研究』二〇〇〇年。[5]

ディーター・ダイゼンロート

Micklin, Philip P., *Managing Water in Central Asia: Central Asian and Caucasian Prospects*, London: The Royal Institute of International Affairs, 2000. [5]

Dordrecht: Springer, 2008. [1]

29、2008年。〔5〕

齋藤竜太「水資源問題をめぐる中央アジア国家間対立の実証分析——ICWC紀要を資料に」『筑波大学地域研究』35、2014年。〔5〕

佐口透『ロシアとアジア草原』吉川弘文館、1966年。〔コラム2〕

塩谷哲史『中央アジア灌漑史序説——ウザン運河とヒヴァ・ハン国の興亡』風響社、2014年(特に第2章)。〔コラム2〕

地田徹朗「社会主義体制下での開発政策とその理念——「近代化」の視角から」窪田順平監修/渡邊三津子編『中央ユーラシア環境史 第3巻 激動の近現代』臨川書店、2012年。〔コラム2〕

第Ⅱ部 歴史

ルトヴェゼ・エドヴァルド・ヴァシリエヴィチ著/帯谷知可翻訳『アレクサンドロス大王東征を掘る——誰も知らなかった足跡と真実』(NHKブックス)日本放送出版協会、2006年。〔6〕

山中由里子『アレクサンドロス変相——古代から中世イスラームへ』名古屋大学出版会、2009年。〔6〕

曽布川寛・吉田豊編『ソグド人の美術と言語』臨川書店、2011年。〔7〕

森安孝夫『シルクロードと唐帝国』(講談社学術文庫2351)、講談社、2016年(初版は『シルクロードと唐帝国』(興亡の世界史05)講談社、2007年)。〔7〕

ドゥ・ビアンジ・ピエール=マルク著/丸尾敏雄監修/山田美明訳『紙の歴史——文明の礎の二千年』創元社、2006年。〔コラム3〕

濱田正美『中央アジアのイスラーム』(世界史リブレット70)山川出版社、2008年。〔8〕

堀川徹「中央アジア文化における連続性について——テュルク化をめぐって」森部豊他編『アジアにおける文化システムの展開と交流』関西大学出版部、2012年。〔8〕

久保一之『ティムール——草原とオアシスの覇者』山川出版社、2014年〔9〕

久保一之「ティムール帝国」(小)沙雅章監・同野英二編『アジアの歴史と文化8 中央アジア』同朋舎・角川書店、19

Dukhovny, Victor A. and Joop de Shutter, eds., *Water in Central Asia: Past, Present, Future*, London: CRC Press, 2011. 〔13〕

Haugen, Arne, *The Establishment of National Republics in Soviet Central Asia*, Houndmill, Basingstoke, Hampshire and New York: Palgrave Macmillan, 2003. 〔12〕

Khalid, Adeeb, *Making Uzbekistan: Nation, Empire, and Revolution in the Early USSR*, Ithaca and London: Cornell University Press, 2015. 〔11、12〕

Sahadeo, Jeff, *Russian Colonial Society in Tashkent, 1865-1932*, Bloomington, IN: Indiana University Press, 2007. 〔10〕

Brower, Daniel, *Turkestan and the Fate of the Russian Empire*, London and New York: RoutledgeCurzon, 2003. 〔10〕

熊倉潤『民族自決と民族問題――ソ連初期中央アジアの国家建設』岩波書店、2021年。〔12〕〔14〕

帯谷知可「『民族』の成立――中央ユーラシアの帝国地域と国民国家建設」（宇山智彦編）1924年、1920〜1923年、『ロシア史研究』94、2015。〔12〕

小松久男『革命の中央アジア――あるジャディードの肖像』東京大学出版会、1996年。〔11〕

小松久男・荒川正晴・岡洋樹編『中央ユーラシア史研究入門』山川出版社、2018年。〔10〕

小松久男監訳『テュルクの歴史――古代から現代まで』（全2巻）明石書店、2000年。〔10〕

小松久男編『中央ユーラシア史』（新版世界各国史4）山川出版社、2000年。〔9〕

帯谷知可『ヴェールのなかのモダニティ――ポスト社会主義国ウズベキスタンのイスラーム復興』東京大学出版会、2014年。〔9〕

宇山智彦編著『中央アジアを知るための60章【第2版】』明石書店、2003年。〔9〕

永田雄三編・岡田明子・前川和也編『アジアの都市と社会』『アジア史論集』創刊号。〔9〕

Teichmann, Christian, "Canals, Cotton, and the Limits of Decolonization in Soviet Uzbekistan, 1924-1941," *Central Asian Survey* 26(4), 2007, pp. 499-519.〔13〕

野村政修「ウズベキスタンにおける灌漑開発と綿作の展開――アムダリヤ下流域を中心に」『経済論叢別冊 調査と研究』10号、１９９６年。〔13〕

須田 将『スターリン期ウズベキスタンのジェンダー――女性の覆いと差異化の政治』（アフラシアブ「アジアを学ぼう25」、風響社、２０１１年。〔14〕

ロシア連邦公文書庁「ソヴィエト期文書」ホームページサイト (Федеральное архивное агентство (Росархив). Документы советской эпохи. [http://sovdoc.rusarchives.ru])。〔14〕

Hansen, Claus Bech, "Power and Purification: Late-Stalinist Repression in the Uzbek SSR", *Central Asian Survey*, Volume 36, No.1, 2017.〔14〕

Kamp, Marianne and Russel Zanca, "Recollections of Collectivization in Uzbekistan: Stalinism and Local Activism", *Central Asian Survey*, Volume 36, No.1, 2017, pp.55-72.〔14〕

Keller, Shoshana, *To Moscow, Not Mecca: The Soviet Campaign Against Islam in Central Asia, 1917-1941*, Westport: Praeger, 2001.〔14〕

Manley, Rebecca, *To The Tashkent Station: Evacuation and Survival in the Soviet Union at War*, Ithaca: Cornell University Press, 2009.〔14〕

Motadel, David, *Islam and Nazi Germany's War*, Cambridge, MA: The Belknap Press of Harvard University Press, 2014.〔14〕

Sadykova, Bakhyt, *Istoriia Turkestanskogo legiona v dokumentakh*. Almaty. Kainar. 2002.〔14〕

Shin, Boram, "Red Army Propaganda for Uzbek Soldiers and Localised Soviet Internationalism During World War II", *The Soviet and Post-Soviet Review*, 42 (2015), pp.39-63.〔14〕

Stronski, Paul, *Tashkent: Forging a Soviet City, 1930–1966*, Pittsburgh: University of Pittsburgh Press, 2010.〔14〕

Teichmann, Christian, "Cultivating the Periphery. Bolshevik Civilizing Missions and 'Colonialism' in Soviet Central Asia", Comparativ. *Zeitschrift für Globalgeschichte und vergleichende Gesellschaftsforschung*, 19/1 (2009), S.34-52.〔14〕

宇山智彦「カザフ民族誌再考——現代に息づく歴史記述の問題によせて」酒井啓子・臼杵陽編『イスラーム地域の国家とナショナリズム（「イスラーム地域研究叢書5」）』東京大学出版会、2005年。〔5〕〔7〕

ティムール・ダダバエフ『記憶の中のソ連——中央アジアの人々が生きた社会主義時代』筑波大学出版会、2010年。〔17〕

Kamp, Marianne, "Where did the mullahs go? Oral histories from rural Uzbekistan," *Die Welt des Islams* 50, 2010. 〔17〕

Jalilov, Sayfiddin, *Buxoriylar qissasi (Muhojirat tarixidan lavhalar)*, Toshkent: <Toshkent islom universiteti> nashriyat-matbaa birlashmasi, 2006. 〔17〕

Babadjanov, Bakhtiyar M., "The Economic and Religious History of a Kolkhoz Village: Khojawot from Soviet Modernization to the Aftermath of the Islamic Revival," in S. A. Dudoignon and C. Noack, eds. *Migration, De-Stalinisation, Privatisation and New Muslim Congregations in the Soviet Realms (1950s-2000s)*, Berlin: Klaus Schwarz Verlag, 2014. 〔17〕

帯谷知可「ウズベキスタン——民族と国家の現在・過去・未来」松原正毅編『地域から立ち上がる世界』、2000年。〔19〕

Magai, S., "Kak menalisia oblik skvera Amira Temura za 135 let," *Kommersant.uz* (http://kommersant.uz/spetsproekt/skver-amira-temura-135-let). 〔19〕

Nishanov, Rafik, *Derev'ia zeleneiut do metelei*. Moskva, Molodaia gvardiia, 2012. 〔15〕

Fierman, William, "Glasnost' in Practice: The Uzbek Experience", *Central Asian Survey*, Volume 8, No.2, 1989, pp.1-45. 〔15〕

Cucciolla, Riccardo Mario, "Legitimation Through Self-Victimization: The Uzbek Cotton Affair and Its Repression Narrative (1989-1991)", *Cahiers du monde russe* 2017/4 Volume 58, pp.639-668. 〔15〕

Critchlow, James, *Nationalism in Uzbekistan: A Soviet Republic's Road To Sovereignty*, Boulder: Westview Press, 1991. 〔15〕

帯谷知可「ウズベキスタン人民戦線「ビルリク」、「エルク」」ソ連史研究会編『旧ソ連の民族問題』（「ソ連・東欧史研究会報告第9集」）、1993年。〔15〕

第Ⅲ部　暮らしと社会

帯谷知司「『フジュム』への視点――１９２０年代ソ連中央アジアにおける女性解放の運動と現代」小長谷有紀・後藤正憲共編『社会主義的近代化の経験――幸せの実現と疎外』明石書店、２０１１年。〔18〕

村上薫「トルコにおけるナームス（性的名誉）への視点――最近の研究動向」児玉由佳編『ジェンダー分析における方法論の検討』調査研究報告書、アジア経済研究所、２０１３年。〔18〕

村上薫「トルコの都市貧困女性と結婚・扶養・愛情――ナームス（性的名誉）再考の手がかりとして」『アジア経済』第54巻第3号、アジア経済研究所、２０１３年〔18〕

Kamp, *Marianne, The New Woman in Uzbekistan: Islam, Modernity, and Unveiling under Communism*, Seattle and London: University of Wsington Press, 2006.〔18〕

Muhammad Yusuf, Shayx Muhammad Sodiq, *Bahtiyor oila*, Tashkent: «Sharq» NMAK, 2011.〔18〕

帯谷知司「フェルガナ盆地」小松久男・梅村坦・宇山智彦・帯谷知司・堀川徹編『中央ユーラシアを知る事典』平凡社、２００５年。〔19〕

樋渡雅人『慣習経済と市場・開発――ウズベキスタンの共同体における機能と構造』東京大学出版会、２００８年。〔20〕

ダダバエフ、ティムール『マハッラの実像――中央アジア社会の伝統と変容』東京大学出版会、２００６年。〔20〕

河野明日香『「教育」する共同体――ウズベキスタンにおける国民形成と地域社会教育』九州大学出版会、２０１０年。〔20〕

帯谷知司「宗教と政治――イスラーム復興と世俗主義の調和を求めて」岩崎一郎・宇山智彦・小松久男編『現代中央アジア論――変貌する政治と社会の深層』日本評論社、２００４年。〔21、25〕

小松久男「トイとイスラーム――歴史と現在」『ロシア・ユーラシアの経済と社会（特集　中央アジアの社会と文化）』第999号（11月号）、ユーラシア研究所、２０１５年。〔21〕

Karimov, Elyor and David Abramson, eds., *Religion Made Official: A Comprehensive Collection of Documents on Religion from the State Archive of Soviet Uzbekistan, 1920s-1960s* (Institut Francais d'Etude sur l'Asie Centrale), Almaty: «S-Print», 2009.〔21〕

〔24〕
磯貝健一「ソヴィエト法におけるイスラーム法廷文書の作成プロセス――帝政期中央アジア・ブハラ・ハーン国のカーディー裁判文書」『イスラーム・ジェンダー・スタディーズ』堀川徹・大江…

〔24〕
Sultanova, Razia, *From shamanism to Sufism: women, Islam and culture in Central Asia*. London: I. B. Tauris, 2011.

〔24〕
Rasanayagam, Johan, *Islam in Post-Soviet Uzbekistan: the morality of experience*. New York : Cambridge University Press, 2011.

〔24〕
Kikuta, Haruka ,"Venerating the pir: patron saints of Muslim ceramists in Uzbekistan" *Central Asian Survey* 36(2), 2017, doi=10.1080/02634937.2016.1261801

〔23〕
菊田悠『イスラーム教徒中央アジアの聖者崇敬――陶器の町のスーフィズム』山川出版社、2008年。

〔23〕
小松久男『激動の中央アジア・イスラーム――中央アジア近現代史』山川出版社、2014年。

〔22〕
石毛直道『麺の文化史』講談社学術文庫、2006年。

〔22〕
舟田詠子『パンの文化史』講談社学術文庫、2014年。

〔22〕
石毛直道『世界の食べもの――食の文化地理』講談社学術文庫、2013年。

〔22〕
帯谷知可『…』（ユーラシア・ブックレット）東洋書店、2006年。

〔22〕
堀川徹・大塚和夫・小松久男編『イスラーム世界を知るための事典』平凡社、2005年。

〔22〕
宗野ふもと「ウズベキスタンにおけるカーペット生産戦略――カラカルパク州における手織り物の売買の事例から」『文…』、2016年。

〔22〕
真田安「ウズベキスタン」相馬秀廣編『朝倉世界地理講座――大地と人間の物語5 中央アジア』朝倉書店、2012年。

〔21〕
Lex UZ online - O'zbekiston Respublikasi Qonun hujjatlari ma'lumotlarimilliy bazasi (lex.uz)

〔21〕
Mansur, Shayx Abdulaziz (tahrir ostida), *Islom entriklopediya*, Toshkent: «O'zbekiston milly entiklopediyasi davlat ilmiy nashrioti», 2017.

〔21〕
Tashpulatov, Sh., "Konservatizm i reaktsionnaia sushchnost' religioznykh traditsii," *Agitator Uzbekistana* 23, 1967.

泰一郎・磯貝健一編『シャリーアとロシア帝国──近代中央ユーラシアの法と社会』臨川書店、２０１４年。〔25〕

伊藤知義「ウズベキスタン共和国民法典の特徴と適用上の問題」名古屋大学法政国際教育協力センター文部科学省科学研究費「アジア法整備支援」プロジェクト編『ウズベキスタン民法典（邦訳）』名古屋大学法政国際教育協力センター文部科学省科学研究費「アジア法整備支援」プロジェクト、２００４年。〔25〕

堀川徹・大江泰一郎・磯貝健一編『シャリーアとロシア帝国──近代中央ユーラシアの法と社会』臨川書店、２０１４年。〔25〕

柳橋博之『イスラーム家族法──婚姻・親子・親族』創文社、２００１年。〔25〕

al-Marg'iononiy, Burhoniddin, *Hidoya*, 1-jild. Toshkent: "Adolat", 2000. 〔25〕

Sartori, Paolo, "What Went Wrong? The Failure of Soviet Policy on *sharī'a* Courts in Turkestan, 1917-1923," *Die Welt des Islams*, 50(3), 2010. 〔25〕

河原弥生「クタイバ・イブン・ムスリム廟──口承伝説と所蔵文書の検討」シルクロード学研究センター編『中央アジアのイスラーム聖地──フェルガナ盆地とカシュガル地方』（シルクロード学研究：シルクロード学研究センター紀要 Vol. 28）シルクロード学研究センター、２００７年。〔26〕

澤田稔「フェルガナ盆地における聖地調査」シルクロード学研究センター編『中央アジアのイスラーム聖地──フェルガナ盆地とカシュガル地方』（シルクロード学研究：シルクロード学研究センター紀要 Vol. 28）シルクロード学研究センター、２００７年。〔26〕

菊田悠「ソ連期ウズベキスタンにおける陶業の変遷と近代化の点描」『国立民族学博物館研究報告』30巻2号、２００５年。URI: http://hdl.handle.net/10502/3311 〔27〕

Khakimov, A.A., and A. Akhmedov, eds., *Atlas of Central Asian Artistic Crafts and Trades Vol.1*, Tashkent: Sharq, 1999. 〔27〕

Kikuta, Haruka, "A Master is Greater than a Father: Rearrangements of Traditions among Muslim Artisans in Soviet and Post-Soviet Uzbekistan," in ed., D.C. Wood, *Economic Development, Integration, and Morality in Asia and the Americas* (Research in Economic Anthropology 29), Bingley, U.K.: Emerald JAI, 2009. 〔27〕

和崎聖日「〈電話〉から〈結婚〉へ——ウズベキスタンにおける女性の結婚事情」『食のグローバル化と現地社会』春風社、2015年。[31]

宗野ふもと「ウズベキスタンにおける地域社会と経済——現代イスラーム社会を読む」『アジア・アフリカ地域研究』12-1、2012年、8-21。[31]

和崎日向子「〈電話〉から〈結婚〉へ」2007年。[31]

菊田悠「イスラーム復興と一神教社会——ウズベキスタンにおける」2017。[30]

Karabchuk, T., K. Kumo, and E. Selezneva, *Demography of Russia: From the Past to the Present*, London: Palgrave Macmillan, 2017. [30]

雲和広『ロシアの人口——人口減少と移民・労働力』東洋書店、2011年。[30]

嶺井明子・川野辺敏・渡邊博史・関啓子編著『ロシア・ソ連の教育・文化』東信堂、2012年。[29]

今堀恵美「中央アジア・ウズベキスタンの食」、帯谷知可「社会主義的近代化のなかのイスラーム——ソ連時代のウズベキスタンにおける食品生産」『イスラーム世界研究』Vol. 3、早稲田大学。[7][28][32]

Rakhimov, M. K., *Artistic Ceramics of Uzbekistan. (Khudozhestvennaia keramika Uzbekistana)*, UNESCO, 2006. Tashkent: Akademiia Nauk UzSSR, 1961.) [27]

Kamp, Marianne, *The New Woman in Uzbekistan: Islam, Modernity, and Unveiling under Communism*, Seattle and London: University of Washington Press, 2006〔32〕

Nalivkin, Vladimir Petrovich i Mariia Nalivkina, *Ocherk byta zhenshchiny osedlogo tuzemnogo naseleniia Fergany*, Kazan', 1886.〔32〕

Northlop, Douglas, *Veiled Empire: Gender and Power in Stalinist Central Asia*, Ithaca: Cornell University Press, 2004.〔32〕

帯谷知可「アジェーミくの視線――一九二〇年代ソ連中央アジアにおける女性解放運動と現代」小長谷有紀・後藤正憲編『社会主義的近代化の経験――幸せの実現と疎外』明石書店、2011年。〔32〕

第Ⅳ部 文化・芸術

淺村卓生『国家建設と文字の選択――ウズベキスタンの言語政策』（ブックレット「アジアを学ぼう」36）、風響社、2015年。〔33〕

小松久男『革命の中央アジア』東京大学出版会、1996年。〔34〕

菅原睦「テュルク文化とペルシア文化」帯谷知可・北川誠一・相馬秀廣編『朝倉世界地理講座――大地と人間の物語5 中央アジア』朝倉書店、2012年。〔34〕

ベーブル／間野英二訳注『バーブル・ナーマ』1～3、東洋文庫、平凡社、2014～2015年。〔34〕

淺村卓生「ウズベキスタンの現代演劇」帯谷知可・北川誠一・相馬秀廣編『朝倉世界地理講座――大地と人間の物語5 中央アジア』2012年。〔35〕

東田範子「フォークロアからソヴィエト民族文化へ――「カザフ民族音楽」の成立（1920～1942）」『スラヴ研究』第46号、1999年。〔35〕

Morozova, A. et al. eds., *O'zbekiston Xalq San'ati: Ganchkorlik, Yogoch oymakorligi, va Naqsh. Qulolchilik, Gazlama, Kashtadozlik, Charm va Metallardan Yasalgan Buyumlar*. Toshkent: G'afur G'ulom Nomidagi Adabiyoti Nashriyoti, 1979.〔36〕

亀山郁夫『ロシア・アヴァンギャルド』岩波新書、1996年。〔37〕

帯谷知可「ソ連」2005年。〔42〕

和崎聖日「イスラーム・ジェンダー・社会主義——ウズベキスタンにおける民族誌」松村圭一郎・佐々木史郎・出口顕編『文化人類学の思考法』世界思想社、2019年。〔41〕

高橋慶美「市場経済化におけるジェンダーと民族——ウズベキスタンの都市社会における刺繍製販」『社会人類学年報』32、2006年。〔41〕

今堀恵美「市場経済化と刺繍——ウズベキスタンの刺繍「スザニ」をめぐって」国立民族学博物館編『民族学研究』、2013年。〔40〕

吉本忍『世界の織物』国立民族学博物館、2013年。〔40〕

Rouland, M. et al. (ed.) *Cinema in Central Asia: Rewriting Cultural Histories*, London and New York: I.B. Tauris, 2013.〔41〕

井上徹訳、ジェフリー・A・レーザー『中央アジアのイスラーム——歴史と現在』東方書店、2012年。〔39〕

井上徹訳、ジェフリー・A・レーザー『中央アジアのイスラーム——歴史と現在』東方書店、2012年。〔38〕

加藤九祚『中央アジア歴史群像』岩波書店（岩波新書）。〔39〕

帯谷知可編『中央アジアを知るための60章』明石書店、2018年。〔38〕

北川誠一・前田弘毅・帯谷知可・吉村貴之編著『中央ユーラシア』（世界歴史大系）山川出版社、2018年。〔38〕

小松久男・梅村坦・宇山智彦・帯谷知可・堀川徹編『中央ユーラシアを知る事典』平凡社、2005年。

深見奈緒子著『現代語学塾』凱風社。

鄭樑生著『朝鮮新聞を解読』凱風社。

ネーク・ウォーリア、大橋千恵子訳『大地のメッセージ——十代のための町をつくる』理論社、1985年。

一六年。〔42〕

[Anonim] "Kurash," *O'zbek sovet entsiklopediyasi*, 6-jild, Toshkent: «O'zbek sovet entsiklopediyasi» nashriyoti, 1975.〔42〕

Bobobekov, Haydarbek, Mahmudjon Sodiq, Zulxumor Ro'zieva va boshq, *O'zbek kurashi dovrug'i*, Toshkent: Abu Ali ibn Sino nomidagi tibbiyot nashriyoti, 2002.〔42〕

Mo'minov, Asror, "Kurash," *O'zbekiston milliy entsiklopediyasi*, 5-jild, Toshkent: «O'zbekiston milliy entsiklopediyasi» Davlat ilmiy nashriyoti, 2003.〔42〕

Yusupov, Komil, *Kurash - Xalqaro qoidalari texnikasi va taktikasi*, Toshkent: G'afur G'ulom nomidagi nashriyot matbaa ijodiy uyi, 2005.〔42〕

亀山郁夫「消失するアラル、あるいは疾走を絶たれたアヴァンギャルド」『ロシア手帖』第30号、一九九〇年。〔43〕

亀山郁夫『ロシア・アヴァンギャルド』岩波新書、一九九六年。〔43〕

帯谷知可「『砂漠の真珠』の憂鬱——ウズベキスタンのロシア・アヴァンギャルド・コレクションをめぐって」『ユーラシア研究』53号、二〇一五年。〔43〕

第Ⅴ部　政治・経済・国際関係

岩崎一郎・小松久男・宇山智彦編著『現代中央アジア論——変貌する政治・経済の深層』二〇〇四年。〔44〕

須田将「ウズベキスタン共和国」松本弘編著『中東・イスラーム諸国　民主化ハンドブック』明石書店、二〇一一年。〔44〕

Markowitz, Lawrence P. *State Erosion: Unlootable Resources and Unruly Elites in Central Asia*, Ithaca: Cornell University Press, 2013.〔44〕

宇山智彦「頑健な権威主義体制の行方——ウズベキスタン・カリモフ大統領の死」『世界』11月号、二〇一六年。〔44、45〕

帯谷知可「ウズベキスタン共和国故カリモフ初代大統領の「記憶」と「記念」——ポスト・カリモフ時代の胎動」『ユーラシア研究』56号、二〇一七年。〔45〕

ウズベキスタンを知るための参考文献

デーヴィド・ルイス著、現代中央アジア——帝国アフガニスタンの国際関係』東京大学出版会、二〇一四年。〔50〕

堀江典生編著『現代中央アジア・ロシア移民論』ミネルヴァ書房、二〇一〇年。〔50〕

中村逸郎『帝国の昏迷——「黒」に消えるロシア人たち』岩波書店、二〇〇七年。〔50〕

Cornell, Svante, "The Islamic Movement of Uzbekistan," in Svante Cornell and Michael Jonsson, eds., *Conflict, Crime and the State in Postcommunist Eurasia*, Philadelphia: University of Pennsylvania Press, 2014. 〔49〕

Marat, Erica, *The Military and the State in Central Asia: From Red Army to Independence*, London and New York: Routledge, 2010. 〔49〕

経済・平和研究所 (Institute for Economics & Peace) 「グローバル・テロリズム指数」〈http://globalterrorismindex.org/〉 2012. 〔48〕

Cooley, Alexander, *Great Games, Local Rules: The New Great Power Contest in Central Asia*, Oxford: Oxford University Press, 〔48〕

湯浅剛『現代中央アジアの国際政治——ロシア・米欧・中国の介入と新独立国の自立』明石書店、二〇一五年。〔48〕

湯浅剛「国家・社会・経済をつなぐ安全保障協力の展開」（宇山智彦・樋渡雅人編『現代中央アジア——政治・経済・社会』日本評論社、二〇一八年（刊）。〔48〕

Khalid, Adeeb, *Islam after Communism: Religion and Politics in Central Asia*, Berkeley: University of California Press, 2007. 〔47〕

小松久男『激動の中のイスラーム——中央アジア近現代史』山川出版社、二〇一四年。〔47〕

Islamov, B., "The Central Asian States 20 Years After: The "Puzzles" of Systemic Transformation," *Acta Slavica Iaponica* 35, 2014. 〔46〕

下斗米伸夫『中央アジア経済図説』（ユーラシア・ブックレット120）東洋書店、二〇〇八年。〔46〕

岩崎一郎『中央アジア体制移行経済の制度分析——政府‐企業間関係の進化と経済成果』東京大学出版会、二〇〇四年。

第Ⅵ部　日本とのかかわり

ティムール・ダダバエフ『社会主義後のウズベキスタン——変わる国、人々の揺れる心』アジア経済研究所、二〇〇八年。〔52〕

「中央アジア地域における対日世論調査（結果）」http://www.mofa.go.jp/mofaj/press/release/press4_002030.html〔52〕

外務省国際協力局『政府開発援助（ODA）国別データブック2015』二〇一六年。〔53〕

藤野達善『もうひとつの抑留——ウズベキスタンの日本人捕虜』文理閣、二〇〇四年。〔54〕

日本ウズベキスタン協会編『追憶　ナボイ劇場建設の記録——シルクロードに生まれた日本人伝説』二〇〇四年。〔54〕

中山恭子『ウズベキスタンの桜』KTC中央出版、二〇〇五年。〔54〕

蔦信彦『日本人兵捕虜はシルクロードにオペラハウスを建てた』角川書店、二〇一五年。〔54〕

独立行政法人国際交流基金『海外の日本語教育の現状　2015年度日本語教育機関調査より』国際交流基金、二〇一七年。〔55〕

Babadjanov, B., and Y. Kawahara, ed., *History and Culture of Central Asia*, Tokyo, 2012.〔57〕

堀川徹、大江泰一郎、磯貝健一編『シャリーアとロシア帝国——近代中央ユーラシアの法と社会』臨川書店、二〇一四年。〔57〕

菊田悠「遥かなる青の記憶——『ウズベキスタン、リシタン陶器展』記」『アジア・アフリカ言語文化研究所通信』一一三、二〇〇五年。〔60〕

菊田悠「フェルガナの陶器の町と日本」帯谷知可・北川誠一・相馬秀廣編『朝倉世界地理講座——大地と人間の物語　5　中央アジア』朝倉書店、二〇一二年。〔60〕

吉本 忍（よしもと しのぶ）[40]
国立民族学博物館 名誉教授、総合研究大学院大学 名誉教授。
【主要著作】
『世界の織機と織物』（国立民族学博物館、2013年）、『ジャワ更紗集』（平凡社、1996年）、『インドネシアの金更紗』（講談社、1988年）、『インドネシア染織大系 上・下巻』（紫紅社、1977、1978年）。

和崎 聖日（わざき せいか）[18, 19, 21, 25, 42, 59]
中部大学人文学部准教授。
【主要著作】
「マフバルの足非をめぐる知識人のまなざし——1950～1970年代ソ連中央アジア南部地域における反イスラーム言伝と現代」（帯谷知可編『社会主義的近代化とイスラーム・ジェンダー・家族1（CIRAS Discussin Paper No.69）』京都大学東南アジア地域研究研究所、2017年）、「旧ソ連・中央アジアのウラマー一族と「英知集』（特集/歴史資料をつなぐ・人と家族法の現在』（藤本透子編『現代アジアの宗教——社会主義を経た地域を読む』春風社、2015年）。

輪島 実樹（わじま みき）[53]
（一社）ロシアNIS貿易会 ロシアNIS経済研究所部長。
【主要著作】
「中央アジア国家建設二十余年の軌跡」（『ロシアNIS調査月報』（一社）ロシアNIS貿易会、2015年7月号）、「カスピ海エネルギー資源を巡る攻防（ユーラシア・ブックレット NO.120）』（東洋書店、2008年）、「中央アジア諸国の市場経済化と外資導入政策の現状」（池本修一・岩崎一郎・杉浦史和編『グローバリゼーションと体制移行の経済学』文眞堂、2008年）。

堀江 典生 (ほりえ のりお) [50]

富山大学研究推進機構サスティナビリティ国際研究センター 教授。

【主要著作】

『現代中央アジア・ロシア・ロシア移民論』(編著、ミネルヴァ書房、2010年)、『中ロ経済論――国境地域から見る北東アジアの新展開』(大野定美・松野周治との共編、ミネルヴァ書房、2010年)、「壁の向こう側――中央アジアから来た建築労働者たちの労働と暮らし」(『ユーラシア研究』第57号、2018年)。

堀川 徹 (ほりかわ とおる) [8、57、コラム4]

京都外国語大学名誉教授。

【主要著作】

『知の継承と展開――イスラームの東と西 (知のユーラシア2)』(編著、明治書院、2014年)、『シルクロードとロシア帝国――近代中央ユーラシアの法と社会』(大江泰一郎との共編、臨川書店、2014年)、『中央アジアの歴史・社会・文化』(間野英二との共編、放送大学教育振興会、2004年)。

山田 文 (やまだ あや) [コラム3]

2008～2010年サマルカンド滞在。現在は家族とともに有機農業に従事する。

湯浅 剛 (ゆあさ たけし) [48、49]

上智大学外国語学部ロシア語学科 教授。

【主要著作】

『現代中央アジアの国際政治』(明石書店、2015年)、『平和構築へのアプローチ――ユーラシア紛争研究の最前線』(広瀬佳一との共編、吉田書店、2013年)、「ポスト・ソ連空間と周辺世界――冷戦終結から国際テロの時代の中で」(松戸清裕ほか編『ロシア革命と一党独裁3――冷戦と平和共存』岩波書店、2017年)。

ユスポヴァ、マヴリュダ (Yusupova, Mavlyuda) [38]

ウズベキスタン共和国科学アカデミー芸術学研究所建築学部門長、ビンザード記念芸術・デザイン大学美術館学部教授、芸術学博士。

【主要著作】

"The Architecture of Sufi Complexes in Bukhara," in *Bukhara: The Myth and the Architecture*, Cambridge and Rome: Art. Aldo Palombi, 1999, pp. 121-132.; *Sufiiskie traditsii v iskusstve Maverannakhra XV-XVII vv.*, Tashkent, 2010 (kollektivnaia monografia) (『15-17世紀マーワラーアンナフルの芸術におけるスーフィー的伝統』ダシュケント、2010年。共著。), "Islamic Influence on Development of Architecture in Mavarannahr (During the 8th - Early 20th Century)," in *Islam in Central Asia: From Representation to Phobia Vol. 2*, Ankara and Turkistan, 2012; *Bukharskaia shkola zodchestva XV-XVII vv.*, Tashkent, 2014. (『15-17世紀建築のブハラ学派』タシュケント、2014年)。

吉田 豊 (よしだ ゆたか) [7]

京都大学名誉教授、帝京大学文化財研究所 客員教授、英国学士院 客員会員。

【主要著作】

『ソグド語文法講義』(臨川書店、2022年)、*Three Manichaean Sogdian letters unearthed in Bäzäklik, Turfan*, Kyoto 2019; 『中国江南マニ教絵画研究』(古川攝一と共著、臨川書店、2015年)。

ダダバエフ，ティムール（Dadabaev, Timur）［50，51］
筑波大学人文社会系教授。
【主要著作】
『ウズベキスタンの国際関係と日本社会』（園田茂人と共編、東京大学出版会、2023年）、『中央アジア移民と日本社会』（東京大学出版会、2014年）、『記憶の中のソ連――中央アジアの人々の生きた社会主義時代』（筑波大学出版会、2010年）、『社会主義後のウズベキスタン――変わる国と揺れる人々の心』（アジア経済研究所、2008年）。

地田　徹朗（ちだ　てつろう）［13］
名古屋外国語大学世界共生学部准教授。
【主要著作】
『環境問題と環境政策――ソ連時代の負の遺産と新たな課題』（宇山智彦・帯谷知可編、2018年）、「社会主義体制下での開発政策とその理念――『近代化』の視角から」（鈴木健夫監修、渡邊雄三甲子雄編『現代中央アジア――政治・経済・社会』日本評論社、2012年）、「戦後スターリン期トルクメニスタンにおける運河建設計画とアラル海問題」（『スラヴ研究』56号、2009年）。

寺山　恭輔（てらやま　きょうすけ）［54］
東北大学東北アジア研究センター教授。
【主要著作】
『スターリンと新疆――1931～1946』（みすず書房、2017年）、「1920年代ソ連の極東政策」（『二十世紀研究』第18号、2017年）。

中村　朋美（なかむら　ともみ）［10］
京都大学東南アジア地域研究所 連携研究員。
【主要著作】
「トルキスタン総督府とロシア綿工業――ワクフ地の所有権と免税権を中心に」（創刊号、2008年）、「ロシア・トルキスタン綿節団の隊路貿易構想――19世紀初頭のブハラとヒヴァを中心に」（『東洋史研究』第77巻第3号、2018年）、「サンクトペテルブルク報知にみる1730年代の清の遣蘇使節の情報について」（『内陸アジア史研究』第39号、2024年）。

樋渡　雅人（ひわたり　まさと）［20，46］
東京大学大学院総合文化研究科准教授。
【主要著作】
『慣習経済と市場・開発――ウズベキスタンのイスラーム復興』（東京大学出版会、2008年）、『現代中央アジア――政治・経済・社会』（宇山智彦との共編、明石書店、2015年）、"Social Networks and Migration Decisions: The Influence of Peer Effects in Rural Households in Central Asia," *Journal of Comparative Economics* 444(4), 2016.

藤本　透子（ふじもと　とうこ）［コラム1］
国立民族学博物館人類文明誌研究部准教授。
【主要著作】
『よみがえる死者儀礼――現代カザフのイスラーム復興』（風響社、2011年）、『現代アジアの宗教――社会主義を経た地域を読む』（編著、春風社、2015年）。

甲山 治（こうざん おさむ）［1, 5］

京都大学東南アジア地域研究研究所 教授。

【主要著作】

"Rainfall and Groundwater Level Fluctuations in the Peat Swamps (Chapter10)," *Catastrophe and Regeneration in Indonesia's Peatlands Ecology: Economy and Society*, NUS Press, 2016、『講座生存基盤論2 地球圏・生命圏の潜在力――熱帯地域社会の生存基盤』（柳澤雅之・河野泰之・神崎護との共編、京都大学学術出版、2012年）、「長期水文・気象データおよび衛星データを用いたアラル海流域における水循環の解析」（大石哲・砂田憲吾・馬籠純との共著『土木学会水工学論文集』53巻、2009年）。

小松 久男（こまつ ひさお）［11, 17, 23, 47］

公益財団法人東洋文庫 研究員、東京大学名誉教授。

【主要著作】

『革命の中央アジア――あるジャディードの肖像』（東京大学出版会、1996年）、『激動の中のイスラーム――中央アジア近現代史』（山川出版社、2014年）、『テュルクを知るための61章』（編著、明石書店、2016年）。

近藤 正憲（こんどう まさのり）［55］

合同会社オーィン代表社員、龍谷大学非常勤講師、立命館大学非常勤講師、元国際交流基金日本語上級専門家（ウズベキスタン日本センター配属）。

塩谷 哲史（しおや あきふみ）［2, 4, コラム2］

筑波大学人文社会系 准教授。

【主要著作】

「中央アジア乾燥地域の都市と水資源（『歴史と地理 地理の研究』196号、2017年）、「コライ・コンスタンチノフィチ・パフチャ大会のアムダリヤ事流計画」（『内陸アジア史研究』31号、2016年）、『中央アジア灌漑史序説』（風響社、2014年）。

須田 将（すだ まさる）［14, 15, 44］

翻訳者・通訳者・中央アジア地域研究者。元上智大学非常勤講師・外務省専門分析員、会社員。

【主要著作】

「スターリン期ウズベキスタンのジェンダー――女性の覆いと差異化の政治」（風響社、2012年）、「ウズベキスタン共和国」、松本弘編『中東・イスラーム諸国民主化ハンドブック』明石書店、2011年）、「スターリンの大テロルとウズベキスタン共産党」（北海道中央ユーラシア研究会『中央ユーラシア研究を拓く』北海道大学スラブ研究センター、2012年）。「市民よ、たちの管理と目発的服従――ウズベキスタンのマハッラ」（『国際政治』第138号、2004年）。

宗野 ふもと（そうの ふもと）［22, 31］

筑波大学人文社会系 助教。

【主要著作】

「ウズベキスタンにおけるバザールと生計戦略――カシュカダリヤ州北部、手織り物売買の事例から」（『文化人類学』79-1, 2014年）、「ウズベキスタンのバザールにつどう人びと」（『季刊民族学』154号、2015年）。

河野 明日香（かわの あすか）[29]
名古屋大学大学院教育発達科学研究科 准教授。
【主要著作】
〔……〕する共同体――ウズベキスタンにおける国民形成と地域社会教育』（九州大学出版会、2010年）、*Mahalla and its Educational Role: Nation-Building and Community Education in Uzbekistan*, Kyushu University Press, March 2015.「第11章 中央アジアにおける生涯学習――「継承」の観点から」（新保敦子、松田武雄編著『世界の生涯学習――現状と課題』大学教育出版、2016年）。

河原 弥生（かわはら やよい）[26, 34]
東京大学附属図書館 准教授。
【主要著作】
Private Archives on a Makhdumzada Family in Marghilan, TIAS: Department of Islamic Area Studies Center for Evolving Humanities, Graduate School of Humanities and Sociology, The University of Tokyo, 2012; "The Development of the Naqshbandiyya-Mujadidiyya in the Ferghana Valley during the 19th and Early 20th Centuries," *Journal of the History of Sufism*, No. 6, 2015; "The Mazar of Qutayba ibn Muslim: A Study of the Oral Tradition and Historical Documents," in Shinmen Yasushi, Sawada Minoru and Edmund Waite, eds., *Muslim Saints and Mausoleums in Central Asia and Xinjiang*, <Monde caucasien et tatar - Asie centrale et Haute Asie> (Collection dirigée par Th. Zarcone), vol.3, Paris: Jean Maisonneuve, 2013.

菊田 悠（きくた はるか）[24, 27, 60]
北海学園大学 准教授。
【主要著作】
『ウズベキスタンの聖者崇敬――陶器の町とポスト・ソヴィエト時代のイスラーム』（風響社、2013年）、"Mobile Phones and Self-Determination among Muslim Youth in Uzbekistan." *Central Asian Survey* 38(2): 181-196, 2019; "The Pottery Masters of Uzbekistan: Differentiating Authenticity in Handicraft." In Jeanne Féaux de la Croix and Madeleine Reeves eds., *The Central Asian World*. London: Routledge, 2023.

久保 一之（くぼ かずゆき）[9]
元東京都大学大学院文学研究科 准教授。2017年逝去。
【主要著作】
「ティムール朝とその後――ティムール朝の政府・宮廷と中央アジアの輝き」（『岩波講座世界歴史11 中央ユーラシアの統合』岩波書店、1997年）、「いわゆるティムール朝ルネサンス期のペルシア語文化圏における都市と顧客層――15世紀末ヘラートのジャーミーフル・サフシューフーブを中心に」（『西南アジア研究』第54号、2001年）、「ミール・アリー・シールの家系について――ティムール朝における近臣・乳兄弟・譜代の隷臣・マミーン」（『京都大学文学部紀要』第53号、2014年）。

雲 和広（くも かずひろ）[30]
一橋大学経済研究所 教授。
【主要著作】
Demography of Russia: From the Past to the Present (Palgrave Macmillan, UK, 2017, 共著)、『ロシア人口の歴史と現在』（岩波書店、2014年）、"Tajik Labor Migrants and Their Remittances: Is Tajik Migration Pro-Poor?," *Post-Communist Economies*, Vol.24, No.1, 2012.

【執筆者紹介】（［　］は担当章・コラム、50音順、＊は編著者）

浅村 卓生（あさむら たかお）［33、35、55、コラム10］
外務省 外務事務官。
【主要著作】
『国家建設と文字の選択：ウズベキスタンの言語政策』（ブックレット《アジアを学ぼう》36）（風響社、2015年）、「カザフスタンにおける自国語振興政策及び文字改革の理念的側面」（『外務省調査月報』2011年度第1号、2011年）、「ウズベク語『理念の母音調和』――標準語の母音調和法則の扱いをめぐって」（『ロシア語・東欧研究』第36号、2007年）。

アフメドヴァ、ニゴラ（Nigora Ahmedova）［37］
ウズベキスタン共和国科学アカデミー芸術学研究所主任研究員および現代美術キュレーター、教授、芸術学博士。
【主要著作】
Traditsii, samobytnost', dialog, Tashkent, 2004. (『伝統・個性・対話』タシュケント、2004年)、(『庭園の継承者』モスクワ、2010年)、Kalandar, Moskva, 2014. (『カランダル』モスクワ、2014年) Neizvedannyi put', Tashkent, 2015. (『知られざる道』タシュケント、2015年)、Liniia v vechnost', Milan, 2017. (『永遠への線』ミラノ、2017年)。

今堀 恵美（いまほり えみ）［36、41、コラム7］
東海大学講師。
【主要著作】
「見せない」仕事、「見せない」仕事――ウズベキスタンの刺繍業における男性性」（中谷文美・宇田川妙子編『仕事の人類学』世界思想社、2016年)。

岡 奈津子（おか なつこ）［コラム1］
日本貿易振興機構アジア経済研究所・新領域研究センター　ガバナンス研究グループ長。2022年逝去。
【主要著作】
『賄賂のある暮らし――カザフスタンの市場経済化と腐敗』（白水社、2015年）、"Grades and Degrees for Sale: Understanding Informal Exchanges in Kazakhstan's Education Sector," Problems of Post-Communism, Published online, May 30, 2018, doi.org/10.1080/10758216.2018.1468269、「同胞の『帰還』――カザフスタンにおける在外カザフ人呼び寄せ政策」（『アジア経済』第51巻6号、2010年）。

＊帯谷 知可（おびや ちか）［3、6、12、16、28、32、39、43、45、コラム5、6、8、9］
編著者紹介参照。

加藤 九祚（かとう きゅうぞう）［58］
創価大学および国立民族学博物館 名誉教授、ロシア科学アカデミー名誉歴史学博士。2016年逝去。
【主要著作】
『天の蛇――ニコライ・ネフスキーの生涯』（河出書房新社、1976年、完本版、2011年）、『北東アジア民族学史の研究』（恒文社、1986年）、『中央アジア歴史群像』（岩波新書、1995年）、『考古学が語るシルクロード史――中央アジアの文明・国家・文化』、平凡社、2011年、『アイハヌム 加藤九祚一人雑誌』（単独編集誌）。

【編著者紹介】
帯谷 知可（おびや ちか）
京都大学東南アジア地域研究研究所 教授。

【主要著作】
「イスラーム観の違いを克服する──ポスト社会主義・イスラーム復興・権威主義が交錯するウズベキスタンの課題」（村上勇介・帯谷知可編『秩序の砂塵化を超えて』京都大学学術出版会、2017年）、「ウズベク人はいかに装うべきか──ポスト連時代のナショナルなドレスコード」（福田宏・後藤絵美編『「みえない」関係性──ポスト社会主義国ウズベキスタンの経験』岩波書店、2020年）、『ヴェールのなかのモダニティ──ポスト社会主義国ウズベキスタンの経験』（東京大学出版会、2022年）、「忘却の彼方のムスリム女性解放論──オリガ・レペシェヴァを読み解く」（磯貝真澄・帯谷知可編『中央ユーラシアの女性・結婚・家庭──歴史から現在をみる』国際書院、2023年）。

エリア・スタディーズ 164
ウズベキスタンを知るための60章

2018年5月15日　初版第1刷発行
2024年8月15日　初版第3刷発行

編著者　帯谷　知可
発行者　大江　道雅
発行所　株式会社　明石書店
〒101-0021　東京都千代田区外神田6-9-5
　　　　　電話 03 (5818) 1171
　　　　　FAX 03 (5818) 1174
　　　　　振替 00100-7-24505
　　　　　http://www.akashi.co.jp/
組版／装丁　明石書店デザイン室
印刷／製本　日経印刷株式会社
（定価はカバーに表示してあります）
ISBN978-4-7503-4637-3

JCOPY 〈(社)出版者著作権管理機構 委託出版物〉
本書の無断複写は著作権法上での例外を除き禁じられています。複写される場合は、そのつど事前に、(社)出版者著作権管理機構（電話 03-5244-5088、FAX 03-5244-5089、e-mail: info@jcopy.or.jp）の許諾を得てください。

エリア・スタディーズ

1 現代アメリカ社会を知るための60章　明石紀雄／川島浩平 編著

2 イタリアを知るための62章【第2版】　村上義和 編著

3 イギリスを旅する35章　辻野功 編著

4 モンゴルを知るための65章【第2版】　金岡秀郎 編著

5 パプア・ニューギニアを知るための44章　梅本洋一／本大下桐丈 編著

6 現代韓国を知るための61章【第3版】　石坂浩一／福島みのり 編著

7 オーストラリアを知るための58章【第3版】　越智道雄 編著

8 現代中国を知るための54章【第7版】　藤野彰 編著

9 ネパールを知るための60章　日本ネパール協会 編

10 アメリカの歴史を知るための65章【第4版】　富田虎男／鵜月裕典／佐藤円 編著

11 現代フィリピンを知るための61章【第2版】　大野拓司／寺田勇文 編著

12 ポルトガルを知るための55章【第2版】　村上義和／池俊介 編著

13 北欧を知るための43章　武田龍夫 著

14 ブラジルを知るための56章【第2版】　アンジェロ・イシ 著

15 コスタリカを知るための60章　早川…三藤幹彦 編著

16 ホラントを知るための60章　長坂寿久 著

17 シンガポールを知るための65章【第5版】　田村慶子 編著

18 現代ドイツを知るための67章【第3版】　浜本隆志／高橋憲 編著

19 ウィーン・オーストリアを知るための57章【第2版】　広瀬佳一／今井顕 編著

20 ハンガリーを知るための60章【第2版】　ドナウの宝石　羽場久美子 編著

21 現代ロシアを知るための60章【第2版】　下斗米伸夫／島田博 編著

22 21世紀アメリカ社会を知るための67章　明石紀雄 監修　大類久恵／落合明子／赤尾千波 著

23 スペインを知るための60章　野々山真輝帆 著

24 キューバを知るための52章　後藤政子／樋口聡 編著

25 カナダを知るための60章【第2版】　綾部恒雄／飯野正子 編著

26 中央アジアを知るための60章【第2版】　宇山智彦 編著

27 チェコとスロヴァキアを知るための56章【第2版】　薩摩秀登 編著

28 現代ドイツの社会・文化を知るための48章　田村光彰／村上和光／岩淵正明 編著

29 バルト三国を知るための50章　重松伸司／三田昌彦 編著

30 タイを知るための72章【第2版】　綾部真雄 編著

31 パキスタンを知るための60章　広瀬崇子／山根聡／小田尚也 編著

32 バングラデシュを知るための66章【第3版】　大橋正明／村山真弓／日下部尚徳／安達淳哉 編著

33 イギリスを知るための65章【第2版】　近藤久雄／細川祐子／阿部美春 編著

34 現代台湾を知るための60章【第2版】　亜洲奈みづほ 著

35 ペルーを知るための66章【第2版】　細谷広美 編著

36 マラウイを知るための45章【第2版】　栗田和明 著

37 コスタリカを知るための60章【第2版】　国本伊代 編著

38 チベットを知るための50章　石濱裕美子 編著

39 現代ベトナムを知るための63章【第3版】　岩井美佐紀 編著

40 インドネシアを知るための50章　村井吉敬／佐伯奈津子 編著

41 エクアドルを知るための60章【第2版】　田中高 編著

42 バルカンを知るための66章【第2版】　柴宜弘 編著

43 イランを知るための65章　岡田恵美子／北原圭一／鈴木珠里 編著

44 アフガニスタンを知るための70章【第3版】　前田耕作／山内和也 編著

エリア・スタディーズ

45 メキシコを知るための60章

46 中国のムスリムを知るための60章

47 現代ブータンを知るための60章

48 バルカンを知るための66章

49 南アフリカを知るための60章

50 アルゼンチンを知るための54章

51 ミャンマーを知るための60章【第2版】

52 イスラエルを知るための60章【第2版】

53 北朝鮮を知るための55章

54 東南アジアの社会を知るための50章【第2版】

55 コーカサスを知るための60章【第2版】

56 カタルーニャを知るための60章

57 パキスタンを知るための60章【第3版】第2章

58 エクアドルを知るための60章【第2版】

59 リトアニアを知るための60章【第2版】

60 東ドイツ／旧東欧圏を知るための50章

61 パプアニューギニアを知るための65章【第2版】

62 オランダを知るための60章

63 サウジアラビアを知るための65章

64 サハラを知るための50章【第2版】

65 韓国の歴史を知るための66章【第2版】

66 現代インドを知るための60章

67 現代アメリカ社会を知るための60章

68 ベトナムを知るための60章

69 フィンランドを知るための44章

70 ニュージーランドを知るための63章

71 ベルギーを知るための52章

72 ケニアを知るための55章

73 アメリカの歴史を知るための62章

74 スイスを知るための60章【第2版】

75 スウェーデンを知るための64章【第2版】

76 デンマークを知るための70章【第2版】

77 最新ドイツ事情を知るための50章【第2版】

78 コロンビアを知るための60章【第2版】

79 南アフリカを知るための60章

80 タイを知るための60章【第2版】

81 チュニジアを知るための60章

82 南太平洋を知るための58章

83 現代フランスを知るための62章

84 現代イタリアを知るための44章【第2版】

85 ラオスを知るための60章

86 イギリスを旅する60章

87 中国文化を知るための60章

88 韓国を知るための60章

89 ラテンアメリカ音楽を知るための50章

エリア・スタディーズ

90 コロンビアを知るための60章／二村久則編著

91 現代メキシコを知るための70章【第2版】／国本伊代編著

92 ガーナを知るための47章／高根務・山田肖子編著

93 ウガンダを知るための53章／吉田昌夫・白石壮一郎編著

94 ケルトを旅する52章　イギリス・アイルランド／永田喜文著

95 トルコを知るための53章／大村幸弘・永田雄三・内藤正典編著

96 イタリアを旅する24章／内田俊秀編著

97 大統領選からアメリカを知るための57章／越智道雄著

98 現代バスクを知るための60章【第2版】／萩尾生・吉田浩美編著

99 ボツワナを知るための52章／池谷和信編著

100 ロンドンを旅する60章／三谷康之著

101 ケニアを知るための55章／松田素二・津田みわ編著

102 ニューヨークからアメリカを知るための76章／越智道雄著

103 カリフォルニアからアメリカを知るための54章／越智道雄著

104 イスラエルを知るための62章【第2版】／立山良司編著

105 グアムを知るための54章／中山京子編著

106 中国のムスリムを知るための60章／中国ムスリム研究会編

107 現代エジプトを知るための60章／鈴木恵美編著

108 カーストから現代インドを知るための30章／金基淑編著

109 カナダを旅する37章／飯野正子・竹中豊編著

110 アンダルシアを知るための53章／立石博高・塩見千加子編著

111 エストニアを知るための59章／小森宏美編著

112 韓国の暮らしと文化を知るための70章／舘野晳編著

113 現代インドネシアを知るための60章／村井吉敬・佐伯奈津子・間瀬朋子編著

114 スウェーデンを知るための60章／村井誠人編著

115 現代スペインを知るための60章／坂東省次・桑原真夫・浅香武和編著

116 現代フランスを知るための62章／三浦信孝・西山教行編著

117 スリランカを知るための58章／杉本良男・高桑史子・鈴木晋介編著

118 マダガスカルを知るための62章／飯田卓・深澤秀夫・森山工編著

119 新時代アメリカ社会を知るための60章／明石紀雄監修　大類久恵・落合明子・赤尾千波編著

120 現代アラブを知るための56章／松本弘編著

121 クロアチアを知るための60章／柴宜弘・石田信一編著

122 ドミニカ共和国を知るための60章／国本伊代編著

123 シリア・レバノンを知るための64章／黒木英充編著

124 EU（欧州連合）を知るための63章／羽場久美子編著

125 ミャンマーを知るための60章／田村克己・松田正彦編著

126 カタルーニャを知るための50章／立石博高・奥野良知編著

127 現代ホンジュラスを知るための60章／桜井三枝子・中原篤史編著

128 スイスを知るための60章／スイス文化研究会編

129 東南アジアを知るための50章／今井昭夫編集代表　東京外国語大学東南アジア課程編

130 メソアメリカを知るための58章／井上幸孝編著

131 コスタリカを知るための60章／国本伊代編著

エリア・スタディーズ

145 さらにニュージーランドを知るための47章
144 香港を知るための60章
143 現代アメリカ社会を知るための60章
142 香港を旅する60章
141 ブラジルの歴史を知るための50章
140 保健医療を受ける権利を知るための50章
139 黒人ＳＦアメリカＥ・Ｒ・ＭｉＳＥ第2版
138 セネガルとカーボベルデを知るための60章
137 セネガルとカーボベルデを知るための60章
136 ポルトガルを旅する60章
135 スウェーデンを知るための60章
134 現代ロシアを知るための60章
133 大人のためのイタリア旅行50章
132 大人のためのインド旅行50章

159 ベルリンとドイツ語圏を旅する60章
158 現代アフリカ文化を知るための70章
157 カナダの歴史を旅する50章
156 小さな大国ルクセンブルクを知るための40章
155 大阪・京都の歴史を知るための64章
154 スイスを知るための60章
153 ドミニカ共和国を知るための60章
152 ロシア革命と日本文学50章
151 森と水のアジアを知るための50章
150 アラブ首長国連邦を知るための62章
149 小さな大国ルクセンブルクを知るための61章
148 赤道ギニアを知るための72章[第2版]
147 台湾を知るための72章[第2版]
146 中国の歴史を知るための55章

173 白尾国弘の歴史を知るための市調
172 池田光穂・奥野克巳編著 医療人類学を学ぶための60章
171 ルワンダを知るための55章
170 アフリカ文学を学ぶための65章
169 アフリカ文学を旅する60章
168 ドイツ文学を学ぶための60章
167 済州島を知るための55章
166 現代フィリピンを知るための61章
165 アメリカ文化を知るための60章
164 松本脩作・大岩川嫩編 第三世界を知るための55章
163 木下長宏著 日本文化の歴史を知るための50章
162 ギリシアを知るための65章
161 北京を知るための52章
160 北京を知るための52章

エリア・スタディーズ

- 174 チリを知るための60章　細野昭雄・工藤章・桑山幹夫 編著
- 175 ウェールズを知るための60章　吉賀憲夫 編著
- 176 太平洋諸島の歴史を知るための60章——日本とのかかわり　石森大知・丹羽典生 編著
- 177 リトアニアを知るための60章　櫻井映子 編著
- 178 現代ネパールを知るための60章　公益社団法人日本ネパール協会 編
- 179 フランスの歴史を知るための50章　中野隆生・加藤玄 編著
- 180 ザンビアを知るための55章　島田周平・大山修一 編著
- 181 ポーランドの歴史を知るための55章［第2版］　渡辺克義 編著
- 182 韓国文学を旅する60章　波田野節子・斎藤真理子・きむ ふな 編著
- 183 インドを旅する55章　宮本久義・小西公大 編著
- 184 現代アメリカ社会を知るための63章［2020年代］　明石紀雄 監修　大類久恵・落合明子・赤尾千波 編著
- 185 アフガニスタンを知るための70章　前田耕作・山内和也 編著
- 186 モルディブを知るための35章　荒井悦代・今泉慎也 編著
- 187 スリランカの歴史を知るための50章　杉本良男・高桑史子・鈴木晋介 編著
- 188 現代ネパールを知るための60章　中原篤史 編著
- 189 ウクライナを知るための60章　服部倫卓・原田義也 編著
- 190 ベルギーの歴史を知るための50章　松尾秀哉 編著
- 191 食文化からイギリスを知るための55章　石原孝哉・市川仁・宇野毅 編著
- 192 東南アジアのイスラームを知るための64章　久志本裕子・野中葉 編著
- 193 宗教からアメリカ社会を知るための48章　上坂昇 著
- 194 ベルギーを知るための52章　浜本隆志・希代真理子 著
- 195 NATO（北大西洋条約機構）を知るための71章　広瀬佳一 編著
- 196 華僑・華人を知るための52章　山下清海 著
- 197 カリブ海の旧イギリス領を知るための60章　川分圭子・堀内真由美 編著
- 198 ニュージーランドを旅する46章　青木輝夫・宮本忠 編著
- 199 ブータンを知るための58章　平山修一 編著
- 200 ラダックを知るための60章　煎本孝・山田孝子 著
- 201 ザクセンを知るための60章　長與進・神原ゆうこ 編著
- 202 チェコを知るための60章　薩摩秀登・阿部賢一 編著
- 203 ロシア極東・シベリアを知るための70章　服部倫卓・吉田睦 編著
- 204 スペインの歴史都市を旅する48章　立石博高 監修　小倉真理子 著
- 205 ハプスブルク家の歴史を知るための50章　川成洋 編著
- 206 パレスチナ／イスラエルを知るための24章　鈴木啓之・児玉恵美 編著
- 207 キューバ文学を旅する58章　松本健二 編著
- 208 コンゴ民主共和国を知るための50章　木村大治・武内進一 編著

——以下続刊

◎各巻2000円（1冊～1800円）

〈価格は本体価格です〉

〈明石書店の関連書／表示価格は本体価格です〉

社会主義的近代化の経験
小松久男編著
諸葛蔚東・塚瀬進共編著
◎6000円

中東・中央アジア諸国における民主化
松本弘編著
◎8000円

中央アジア・イスラーム
中西久枝
建設と連帯
移民・難民・移動国家の統合
◎3000円

イスラームのロシア
前田弘毅編著
アゼルバイジャンのイスラーム共同体
◎7000円

コーカサスと中央アジアの人間形成
渡邊あや編著
開発と教育の比較文化研究
◎4500円

現代中央アジアの国際政治
宇山智彦編著
ロシア・米欧・中国の勢力角逐
◎4500円

テュルクの歴史
カーター・V・フィンドリー著
小松久男監訳
佐々木紳訳
◎5500円

幸福の智恵 クタドゥ・ビリグ
ユースフ・ハーッス・ハージブ著
田中かの子訳
◎2500円

ウズベキスタン全史（下）
モーゼス・ゴールドバーグ
◎5000円

ウズベキスタン全史（上）
モーゼス・ゴールドバーグ
◎5000円

Towards Post-Soviet Central Asian Regional Integration
A Scheme for Transitional States
Timur Dadabaev
◎4000円

Human Beliefs and Values in Striding Asia
East Asia in Focus: Country Profiles, Thematic Analyses, and
Sourcebook Based on the AsiaBarometer Survey of 2004.
Takashi Inoguchi, Akihiko Tanaka, Shigeto Sonoda, Timur Dadabaev
◎10000円

Human Beliefs and Values in Incredible Asia
South and Central Asia in Focus: Country Profiles and Thematic Analyses Based
on the AsiaBarometer Survey of 2005
Takashi Inoguchi
◎10000円

Human Beliefs and Values in East and Southeast Asia in Transition
13 Country Profiles on the Basis of the AsiaBarometer
Surveys of 2006 and 2007
Takashi Inoguchi
◎10000円

アジア・バロメーター 南アジアと中央アジアの価値観
猪口孝・田中明彦編著（2005）の分析と資料
◎8000円

アジア・バロメーター 都市部の生活と価値観
猪口孝・田中明彦編著（2003）の分析と資料
◎8000円

古儀式派と国家

ロシア正教　権力・共生と対抗

伊賀上菜穂、阪本秀昭編著　◎6200円

ロシア正教古儀式派の歴史と文化

世界歴史叢書

阪本秀昭・中澤敦夫編著　◎5500円

イスラームと儒学

「回儒学」による文明の融合

サチコ・ムラタ著　◎5400円

イスラーム世界の奴隷軍人とその実像

17世紀サファヴィー朝イランとコーカサス

前田弘毅著　◎7000円

ターレム少女の手記　もう戻るまいと決めた旅を

私の戦後史　アビネット・ロヴァ著　広瀬信雄訳　◎1900円

モスクワ音楽都市物語　19世紀後半の改革者たち

S・K・ラヴレンチェフ著　広瀬信雄訳　◎2500円

言語と教育にみるユーラシアの葛藤

少数民族・多数民族それぞれの言語・教育・人類学的アプローチ

ボルジギン・ブレンサイン編著　◎6300円

東アジア理解講座　歴史・文明・自然・環境

金光林編著　◎3000円

黒海の歴史　ユーラシア地政学の要諦における文明世界

世界歴史叢書

チャールズ・キング著　前田弘毅監訳　◎4800円

バルト三国の歴史　石器時代から現代まで　エストニア・ラトヴィア・リトアニア

世界歴史叢書

アンドレス・カセカンプ著　小森宏美、重松尚訳　◎3800円

リトアニアの歴史

世界歴史叢書

梶さやか、重松尚訳　アルフォンサス・エイディンタスほか著　◎4800円

アイスランドの歴史

世界歴史叢書

ガンナル・カールソン著　岡沢憲芙監訳　◎4800円

バルカンの歴史　バルカン近現代史の共通教材

世界の教科書シリーズ37

◎6800円

ポーランドの高校歴史教科書【現代史】

世界の教科書シリーズ12

◎8000円

ウクライナの大地　ツンドラの先住民 チュクチの海の民族誌

池谷和信著　◎3800円

アルタイの古を神々と調べ新しき謎を求めて

マイケル・ロウクヴィア著　佐復秀樹訳　宇波彰解説　◎3200円

〈価格は本体価格です〉